KB220415

선으로 읽는 마하무드라의 노래

禪으로 읽는

마하무드라의 노래

김태완 번역 및 설법

침묵의 향기

틸로빠가 말했다.

"지나간 일을 기억하지 마라.
다가올 일을 상상하지 마라.
지금 일어나는 일을 생각하지 마라.
어떤 것도 탐구하거나 헤아리지 마라.
어떤 일도 조절하거나 만들지 마라.
지금 당장 긴장을 풀고, 쉬고 또 쉬어라."

이런 사람은 어떤 사람일까?
돌처럼 나무처럼 죽은 사람이지.
살아 있는 사람은 어떤 사람인가?

"기억하면 기억하는 거고,

상상하면 상상하는 거고,

생각하면 생각하는 거고,

탐구하면 탐구하는 거고,

헤아리면 헤아리는 거고,

조절하면 조절하는 거고,

만들면 만드는 거고,

쉬면 쉬는 거고,

일하면 일할 뿐,

살아 있는 사람은 없다."

차례

머리말 ...4

설법을 시작하며 ...11

1. 말과 상징을 넘어 ...32

2. 어떠한 노력도 없이 ...43

3. 마음으로써 마음을 본다면 ...54

4. 구름은 뿌리가 없듯이 ...69

5. 결코 물들지 않는다 ...78

6. 태양을 덮을 수 없듯이 ...94

7. 모든 것을 품고 있다 ...101

8. 하지 말고 그저 쉬어라 ...119

9. 목표를 추구하게 되면 ...128

10. 내버려두어라 ...145

11. 갈망을 버리고   ...152

12. 가장 높은 진리의 등불   ...167

13. 해탈은 가까이 있다   ...177

14. 위대한 가르침을 따라야   ...188

15. 이 길은 깨달음에 이른다   ...200

16. 꿈처럼 진실함이 없다   ...211

17. 자연스럽게 편안히 쉬면   ...222

18. 무명의 장막을 불태운다   ...235

19. 분별심 너머의 진실   ...246

20. 버리지도 취하지도 말고   ...267

21. 마침내 마음은 바다처럼   ...289

부록: 틸로빠의 마하무드라의 노래   ...311

禪으로 읽는

마하무드라의 노래

일러두기

이 설법은 2015년 3월부터 7월까지 행해진 것이며, 녹취는 김순미 보살님이 수고
하셨습니다.

설법을 시작하며

오늘부터는 새로《마하무드라의 노래》를 가지고 하겠습니다.

이것은 저자가 있습니다.《마하무드라(Mahamudra)》라고 하는 게 송인데 시를 지은 저자가 있어요. 티베트어로는 '틸로빠', 산스크리트어로는 '탈리까'라고 하는 사람인데 988~1069년을 산 사람이에요. 그러니까 11세기 사람이죠. 천 년밖에 안 된 사람입니다. 이분은 티베트에서 활동을 했지만, 원래는 인도 벵갈 지방의 치타공이라는 곳 출신이고 밀교입니다. 밀교의 성인이라고 하는 분입니다.

마하무드라는 산스크리트어인데 마하는 '크다'는 뜻이고, 무드라는 '도장(印)'이라는 뜻입니다. 한자로는 '대인(大印)'이라고 번역돼요. 이것은 밀교의 가르침입니다. 티베트 밀교를 우리가 보통 금강 승이라고 해요. 대승, 소승이라는 말 대신 금강승이라는 표현을 씁니다. 티베트 밀교를 크게 부흥시킨 분인데, 이분의 제자가 '나로빠'라고 하는 사람이고, 티베트 불교의 교파로 하면 카규파의 창시자라고 합니다.

이분은 인도의 브라만 계급 출신인데 우연히 밀교의 어떤 여성 승려를 만났어요. 그 여자가 이분의 스승이 됩니다. 그래서 그 밀교 여스님이 이분한테 "당신의 부모는 당신의 육체를 낳아 준 부모가 아니다. 당신의 진실한 존재는 육체가 아니고 영혼인데, 그 영혼을 낳아 준 부모는 따로 있다. 그러니까 육체의 부모에게 매이지 마라." 이렇게 자기 계급을 벗어나게 해서 인도의 최고 계급인 브라만 계급을 버리고 방랑자가 돼요. 방랑하면서 공부를 하고, 이 스승에게서 실제 모든 것을 배워서 깨달음을 얻고, 다시 인도 전역을 다니면서 이름난 스승들을 찾아가서 다양한 가르침을 배우고, 그 뒤에 티베트에 들어가서 새로운 불교의 교파를 창시하게 되죠. 그 당시 인도의 불교는 이슬람교가 들어오면서 파괴되던 시대라 티베트로 가서 그 가르침을 펼치게 됩니다.

이분은 티베트에 '카규파'라고 하는 밀교의 교단을 만들어 놓고 그 후계자로 '나로빠'라는 사람을 지명하고 죽었는데, 남긴 게송이 《마하무드라의 노래》라고 총 21개 게송으로 되어 있습니다. 이것을 티베트 사람이 영어로 번역한 것을 제가 다시 한글로 번역했습니다. 틸로빠가 나로빠에게 준 여러 가르침 가운데 가장 유명한 것은 여섯 마디의 교훈이라는 가르침이에요. 이것이 밀교의 핵심이라고 할 만한 여섯 구절입니다. 그것을 한번 보죠.

첫 번째 구절은, 지나간 일을 기억하지 마라.
두 번째 구절은, 앞으로 다가올 일을 상상하지 마라.

별거 아닌 얘기 같은데 굉장히 의미가 있습니다.

그 다음 세 번째 구절은, 지금 일어나고 있는 일을 생각하지 마라.
네 번째는, 이 법에 대해서는 어떠한 탐구도 하지 말고 헤아려 보지도 마라.
다섯 번째는, 이 공부에 대해서 어떻게도 조정하거나 만들지 마라.

공부를 컨트롤하지 마라 이 말이에요. 영어로는,

첫 번째가 Don't recall,
두 번째가 Don't imagine,
세 번째가 Don't think,
네 번째가 Don't examine,
다섯 번째가 Don't control 이거든요.

그러니까 이 공부는 자기가 어떻게 하려고 하지 마라.

마지막 여섯 번째는 Rest.
쉬어라. 그냥 쉬어라.

티베트 밀교의 가르침을 요약해서 말한다면 이 여섯 마디다……
그러니까, 지나간 일을 기억하지 마라…… 기억이라는 것은 망상이거든요. 앞으로 다가올 일을 상상하지 마라…… 이것도 망상하지 말라는 거죠. 지금 눈앞에 일어나는 일을 생각하지 마라…… 이것도 전부 망상이거든요. 그 다음에 탐구하거나 헤아려 보지 마라…… 역시 망상이죠. 뭘 조정하거나 통제하려고 하지 마라…… 하는 것은 그것도 역시 생각으로 하는 거거든요. 그러니 망상이죠. 그러니까 전부 망상하지 마라는 소리예요. "망상하지 마라"와 마지막에 "쉬어라" 하는 것은 같은 말이죠. 뭘 쉬느냐? 망상을 쉬어라 이거죠. 뭘 하려고 하지 말고 생각하지 말고 다 쉬어라. 그러니까 한마디로 하면 "망상하지 마라" 이런 말인데, 그것을 조금 더 시간적으로 풀어서 얘기를 한 거죠.

티베트 밀교라고 해서 대단한 일이 있는 게 아니고 다 똑같아요. 우리가 공부하는 것하고 똑같은 가르침인데, 방편은 지역마다 특색이 있겠지만 내용은 똑같은 거죠. 불법이란 결국, 생각으로 헤아리지 마라…… 그러면 결국 뭐냐? (손가락을 세우며) '이것!'이죠. 이것은 헤아림 속에 있는 게 아니거든요. 우리가 뭘 컨트롤한다, 통제한다, 조정한다 하는 것은 기본적으로 헤아림에 의해서 판단이 섰을 때 하는 거거든요. 그러니까 그 판단한다는 것 자체가 망상인데, 다시 조정을 한다는 것은 망상을 따르는 행동일 뿐이니까 안 맞는 거죠. 그러니까 이 법은 (손가락을 세우며) 지금 '이것!'입니다. 이것이라고 하는 여기에 한번 탁 통해 버리면 쉴 필요 없이 저절로 쉬어져요. 여기에 통하면 저절로 쉬어지죠. 그러니까 "쉬어라"라고 하는 여섯 번째 말은 쓸데없는 소리입니다. "쉬어라" 할 필요 없이 여기에 통하면 저절로 쉬어지는 게 맞는 거죠.

그러니까 티베트 밀교라고 하면 신비스러운 특별한 일이 있는가 보다 하는데, 《사자의 서》도 있지만 다 방편으로 하는 얘기입니다. 우리가 모르는 특별한 일이 있는가 보다 하지만, 그게 아니고 창시자의 이 말씀이 핵심이라고요. 《사자의 서》에 보면 죽은 뒤의 세계라고 하는데, 다가올 일을 상상하지 마라 했잖아요. 망상이란 말이에요. 그것을 잘못 이해하면 그렇게 되는 거고, 방편으로 보면 여법하게 볼 수도 있지만, 그것을 생각으로 하면 안 된다는 거예요. 과거가 어떻고 현재가 어떻고 미래가 어떻다고 생각으로 하는 건 전부 망상이거든요. 그런 망상에서 벗어나는 게 이 공부입니다. 우리가 (손가락을 세우며) '이것!' 이 자리에 딱 통해서 이게 분명하면 여기에는 시간이 없어요. 시간이라는 게 없이 그냥 항상 이것뿐이지, 여기는 시간이 없어요. 과거도 아니고 현재도 아니고 미래도 아니죠. 《금강경》에서 말하다시피 과거심·현재심·미래심 그런 게 없단 말이에요. 언제든지 이것일 뿐이죠. 여기서 생각을 하면 시간이 있죠. 좀 전에는 뭘 했고 나중에는 뭘 할 거고 하는 것은 생각이죠.

그래서 어떤 사람은 "지금 이 순간에 집중해라" 이런 말을 하기도 하고, "지금 이 순간 여기에 존재해라" 이런 표현도 하는데, 그것도 한 개의 방편이죠. 어쨌든 집중해라, 존재해라 하는 명령어는 좋지 않습니다. 왜냐면 '뭘 어떻게 해라' 하는 것도 일종의 컨트롤이거든요. '뭘 어떻게 해라' 하는 게 조정하고 컨트롤하는 거잖아요? 그래서 사실은 좋은 방편은 아니고 (손가락을 세우며) 그냥 이거죠. 지금 이거란 말이죠. 뭘 해라, 하지 마라 하는 게 아니고 이거란 말이에요. 이것! 이게 분명하면 여기에 이런저런 일이 있는 게 아니거든요.

그럼 저절로 이 자리에 계합이 돼서 여기에 통해 버리면 저절로 쉬어져요. 쉬어지는 것은 저절로 되는 겁니다.

그러니까 "Don't control"이라고 한 뒤에 "Rest"라고 한 것은 이 사람 실수예요. 'Control 하지 말고, 다시 Rest해라' 하는 것은 말이 안 되는 거거든요. 그러니까 방편도 까딱 잘못하면 안 되는 거라. 'Don't control' 해서 끝나 버리면 저절로 'Rest'가 되는 건데, 마지막 한마디는 다른 누가 거기에 덧붙였는지도 모르죠. 원래 없었던 건데 그럴 수도 있는 거니까. 하여튼 (손가락을 세우며) '이것!' 하나입니다. 우리가 "현재 이 순간!" 이런 말도 지금 일어나는 일을 생각하는 것이기 때문에 안 맞습니다. 그렇게 하면 안 되고 그냥 (손가락을 세우며) '이것!' 그냥 이 일 하나죠. 하여튼 여기에 통하고 이게 분명해져 버리면 이러니저러니 할 게 없는 겁니다. 요점은 이런 거죠.

물론 틸로빠의 이 말씀은 굉장히 훌륭한 방편이긴 합니다. "지나간 일을 생각하지 마라. 다가올 일을 상상하지 마라. 지금 일어나고 있는 일을 생각하지 마라. 탐구하고 찾아보고 헤아려 보고 하지 마라. 조정하거나 통제하지 마라." 이렇게 하면 우리가 할 수 있는 일이 아무것도 없잖아요. 결국 쥐를 몰아서 쥐덫에 집어넣는 방편이죠. 아무것도 할 수 있는 게 없으니까. 결국 이것을 가리키려고 하는 겁니다. 다만 여기는 "바로 이것이다" 하고 직지를 할 줄은 모르고 자꾸 "하지 마라"는 식으로 망상을 쳐 주는 그런 것만 하죠. 그러니까 "바로 이것이다" 하고 직지(直指)하는 것은 우리 선(禪)밖에 없어요. 불교의 방편은 이런 식으로 뭘 하지 마라는 부정적인 표현을 가지고, 망상을 이렇게 부수어 주고 쳐내는 그런 방편이 대부분입니다. 도가 뭐냐? (손을 흔들며) "이것이다." 이렇게 직지하는 경우는 우리 선(禪)에서만 쓰는 방편인데, 제가 볼 때는 이게 가장 좋은 방편입니다. "바로 이거다" 하는 것은 이것을 생각하라는 게 아니거든요. 하여튼 지금 (손을 흔들며) 이것이다, 딴 건 없단 말이죠.

지금 이것이고 지금 이 자리인데, 이게 어떻게 뚜렷해지고 선명해지느냐 그 문제예요. 이게 분명하지 않으면 결국 애매모호하니까 헤매게 되는 것이고, 이게 분명하면 헤맬 게 없는 거거든요. 그 문제지 딴 건 없어요. 그러니까 쉬어지는 건 저절로 쉬어지는 건데, 쉬어지는 그 자리에 쉬는 것이 모든 것인 양 그렇게 되어서는 안 되고, 쉬어지는 것은 당연히 그렇게 되는 것이지만, 이게 분명하고 뚜렷해야 헤매지를 않는 겁니다. 헤매지 말아야 하는 거죠. '깨달음'이라는 것은 '깨어 있다'는 말과 같은 말인데, 깨어 있으면 헤매지를 않죠. 항상 자기 살림살이가 분명하기 때문에 이게 분명하면 헤매지를 않는 거고, 그냥 아무 일 없는 자리에 푹 쉬는 것은 좋긴 하지만 분명하지 않으면 헤매게 되는 겁니다. 경계를 만났을 때나 생각이 일어났을 때 그것도 대처할 수가 없게 되고, 그래서 옛날부터 선사들이 "일 없는 굴속에 들어앉아 있지 마라" 그런 얘기를 했어요. 일 없는 굴속에 편안하게 잠자듯이 들어앉아 있는 것이 바른 공부가 아니다……

하여튼 이 법이 딱 분명해지면 몸이 쉬는 게 아니고 몸과 의식이 활동하고 있어도, 그냥 일이 없으니까 항상 쉬는 것과 마찬가지죠. 항상 쉬는 거죠. 그러니까 "쉬어라"고 할 필요 없이, 어쨌든 이 일만 분명하면 저절로 쉬어져요. 이것뿐이니까, 아무 일이 없으니까, 아무 일이 없는 게 쉬는 거지, 일을 안 하는 게 쉬는 게 아닙니다. 몸도 쓰고 마음도 쓰는데, 그런데 아무 일이 없어요. 이게 참된 쉼이죠. 우리 선(禪)에서는 여기서 한 걸음 더 나아가서 이 자리를 바로 가리키는데, 불교의 방편들은 그런 방편은 없고 대개 '뭘 하지 마라' 하는 식으로, 그런 방편이 전부 삿된 경계를 쳐내고 망상을 부수는 방편입니다.

  지나간 일을 기억하지 마라, 다가올 일을 상상하지 마라, 지금 일어나는 일을 생각하지 마라, 탐구하거나 헤아리려고 하지 마라, 조정하거나 만들려고 하지 마라, 그 다음에 쉬어라…… 하는데, 쉬라고 하는 것은 빼고 (손을 흔들며) "이것이다" 이 말이에요. 쉬어라 하면 잘못하면 일 없는 자리에 쉬는 잘못에 빠질 수가 있어요. 그러니까 이것은 문제가 있는 말이죠. "이것이다" 하는 것은 쉬는 것도 아니고, 뭘 어떻게 하라는 것도 아닙니다. 불법이라는 것은 어떤 정해진 게 없습니다. 일이 없다 하는 것도 하나의 방편의 말이고 느낌을 얘기하는 것이지요. 왜 방편의 말이냐 하면, 그동안 여러 가지 일로 시달림을 받았던 데 비해서 여기에 통하면 그런 시달림은 없다는 말이지, 일이 없는 것이 곧 불법이다 하는 말은 아닙니다.
  불법에 대한 안목을 갖춘다는 것은 "이런 게 불법이다" 하는 그런 어떤 것도 없는 겁니다. 어떤 주장할 게 없는 거예요. 그게 대자유입니다. 아무런 주장할 게 없고, 아무 곳에도 머묾이 없고, 아무것도 가지고 있지 않아요. 어딘가에 머물러 있으면 그게 집착이 되고 구속이 되는 것이고, 뭔가를 가지고 있으면 역시 집착이 되는 것이고, 어떤 주장을 하게 된다면 삿된 견해가 되고 희론이 되는 것이고, 그런 일들에서 다 벗어나 있는 것이 불법이거든요. 그러니까 대자유라고 하고, '무주법(無主法)'이라고 하여 머무는 자리가 없고, '무상법(無常法)'이란 것은 아무것도 가지고 있지 않다는 것이고, 자연히 '무원(無願)'이라고 원하는 것도 없게 되고, '무념(無念)'이라고 생각에 매달리지 않게 되고, 저절로 그렇게 되는 거죠.

우리는 자꾸 '아! 불법은 이런 거야'라고 생각을 하고 정리를 하고 수첩에 적어서 지갑 속에 집어넣고 싶어 해요. 그래야 안심이 되는 게 아주 습관이 돼 있기 때문에. 그게 참으로 극복이 잘 안 됩니다. '아! 불법은 이런 거지' 하고 자꾸 뭘 정리해 놓고자 하는, 그래서 결론을 내려 놓고 '나의 불법공부는 다 끝났다' 하고 싶은 거예요. 결론을 딱 내리고 싶은 거죠. 그러나 결론은 머리가 내리는 게 아닙니다. 불법공부라는 것은, 대혜종고 스님도 그런 얘기를 했잖아요? "무거운 짐을 지고 외나무다리를 건너는 거와 같다" 했어요. 그러니까 떨어지지 않고 항상 조심스럽게 중심을 잡고 나아가는 것이지, 어떤 고정되고 가만히 있는 게 아니에요. 마음이라는 게 가만히 있습니까? 살아 있는 건데……. 항상 균형이 딱 잡혀서 이쪽저쪽 어느 쪽으로도 떨어지지 않고, 어디에도 머물지 않고, 어디에도 의지하지 않게 되는 그런 완벽한 균형이라고 할까? 그게 중도(中道)거든요. 양쪽에 떨어지지 않는 완전한 밸런스라고 할까?

그런 것은 머리에서 잡히는 게 아니고, 가슴에서, 마음에서 이루어집니다. 그게 한 번 초점이 맞는다고 하는 것이고 계합을 한다고 하는 겁니다. 그러니까 마음이 어느 쪽으로도 가지 않는 겁니다. 어디에도 치우치거나 머물지 않는 거죠. 항상 중심이 딱 잡혀 있는 거죠. 그렇지만 마음은 이렇게 늘 살아 있는 거잖아요? 그러니까 그 중심이 흔들릴 수 있는 가능성은 항상 있는 겁니다. 살아 움직이는 속에서 흔들림 없는 안정과 균형, 이게 우리 불법의 지혜를 갖추는 것이고 안목을 갖추는 거지, 머리를 가지고 '이게 불법이구나' 하는 어떤 결론을 내리는 게 절대 아닙니다. 결론을 내려 버리면 외나무다리에 서 있질 못하고 밑에 떨어진 거예요. 중도의 길을 가는 것은 줄타기를 하는 거와 같고, 외나무다리를 걸어가는 거와 같고, 임제 스님 같은 경우는 칼날 위를 걸어가는 거와 같다고 그랬거든요. 이게 아주 정확한 중심이 잡혀 있지 않으면 이쪽이나 저쪽으로 떨어질 수가 있는 거죠.

자기의 마음에서 그런 중심이 확실하게 딱 잡히면 자신감이 확 생겨요. 결국 외나무다리를 간다는 것은 온갖 인연을 만나고 생각도 하고 감정도 일어나고 여러 가지 그런 일들이 일어나는 건데, 온갖 일들이 일어나고 온갖 인연을 만나더라도, 자신감이 확 생겨서 이쪽과 저쪽이 없고, 맞고 틀리고가 없고, 깨달음과 미혹함이 따로 없고, 한결같이 굳건한 자리가 딱 확보가 되는 겁니다. 이게 불법의 반야고 중도라고 하는 것이죠. 마음이 그런 식으로 초점이 맞게 되면 마음이라고 하는 무언가의 흔적이 없어져요. 우리가 마음이 있다 하는 것은 자꾸 어딘가에 머물러 있거나 뭔가 가지고 있다는 것인데, 그런 게 없어져 버리는 거죠. 머문 자리가 없고 가지고 있는 것도 없고, 매 순간순간 일어나는 모든 일이 그대로 전부 여법하다고 할 수 있는 거죠. 딱딱 들어맞아서 아무 일이 없단 말이죠.

그러니까 '깨달음이라는 게 이런 거다'라고 말할 수가 없는 겁니다. 할 말이 있으면 그것은 뭔가에 어딘가에 치우쳐 있거나 머물러 있거나 의지하고 있거나 하는 거죠. 아무런 할 말이 없는 거고, 모든 일이 다 똑같아요. 다 이 자리고 이 일 하나입니다. 여기에 초점이 정확하게 맞기 전에는 계속 그런 유혹을 받아요. '아, 결국 이거잖아' 이런 식으로 생각하려고 하는, 뭔가 말할 게 있어야 되는 것처럼. 그러니까 가슴에서 마음에서 정확한 답이 안 나오니까 자꾸 머리란 놈이 먼저 성급하게 답을 내리려고 하는 거예요. 그런데 절대 머리로 답을 낼 수 있는 게 아닙니다.

마음에서 이게 딱 계합이 되면, 아무 일이 없고, 항상 밝아 있고, 항상 분명하고, 항상 문제를 못 느끼고, 맞다 틀리다 하는 그런 양쪽이 없고, 이렇게 표현할 수 있는 거거든요. 이것이 한 번 딱 맞아떨어진다 할 수가 있는 건데, 어쨌든 (손가락을 세우며) 다만 이거예요. 이래야 공안이니 화두니 부처님의 말씀이니 하는 것도 완전히 새로운 눈으로 보게 됩니다. 이전에는 차별의 눈으로 봤다면 이제는 하나의 눈으로 보게 되는 겁니다. 옛날 선사들이 '일척안(一隻眼)'이라는 표현을 했는데 눈알 하나로 본다는 뜻입니다. 두 개로 본다는 것은 나누어서 분별하면서 본다는 말이고, 하나의 눈으로 본다는 것은 실상을 그대로 분별 없이 본다는 말이죠. 하나의 눈을 갖춘다 하는 것이 불법이죠.

체험을 하고 뭔가 평화로워졌다, 안정이 됐다, 편안해졌다…… 이런 것들은 역시 느낌이고 경계죠. 그런 게 아니고 초점이 딱 들어맞아서 양쪽이 없는 그런 중심이 갖추어져야 되는 거죠. 입처개진(立處皆眞)이라는 말은 그럴 때 하는 겁니다. 완전히 중심이 갖춰지면 자기가 현재 어디에 서 있든지, 발걸음을 어떤 쪽으로 옮기든지, 넘어지지 않고 항상 중심이 잡혀 있는 것이 입처개진이라는 거죠. 넘어진다는 것은 어느 쪽으로 치우쳐 버린다는 겁니다. 그러니까 어떤 경우에도 넘어지지 않고 중심이 딱 잡혀 있다는 것은 자기 자리가 확고부동하게 흔들림 없이 초점이 맞는다는 말인데, 이때 불법에 대한 안목도 생기고, '아! 이거구나' 하는 자신감도 생기고, 불안함도 사라집니다. 확실하게 자리가 잡히기 전에는 비록 체험이 있고 좀 편안하다 하더라도 여전히 약간의 불안함이 남아 있습니다. 혹시 어떻게 될까 봐 자신감이 부족하기 때문에……. 그런 불안함이 사라져야 자신감이 확 생기는 겁니다. 그렇게 초점이 맞아떨어져야 되는 거죠.

이렇게 되어도 이게 공부의 완성이라고 할 수는 없고, 원숭이도 나무에서 떨어질 수 있기 때문에 그런 말을 하면 안 되고, '아, 그 정도 같으면 안심할 수 있겠구나' 그렇게 말할 수 있는 거죠. 선사들이 항상 그렇게 얘기했습니다. 《전등록》같은 것을 보세요. '훌륭하다', '완전하다', '다 됐다' 이런 말은 절대 없어요. 그런 말은 아무도 안 합니다. 공부를 잘한 사람 같으면 칭찬하는 말이 "그 정도 같으면 조금 봐 줄 만하다" 하는 것이 아주 칭찬하는 말이거든요. 보통 공부를 잘 모르는 사람들은 '완전하다', '다 됐다' 하고 남발을 해요. 그것은 공부가 뭔지 아직 모르니까 그런 얘기를 하는 거라. 공부를 깊이 있게 해 보면 공부라는 것이 정말 어렵다고 할 수도 있습니다. 미묘한 부분이 있죠.

이 여섯 마디 훈계, 이것이 틸로빠 가르침의 핵심입니다. 결국 이 뒤에 나오는 말들도 전부 이 여섯 마디에 대한 주석이라고 볼 수 있어요. 이게 핵심이니까 뒤에 나오는 21개의 게송도 이 여섯 마디의 가르침에 대한 하나의 주석이라 볼 수 있죠. 지나간 일을 기억하지 마라…… 우리는 지나간 일에 매여 살잖아요? 그게 업장이라고 하는 거죠. 딴 게 아닙니다. 그건 단순한 물리적인 인과관계를 얘기하는 것은 아닙니다. 물리적인 인과관계에서 벗어날 수는 없어요. 우리가 밥 한 끼를 굶으면 배가 많이 고프죠. 그것은 벗어날 수가 없는 거예요. 물리적인 인과관계에서 우리가 벗어날 수가 있다는 얘기는 아니고, 마음에서는 밥 한 끼를 굶은 것이 번뇌가 될 수도 있고 아무렇지 않을 수도 있거든요. 그것은 배가 고프냐 안 고프냐의 문제가 아니라는 말이에요. 당연히 배는 고프죠. 그런데 그게 번뇌가 될 수도 있고 안 될 수도 있죠. 또는 뭔가 자기가 실수를 해서 손해를 봤다? 그게 번뇌가 될 수도 있고 아무렇지 않을 수도 있잖아요.

예를 들어, 실수로 내 통장에서 수백만 원이 빠져 나갈 수 있는데, 그 사실 자체가 변화되는 건 아니지만, 그게 번뇌가 될 수도 있고 아무렇지 않을 수도 있단 말이에요. 그 문제란 말이에요. 해탈은 번뇌로부터의 해탈이지, 어떤 물리적인 인과관계에서 벗어난다는 그런 말은 아닙니다. 그렇기 때문에 우리는 인과법을 무시하지 마라 하는 얘기를 항상 하죠. 인과법이 무시될 수는 없습니다. 당연히 원인이 있으면 결과가 있는 거죠. 그런데 공부를 잘못하면 인과법을 무시하고 뭔가 기적적인 일을 바라게 되죠. 그건 안목이 없는 것이고 어리석음입니다. 인과법을 무시하고 자기에게만 무슨 특별하고 기적적인 일이 벌어지기를 기대하는, 그게 어리석은 사람의 특징이죠. 그런 일은 있을 수가 없습니다. 인과법은 원인이 있으니까 그에 따른 결과가 당연히 오는 거죠. 그런데 그게 번뇌가 되느냐, 아니면 아무렇지도 않으냐? 그것은 자기한테 달린 문제란 말이죠. 그게 마음공부죠.

생로병사(生老病死), 이거 인과법이잖아요. 생자필멸(生者必滅)이거든요. 태어나면 당연히 늙고 병들어 죽죠. 그것을 벗어날 수는 없어요. 그러나 이게 우리를 구속하고 번뇌하게 만드는 일이냐, 아니면 그냥 아무 문제가 없고 아무 일이 아니냐? 그것은 자기한테 달린 문제죠. 생사가 곧 열반이라고 하는데, 생사를 벗어나는 게 열반이라고 표현은 그렇게 하지만, 생사가 없다는 말은 아니란 말이죠. 태어나고 죽고 하는 일이 없을 수는 없죠. 그러나 그것이 우리에게 번뇌가 되느냐, 아니면 번뇌가 사라져서 아무 일이 없는 열반이냐? 그 문제죠. 그래서 생사 즉 열반이라는 것은 비록 생사를 하지만 전혀 그게 번뇌가 되질 않고 아무 일이 없다는 겁니다. 그러니까 열반이죠. 생사 속에서 열반이지, 생로병사라고 하는 윤회의 굴레를 벗어나서 따로 갈 길이 있다는 말은 아니란 말이에요. 그런 것들이 다 안목의 문제인데 그런 착각을 하시면 안 된다는 겁니다.

그러니까 생로병사 속에 있으면서 생로병사로부터 자유로운 것이 제가 지금 말하는 (손을 흔들며) '이것!'이고, 우리의 본질이고 살림살이고 본래면목입니다. 그러니까 이런 것들이 사실은 아주 사소하고 아주 당연한 것이지만, 이런 것조차도 우리가 오류를 범하는 경우가 많아요. 왜 오류냐 하면, 생각을 해 버리니까 오류가 되는 겁니다. 이것을 분별하고 생각을 하니까 오류가 되는 거죠. 생각을 해 보면 당연히 생로병사를 벗어난 다른 길이 있다 이렇게 보는 거예요. 그러니까 어떤 학자들은 사람이 윤회를 하면 죽고 난 뒤에 영혼이 중음신이니 뭐니 해서 영혼으로 있다가 다시 몸을 받아 가는데, 공부를 해서 열반하고 해탈한 사람은 중음신 상태에서 사라져 더 이상 윤회가 없느냐? 이런 식의 얘기를 하거든요. 그러니까 그게 완전히 망상이에요. 전부 생각으로 상상해서 망상을 하는 거죠.

윤회 속에 있느냐, 아니면 열반 속에 있느냐 하는 것은 지금 이 순간의 문제일 뿐입니다. 죽고 난 뒤의 문제가 아니란 말이에요. 죽고 난 뒤에는 상상이고 망상이죠. 지금 부처가 되느냐 중생이 되느냐 하는 지금 이순간의 문제일 뿐이란 말이에요. 이 순간 여법하면 아무 일이 없으니까 열반이고, 이 순간에 분별을 따라다니면 중생이고 그런 거죠. 그것밖에 없는 겁니다. 죽고 난 뒤에 어쩌고 하는 것은 그냥 생각이고 상상하는 거죠.

사실 이것은 너무나 당연한 일이고 간단한 것인데도 불구하고 우리가 워낙 생각에 쌓여 살다 보니까 거기에 따라가 버리는 거예요. 모든 것은 바로 지금 이 순간 여기의 일일 뿐입니다. 여기서 망상에 속느냐, 아니면 이 자리가 분명하냐? 그냥 이것뿐이에요. 여기서 다 결정되는 거예요. 과거에서 결정되는 게 아니고 미래에서 결정되는 것도 아니에요. 바로 이 자리가 분명하고 이것이 명백하냐, 아니면 따라다니느냐? (손을 흔들며) 그냥 '이것!'이죠.

그러니까 여기에 대한 체험이 있다 하는 것은 지금 이 자리에서 아무 일이 없이 밝을 수가 있다고 하는 뜻이거든요. 그렇지만 비록 여기를 체험했다 하더라도 여기에 있을 힘이 없으니까 습관적으로 또 스윽 따라가 버리는 거라. 그러니까 자꾸 이쪽으로 돌아오는 연습이 바로 수행이에요. 자꾸 이 자리로 다시 돌아오는 수행이죠. 수행은 영어로 'Practice'라고 하잖아요. 실천하는 거거든요. 자꾸 연습하는 거예요. 수행은 깨달은 뒤에, 이 자리를 얻은 뒤에, 이 자리를 연습하는 그게 수행이라. 그러니까 오후수행(悟後修行)이라는 소리를 하거든요. 그것은 말로 했을 때 그렇게 되고, 실제 공부하는 입장에서는 그런저런 생각 없이 해야 해요. 수행이라는 것도 하나의 방편으로 생각으로 말하는 거니까. 그냥 (손을 흔들며) "이것뿐!"이고 항상 이 자리라.

옛날에 제가 초창기에는 그랬거든요. 뭘 하다가 스윽 딴 생각이 나고 끌려갈 것 같으면 무릎을 탁 쳤다 했잖아요? 탁 치면 그냥 아무 일이 없는데 '뭐 또 딴 생각이야?' 하는 식으로. 생각뿐만 아니라 어떤 감정이라든지 기분, 느낌 이런 것이 올라올 때도 마찬가지예요. 자기도 모르게 스윽 끌려가다가 무릎을 딱 치면 아무 일이 없어요. 그냥 이 일 하나만 분명하지요. 힘이 없으면 그런 식으로라도 해야 해요. 그것을 '소를 키운다'고 말할 수 있는 거죠. 소를 찾았으면 그 소가 도망가지 못하도록 딱 붙잡고 키워야 될 것 아니에요?

26

그러니까 수행이라는 것을 굳이 방편으로 말한다면, 깨달은 뒤의 수행이지, 깨닫기 전에는 수행이라는 게 없어요. 수행해서 깨닫는 게 아니에요. 세속적인 학문도 그래요. 공자님도 '학이시습지'라 했잖아요? 학(學)한 뒤에 습(習)을 하는 거죠. 배운 뒤에 그것을 익히는 거지, 배우지 않고 뭘 익혀요? 인간이라는 게 정신적인 구조가 똑같아요. 깨달은 뒤에 (법상을 치며) 이것을 실천 수행하는 것이지, 깨닫지도 않고 뭘 수행을 해요? 깨닫기 전에는 아무것도 모르는 거죠.

　그러니까 반드시 (법상을 치며) '이것!'을, 한 번 이 자리를 확인해서, 자기가 '아!' 하고 모든 경계에서 벗어나서 아무 일이 없는 여기에 한 번 통해야 하는 겁니다. 아무 일이 없다는 것은 어떤 경계도 없다 이겁니다. 어떤 경계도 없고 어떤 일도 없고 그저 "이 일뿐!" 여기에 딱 들어맞게 되고, 그 다음에 이것을 잘 지켜서 이게 습관화되고 여기에 익숙해져야 합니다. 이 속의 사람이 되어야 한다고 제가 늘 말씀드리잖아요? 완전히 이 속의 사람이 되어야 하죠. 그러면 더 틈이 없어지죠.

　이 속의 사람이 된다는 것은 〈심우도〉 식으로 말하면 소를 잘 키우며 고삐를 놓치지 않는 거죠. 소를 잘 키우면 나중에 소가 사라져요. 키울 소가 없어진다고요. 소가 사라지고 그 소를 키우는 사람도 사라지고 그렇게 되거든요. 말하자면 내가 일 없는 자리를 얻었다, 깨달았다 하는데, 내가 있고 깨달음이 있고 하면 아직까지 사람이 소를 키우는 거거든요. 자꾸 하다 보면 깨달은 자리도 없고 나도 없고 그렇게 다 사라져요. 그래서 "인우구망(人牛具亡)" 하고 "일원상(一圓相)으로 돌아간다"고 말하잖아요. 아무 일이 없어지는 거죠. 그러면 하나하나 그대로가 아무 일이 없고 항상 똑같단 말이죠. 그런 힘을 자꾸 기르는 것이고 그것을 얻는 게 공부죠. 그러니까 딴 건 없어요. (손을 흔들며) "이것뿐이다!"

그런데 아직 체험을 못하고 계합을 못한 사람 입장에서는, 그 사람은 아직 아무것도 모르지만 (법상을 치며) "이것뿐이다" 이렇게 자꾸 해야 해요. 이게 뭔지는 몰라도 (법상을 치며) "이것뿐이지!" 하다 보면, 낙숫물이 바위를 뚫는다는 말이 있잖아요? 언젠가는 뚫어져요. 안 될 것 같지만 그게 된단 말이에요. "이것뿐이다" 하는 게 너무 단순하고 심심하고 재미없다 하여, 이것 보고 저것 보고 하면 아무리 오래 해도 공부가 결실을 맺지 못해요. 낙숫물이 바위를 뚫으려면 계속 같은 자리에 떨어져야 뚫어지지, 여기 떨어지고 저기 떨어지면 안 뚫어져요. 그런 게 공부하는 사람의 요령이라. 낙숫물이 바위를 뚫으려면 계속 같은 자리에 떨어져야 됩니다. 그러면 알게 모르게 언젠가는 바위가 구멍이 난단 말이에요.

사실 알고 보면 굉장히 단순한 겁니다. 간단한 것이고, 여러 가지가 필요 없는 거예요. 이것 했다 저것 했다 하는 게 아니에요. 여기서 뚫어내고 더 깊이 뚫어져서 더 확실하게 자리가 잡히고 뿌리가 내려야 하는 것이지, 다양하게 한다고 이것도 하고 저것도 하고, 이것도 보고 저것도 보고 하면 안 됩니다. 제가 책 보지 마시라 하잖아요. 나중에 뿌리가 확실하게 내리게 되면 책을 볼 수 있는 안목이 생겨요. 그때 돼서 보면 재미가 있어요. 왜냐하면 경전이라든지 깨달은 분들의 조사어록이라든지 이런 말씀들은 다 깨달은 경험을 애기한 것이기 때문에, 그것은 내가 경험을 통해서 공감을 하고 그렇게 할 문제지, 알음알이를 가지고 판단할 문제는 아니거든요.

예를 들어서, 모르긴 해도, 어떤 차를 마시는 사람이 오래도록 녹차를 마셔서 녹차의 맛에 대해서 깊은 안목을 가지게 됐다고 해 보죠. 10년 마신 사람이 있고 20년 마신 사람이 있다 하면, 녹차를 마실 때 공통된 점도 있을 것이고 다른 점도 있을 거예요. 10년 마신 사람이 말할 수 있는 부분은 20년 마신 사람도 똑같이 말할 수 있지만, 20년 마신 뒤에 말할 수 있는 것은 10년 마신 사람은 아직 말할 수도 없고 알 수도 없습니다.

그러니까 자기가 얼마나 깊이 있게 경험을 해 봤느냐에 따라서 거기에 대한 소화력이 생기는 거거든요. 그 경험, 자기가 이 공부에 얼마나 깊이 들어갔느냐를 추구해야지, 자꾸 누가 무슨 소리 하나 하고 찾아다니는 것은 자기 공부에 방해만 될 뿐입니다. 그것은 공부에 도움이 되질 않아요. 왜냐면 진실은 자기한테 있지, 밖에 백화점 식으로 펼쳐져 있는 게 아니거든요. 그러니까 자기 안목이 깊어진 뒤에 경전이나 조사들 말씀을 보면 자기 안목만큼 평가도 할 수 있고 소화도 할 수 있고, 자기가 소화할 수 없는 그런 말들이 있으면 자극을 받아서 공부를 분발할 수도 있고 그렇죠.

그러니까 체험을 했다 하는 사람들이 책을 가지고 '아, 이제 조금 알 것 같네, 옛날 봤던 책들을 다시 보자' 하는 사람들이 있는데 저는 위험한 짓이라 생각합니다. 제 경험으로 보면, 제가 책을 적게 봤겠습니까? 박사 논문까지 썼는데요. 온갖 관련된 책들을 다 보고 공부를 하다가 진짜 경험이 왔어요. 진짜 경험을 하고 보니까 지금까지 봤던 책들은 다 잊어버리고, 이제 새롭게 맛본 진실은 새로운 신천지고 새로운 세계에요. 그 후로 지금까지는 '이것!'을 익힌다고 책을 다 덮어 버리고 아예 잊어버리고, 여기에만 계속 파고 들어온 세월입니다.

이 속에서 새롭게 지혜도 생기고 그러면서 '아, 내가 옛날에 알았던 게 잘못 알았구나' 하는 것도 알게 되고, 옛날에 봤던 구절을 새롭게 보게 되고 그런 지혜가 자꾸 생기는 것이지, 지혜는 밖에서 얻는 게 아니에요. 반야의 지혜는 자기 내면에서 저절로 밝아지고 우러나오는 것이지, 바깥에서 얻는 게 절대 아닙니다. 그것을 모르고 자기 지혜는 조그마한데 밖으로 큰 것을 찾아다니면, 오히려 자기 지혜는 버리고 다시 밖으로 남을 좇아가는 그런 어리석은 짓을 하는 것이고, 공부는 안 되는 겁니다. 엉뚱한 짓을 하게 되고 전부 머리를 가지고 공부하게 된단 말이에요.

그러니까 자기 살림살이를 조금이라도 느끼고 찾았으면 그것에 충실해라 이 말이에요. 마치 은행에 저축하는 거와 같습니다. 돈 한 푼도 없이 매일 빈털터리로 살다가 여윳돈 백 원이 생겨서 저축하고, 백 원을 종잣돈으로 해서 천 원이 되고 만 원이 되고 자꾸 저축을 해야 자기 재산이 될 거 아니에요. 남의 돈을 세지 말고 내 돈이 있어야죠.

그런 것처럼 처음에 이것을 체험하면 힘이 없어요. 백 원짜리 하나 통장에 들어 있는 거와 같아요. 어디 가서 자랑할 것도 없고 내놓을 것도 없고 부끄럽고 힘이 없어요. 자꾸 그 힘을 키워야 해요.

그러면 공부가 자꾸 깊어지고 더 자신이 생기고 하는 거죠. (법상을 치며) 자꾸 힘이 생기면 자기 살림살이가 자신이 생기고, 자기가 새로 태어나 다시 자라서 어른이 되듯이 그렇게 되는 겁니다. 실제 이 체험이라는 것은 정신적으로 새로 태어나는 겁니다. 그러니까 틸로빠의 스승인 그 여성이 "너의 부모는 육체를 낳아 준 부모가 아니다"한 얘기가 거기에 있는 거거든요.

　육체적으로는 우리가 부모에게서 몸을 받았지만, 정신적으로는 스승에게서 자극을 받고 자기가 새롭게 태어나는 거죠. 새롭게 태어나서 다시 자라야 하는 겁니다. 말하자면 이 진실 속에서 다시 자라야 하는 거죠. 그래서 힘이 강해지고 자신만만해지고 그럴수록 번뇌에서 자유로워지고, 안목도 밝아지고, 항상 눈앞이 밝아진다 해도 좋고, 딱 안정이 되어서 어디에도 칼끝 하나 들어갈 틈이 없다, 바람 하나 통할 틈도 없다는 얘기를 옛날 선사들이 했거든요. 그 말이 무슨 말인지 알 수가 있는 거예요. 바람 하나 통할 틈도 없고 칼끝 하나 들어갈 틈도 없이 아주 단단하게 아주 분명하게 이렇게 되는 겁니다. 자꾸자꾸 그렇게 되는 거죠. 이 공부가 그렇게 단단해지고 자리가 잡히고 힘을 얻게 되고 하는 공부예요. (법상을 치며) '이것!'은, 이 자리는 처음에는 엉성하거든요. 처음에는 엉성하지만 자꾸 하다 보면 이게 단단해진단 말이에요. 이렇게 공부를 하는 겁니다. 이것 하나뿐입니다. 아주 단순한 겁니다. (손을 흔들며) '이것!' 하나뿐입니다.

　딱! 딱! 딱! (죽비 소리)

1
말과 상징을 넘어

마하무드라의 노래 게송 1번입니다.

마하무드라는 모든 말과 상징을 넘어서 있다.
그러나 진지하고 성실한 그대, 나로빠를 위하여
이렇게 말해야만 하겠다.

마하무드라는 모든 말과 상징을 넘어서 있다······ '마하무드라'라
고 하는 것은 우리가 진여다, 부처다, 마음이다, 하는 그 이름으로
부르는 (손을 흔들며) '이것!'을 '마하무드라'라고 그러는 겁니다. 하여
튼 무슨 이름이든지 간에 우리 불법 공부는 주제가 하나뿐이죠. (손
을 흔들며) '이것!'을 실상이라 하든 마음이라 하든 법이라 하든 지금
'이것!' 하나뿐이거든요. 여기서는 이것을 '마하무드라'라고 하는 이
름으로 표현을 한 겁니다. 이것은 온 천하에 드러나 있고 언제든지
확인되는 거지만 말로써 설명할 수가 없어요.

말과 상징이라고 그랬는데 상징물이라는 것은 어떤 모습이잖아요. 불교는 만(卍) 자가 상징물이고, 조계종은 동그라미 속에 점 세개가 상징물이고, 기독교는 십자가가 상징물이고, 그게 다 모양이거든요. '이것!'을 가지고 말을 하고 모습을 그려 내는 거지만 '이것!' 자체는 무슨 말로 나타내고 모양으로 그려낼 수 있는 건 아니죠. 그건 너무나 당연한 것이고, 바로 (손을 흔들며) '이것'이기 때문에 어떻게 할 수가 없는 거죠. 그렇지만 말할 수 없다 해서 말을 안 할 수는 없어요.

선(禪)에서 불립문자(不立文字)라고 하는데, 불립문자라 해 놓고 또 언어도단(言語道斷)이라고도 하거든요. 그러니까 '불립문자' 문자로써 나타낼 수 없다, '언어도단' 말로써 표현할 수 없다, 그래 놓고 선사들이 말을 엄청나게 많이 해 놨거든요. 지금 중국에 가면 팔만대장경 이외에 선장(禪藏)이라는 게 있어요. 팔만대장경만큼이나 분량이 많습니다. 달마 이후 중국 선사들의 말씀들을 모아 놓은 건데 팔만대장경만큼이나 많아요. 모르는 사람들은 말을 안 한다 해 놓고 말을 그렇게 많이 했느냐 하는데 그건 단순한 생각이고, 도리어 말을 할 수가 없는 것이기 때문에 많은 말을 해야 하는 거예요. 많은 말을 해서 말 너머의 진실을 전달해 주어야 하니까. 말로 할 수 있는 것 같으면 간단하죠. 여러 말이 필요가 없고 한두 마디 하면 되죠. 말할 수가 없는 것이기 때문에 수많은 말을 통해서 말 너머의 진실을 전달하려고 하고 통하게끔 하려고 하니 말이 많아질 수밖에 없어요. 팔만대장경도 결국 마찬가지예요. 부처님 법도 말할 수 없는 불가사의한 법이기 때문에 오히려 굉장히 말이 많아졌다 이 말이에요. 말할 수 없는 법이니 입 다물고 있어라 하면, 깨달음이라고 하는 것은 저 혼자 알고 가는 거고, 다른 사람과 교류가 안 되는 거죠.

그러니까 말을 할 수밖에 없는 것은, 여기도 첫마디가 "네가 진지하고 성실하기 때문에 말할 수 없는 것이지만 내가 말해 주겠다" 이런 말이거든요. 말을 할 수 있는 거라면 진지함과 성실함이 굳이 필요 없어요. 그냥 말로 설명해 주면 다 알아듣죠. 그런데 말을 할 수 없는 것이기 때문에 진지함과 성실함을 가지고 끈질기게 듣고 관심을 가져야만 이게 소통이 될 수 있는 거니까, 이것은 아무한테나 얘기해 줘서는 안 되는 거란 말이에요. 정말 진지함이 있고 성실함이 있고, 끈질기게 이것에 한 번 통하고자 하는 그런 사람에게 말을 해 줄 수 있는 거죠.

그래서 첫마디가 공부하는 사람에게 꼭 필요한 말로 구성이 되어 있는 겁니다. 말할 수 없는 거지만 이런 사람한테는 말해 줄 수 있다, 이런 말이에요. 그러니까 이 공부는 우리가 그냥 우연히 좋은 것 하나를 손에 넣는다는 그런 자세로는 공부를 깊이 있게 할 수가 없습니다. 공부하는 그 자세가 가장 중요한 건데, 여기 나오듯이 진지함이라든지 성실함 이런 것도 있고, 말을 할 수가 없고 생각할 수가 없고, 모든 세간적인 구속에서 벗어날 수 있는 출세간법에 그런 진지함과 성실함을 갖추고 있는 것, 이것이 공부하는 사람의 기본자세인데, 결국 이 공부는 출세간법입니다. 그러니까 세간에 얽매여 있는 것으로부터 해탈이고, 벗어나는 겁니다. 그냥 세간 속에서 살아가면서 약간의 마음의 안식을 얻겠다, 이런 자세라면 공부는 크게 필요 없어요. 그런 안식은 이 공부 외에도 여러 가지 방법들이 있기 때문에 굳이 이렇게 힘든 공부가 필요 없는 겁니다.

이 공부는 항상 말하지만 생사문제를 해결하는 것이고, 근원적으로 세간의 집착과 구속에서 벗어나서 자기 존재의 문제를 근본적으로 해결하고자 하는 그런 공부거든요. 그런 공부에 대한 기본적인 마음가짐이라고 할까, 자세, 그런 목표의식 같은 게 없으면 깊이 있게 할 수가 없습니다. 공부에서 가장 중요한 것은 그겁니다. 그냥 약간의 마음의 안식을 얻겠다 하는 거라면 그런 방법들은 굉장히 많아요. 그런 것이 아니고 근원적으로 자기 문제를 해결한다는 것은 '나'라고 하는 존재가 사라져야 하는 겁니다. 열반이라고 하는 거거든요. 내가 사라져야 생사문제 자체가 없는 거죠. 내가 있으면 당연히 생사문제가 개입되는 거고, 나라고 하는 존재 자체가 사라지면 생사문제든 어떤 문제도 있을 수가 없는 겁니다.

불교 교리에서도 얘기를 하다시피 우리는 나라고 하는 뭐가 있다고 항상 집착을 하는데, 결국 그 실상을 보면 육체라든지 생각이라든지 느낌이나 감정이라든지 물질이라든지, 하여튼 눈에 보이고 느껴지고 하는 세간적인 모습들에 대한 집착이거든요. 그게 물질적인 것이든 정신적인 것이든 간에 분별할 수 있고 느낄 수 있고 알 수 있는 모습들에 대한 집착인 겁니다. 거기에 대한 집착이고 거기에 얽매여 있는 거고 거기서 못 벗어나니까.

불교 교리에서 아(我)와 아소(我所)라는 표현을 하거든요. '나다, 내것이다' 하는 이런 문제인데, 거기에 항상 집착하는 것이고, 그 바람에 모든 문제가 발생하는 겁니다. 공부하는 사람이 문제를 근원적으로 해결하려면, 그런 것에 대한 집착에서 벗어나야 하는 거고, 그것이 우리가 실상을 보는 것이죠. 그래서 실상을 말할 때는 항상 무상(無相)·무념(無念)·무주(無住) 등 없다는 표현을 쓴단 말이에요. '없다'라고 하거나 '공(空)'이라는 표현을 쓰는 이유가 거기에 있는 거죠. 집착할 게 없으니까요. 하여튼 그런 자세입니다. 그런 자세를 가지고서 공부를 해야 하고, 그런 진지함과 성실함이 있어야 하죠. 말과 상징이라는 것도 결국 뭡니까? 말은 이름이고, 상징은 모습이거든요. 이름과 모습, 한자로는 명상(名相)이라고 표현해요. 이름과 모양으로 이루어지는 게 세간이거든요. '나'라고 하는 것도 이름이고 '내 것'이라고 하는 것도 이름이고, '육체' '삼라만상'이 다 모습을 가지고 있는 것이죠. 이런 모든 이름과 모습에 대한 집착에서 벗어나는 겁니다.

우리가 세간심 또는 중생심이라고 하는 것은 이름과 모습에 욕심을 내고 그것을 좋아하고 애착을 가지는 겁니다. 그게 세간심이죠. 이름과 모습, 상세히 말하면 '색·수·상·행·식'이라 해서 물질이나 느낌이나 생각, 감정, 의식에 집착한다 이거예요. 그런 것에서 실제로 벗어나는 겁니다. 그 말은 우리가 육체에서 빠져나간다는 뜻이 아닙니다. 도리어 육체를 가지고 있는 동안에만 공부를 할 수가 있습니다. 죽고 난 뒤에 공부하겠다 하는 것은 있을 수가 없는 말이죠. 그러니까 공부라는 것은 항상 "지금 당장 해라" 하는 거죠. 공부할 시간이 따로 있지 않단 말이에요.

우리가 육도윤회를 말할 때에도 '지옥·아귀·아수라·축생·인

간·천상' 이렇게 얘기를 하는데, 이 여섯 가지 중에서 공부해서 해
탈을 할 수 있는 조건을 가진 길은 인간의 길 하나밖에 없어요. 지
옥에서 공부를 할 수 있느냐? 지옥은 고통 받고 벌 받는 곳이지 공
부하는 데가 아니거든요. 아수라나 아귀도 똑같습니다. 축생도 벌
받는 데지 공부하는 곳이 아니고, 천상도 상 받는 데지 공부하는 곳
이 아니에요. 인간만이 공부해서 해탈할 수 있다…… 육도윤회라는
것은 원래 그런 방편이에요. 불법을 짐승한테 가르칩니까? 이것은
사람한테 가르치는 거거든요. 그래서 사람 몸을 받고 나오는 것도
어렵고 불법 만나기도 어렵다는 말도 하는 겁니다.

그러니까 공부하는 시간은 지금 우리가 이렇게 건강하게 살아 있
을 때 하는 거예요. 죽고 나서 하는 게 아니에요. 그러니까 이렇게
살아 있을 때 우리가 육체를 가지고 있으면서도 육체를 벗어나는
길, 생각을 가지고 있으면서도 생각에서 벗어나는 길, 그 길을 얻어
서 그것을 확보해서 그 길을 가는 겁니다. 이게 우리 불법공부고, 어
쨌든 이런 자세를 기본적으로 가지고 공부를 해야 하는 거지, 이 기
본적인 자세에서 벗어나서 세간의 일을 해결하기 위해서 불법공부
를 한다는 그런 생각을 할 것 같으면, 아예 이 공부를 하지 마세요.
좋은 길이 많은데 이 어려운 길을 왜 해요?
불법은 기나긴, 머나먼 평생을 가야 될 인고의 길이라고 할 수가
있습니다. 그러니까 어려운 공부를 할 필요가 없죠. 세간의 일을 해
결하기 위해서 하는 공부가 아니란 말이죠. 그래서 석가모니는 출
가를 했던 것이고 출세간을 주장했던 것인데, 그런 자세가 안 되어

있으면, 공부라는 것은 절대로 깊이 있게 할 수가 없습니다. 기껏해야 불법공부 조금 해 봤다 하는 정도겠지요. 우리가 세속에 있다고 해서 전문적인 공부인이 안 되고 불교가 뭔지 잠시 취미 삼아 해 본다는 자세 같으면, 이 공부를 권하고 싶지 않아요. 괜히 불교를 왜곡하는 역할밖에 못하니까요. 제대로 깊이 있게 공부를 안 한다면 '불교는 그런 거지 뭐' 하며 왜곡하는 거예요. 그렇기 때문에 진지함과 성실함이라고 하는 것이 필요한 겁니다. 확실한 공부꾼이 되어서 할 수 있는 만큼 끝까지 가 보자 하는 자세죠.

그래서 옛날 스님들도 실제 그렇게 공부하기가 어렵기 때문에 한 사람, 반 사람 이런 얘기를 했거든요. 정말 어렵기 때문에 제대로 된 공부꾼은 한 사람이나 반 사람 정도 있다는 얘기거든요. 그렇더라도 자기 마음먹기에 달려 있는 거니까, 경험들을 해 보시면 아시겠지만 그게 결국 공부 길을 가느냐, 다시 세속에 물이 드느냐 하는 것은 한 생각 차이입니다. 한 생각으로 세속에 물이 들 수도 있고 공부 길을 갈 수도 있는 겁니다.

한 생각 차이고, 자기도 모르는 사이에 한 생각에 끌려서 세속에 물이 들 수도 있고, 또 생각에 얽매이지 않고 공부 길을 제대로 갈 수도 있고, 그래서 공부하는 것은 옛날 스님들이 늘 표현하는 게 있잖아요. "짐을 지고 외나무다리를 건너는 거와 같다." "칼날 위를 걸어가는 거와 같다." 한 생각에 자기도 모르게 세속에 물이 들어서 공부를 망칠 수도 있다는 것이죠. 참된 공부인이라면 어디에도 머묾 없이 계속해서 걸림 없는 길을 가야 하는 겁니다.

그런데 우리가 걸릴 수 있는 요소들은 항상 많아요. 우리 눈길을 사로잡는 세속적인 유혹의 요소들, 그러니까 악마라는 것은 한 번 물리쳐서 끝나는 게 아니고 평생 동안 항상 눈앞에 있다 이겁니다. 언제든지 말려들어 갈 수가 있습니다. 그래서 항상 눈을 부릅뜨고 있어라, 정신을 차리고 있어라 하고 말하죠. 어떤 것에도 사로잡히지 않고 말려들어 가지 않고 계속해서 이렇게 자유로운 공부 길을 갈 수 있다 하는 것이 제대로 공부를 하는 겁니다. 거기에는 진지함과 성실함이 필요한 거죠. 공부는 머리로 하는 게 아니고 가슴으로 한다는 게, 그렇기 때문에 하는 말입니다.

진지하고 성실하게 걸림 없는 길을 공부하시다가 이쪽 체험을 하면 더 느낄 겁니다. 아무 일 없다가도 잠시 어떤 일에 관심을 가지면 다시 거기에 사로잡혀서 불편하고 '왜 내가 이런 데 사로잡히지?' 하고 또 벗어나기도 하고, 그런 경험들을 하면서 자꾸자꾸 그런 것에 속지 않고 걸리지 않고 그런 길을 가는 게 공부죠.

그렇게 하려면 어쨌든 이 법을 제가 "아무 일 없습니다, 바로 이것뿐입니다" 하고 표현하는 게 아무것에도 걸림이 없고 한 물건도 없는 '이것!'을 말하는 거거든요. 이것을 찾았으면 어쨌든 여기에 충실해야 계속 걸림이 없게 되는 겁니다. 이러쿵저러쿵 걸리고 시빗거리가 생기고, 이게 이익이 되느냐 손해가 되느냐 하고 따지면 공부가 아니고 엉뚱한 짓을 하는 겁니다.

사실 공부에 있어서는 이게 굉장히 중요해요. 까딱 잘못하면 자기도 모르는 사이에 얽매여 있을 수 있기 때문이죠. 항상 무한한 자유입니다. 어디에도 머물지 않고 어디에도 얽매이지 않고 완전히 자유로운 입장에서 항상 그런 무한한 자유를 누리는 것이 이 공부하는 사람의 특권입니다. 다른 특권은 없어요. 완전한 자유를 누리는 겁니다. 조금이라도 얽매일 일이 있으면 옛날 선사들 말처럼 독사를 만난 것처럼 두려워해야 합니다.

그러니까 자유라는 것은, 육체적으로는 완전한 자유를 얻을 수가 없고, 세속적으로는 완전한 자유라는 게 있을 수가 없습니다. 그러나 출세간에서는 완전한 자유를 누릴 수가 있습니다. 그 자유가 이 공부의 가치이고, 공부하는 사람의 특권이죠. 완전한 자유라고 해서 방종을 말하는 것이 아니죠. 자기 자리, 이 법이 항상 이렇게 분명하면 완전히 자유롭습니다. 방종과 자유의 차이는 방종은 내 맘대로 하는 것이고, 완전한 자유는 내 마음이 없다는 겁니다. 완전히 다른 거예요. 방종이라는 것은 원하는 대로 내 맘대로 해서 주위를 무시하는 것이고, 제가 말하는 완전한 자유라는 것은 내 마음이라고 할 것이 없다는 거예요. 아무 일이 없고, 한 물건도 없고, 아무것도 없기 때문에 스스로가 일부러 장애를 만들지만 않으면 항상 자유를 누릴 수가 있는 거죠.

육조 스님 말씀이 딱 맞는 말인데, 모든 허물은 자기가 만드는 거죠. 자기를 구속하는 것은 항상 자기가 만드는 거예요. 어리석어서 그런 거죠. 탐·진·치, 탐내고 성내는 것은 어리석어서 그런 겁니다. 지혜가 없으니까. 컵을 탐을 내는 게 사실은 내가 컵에 얽매이는 건데, 내가 컵을 소유한다 이런 착각을 하는 거죠. 그게 어리석음이죠. 화내는 것도 마찬가지죠. 그래서 근원적으로 번뇌는 어리석음입니다. 무명번뇌(無明煩惱)라고 하는데 어리석음 때문에 번뇌에 얽매여서 고통스럽게 된다는 말이니까.

　어리석지 않을 수 있는 지점은 (손을 흔들며) '이것!'밖에 없죠. 이것만 확실하면 맑은 정신이라고 할까, 깨어 있다는 표현을 하는 겁니다. 맑은 정신으로 어디에도 걸림이 없고 구속되지 않고, 항상 이렇게 밝을 수 있죠. 뭔가에 걸려 있고 구속을 받으면 그것에 오염이 돼서, 이렇게 밝을 수도 없고 맑을 수도 없어요. 그게 정신적인 오염이죠. 하여튼 이런 게 공부하는 사람의 기본자세고, 그게 바로 여기서 말하는 진지함과 성실함입니다.

　어쨌든 지금 이 하나의 일이에요. 바로 지금 (손을 흔들며) '이것!' 그래서 공부하는 사람은 딴 것 없어요. "이것뿐이다." '이것!' 하나를 얻어서 항상 이 자리에 있으면 "이것뿐이다." 이렇게 자유롭고 그 무엇에도 얽매임이 없죠. 얽매임이 없다는 것은 다른 말로 하면 신경 쓰일 일이 없다는 거예요. 그러니까 우리는 자기 스스로가 신경 쓸 일을 만드는 경향이 많은데, 신경 쓸 일이 없어지는 거죠. 방거사가 나중에 마누라도 공부하고 딸도 공부해서 서로 마음을 모아 "우리 세간살이 정리하고 공부하러 가자" 할 때 모든 재산을 동정호 물속에 다 내버렸어요. 그게 사실이든 아니든 간에 이 얘기가 말하는 중요한 뜻이 있죠. 신경 쓸 일을 없애 버린다는 거죠. 뭘 가지고 있으면 신경 쓰이잖아요. 그래서 석가모니도 출가를 했지 않나 싶어요.

　우리가 세속에 살면서 그렇게까지 할 필요는 없다고 보지만, 출세간의 법을 공부하는 사람이라면 일부러 신경 쓸 일을 만들 필요는 없다는 거죠. 공부에 더 깊이 들어오려면 세속 일은 가장 단순하게 먹고살 만큼만 해 놓고, 공부를 좀 더 성취해 나가는 그런 방향으로 해야 되죠. 저는 처음부터 그런 마음가짐이었고 지금도 그렇습니다. 또 그렇게 해야 공부가 깊이 진행이 될 수 있다 하는 것을 항상 느낍니다. 그래서 기왕 불법공부를 할 것 같으면 철저하게 해서 정말 걸림이 없이 항상 이 자리에서 완전히 자유롭게 되어야 하지 않겠어요? 다만 (손을 흔들며) "이것뿐이다."

아무것도 가지고 있지 않은 자유라는 건 누려 보지 않으면 몰라요. 그게 얼마나 좋은지. 뭔가를 가지고 있어서 거기에 의지하는 것도 세속에서는 좋은 일처럼 여기겠지만, 아무것도 의지할 필요가 없고, 아무것도 가지고 있지 않고, 아무 데도 걸림이 없는 자유라는 것은 조금이라도 누려 보지 않으면 그게 얼마나 좋은 일인지 알 수가 없습니다. 하여튼 마음속에 아무것도 남겨 놓지 않는 게 이 공부를 성취하는 데는 좋습니다.

2
어떠한 노력도 없이

마하무드라의 노래 2번 게송입니다.

공(空)은 의지할 것을 필요로 하지 않는다.
마하무드라는 무(無)에 의지해 있다.
어떠한 노력도 없이 편안하고 자연스럽게 머무르면,
우리는 굴레를 부수고 자유를 얻을 수 있다.

이게 마하무드라의 핵심입니다. 1번 게송은 공부하는 사람의 마음가짐을 얘기했고 2번 게송에서는 '마하무드라', 즉 법의 핵심을 얘기하고 있는 겁니다. 공(空)은 의지할 것을 필요로 하지 않는다…… 그러니까 필요할 게 아무것도 없다 이거예요. 아무것도 필요하지 않다…… 이게 대자유죠. 아무것도 필요한 게 없고 아무 데도 의지할 필요가 없다…… 그래서 공(空)이다, 무(無)다 이런 표현을 하는 건데, 우리처럼 세속에 있는 사람들도 물질적인 측면에서 설사 재산을 가지고 있더라도 '내 것이다' 하는 집착심을 가지지 마시라 이 말이에요. 언제든지 결국은 사라질 건데, 그냥 인연 따라서 있으면 있고 없으면 없고 그게 좋을 겁니다. '아, 내가 딱 가지고 있어야지' 하면 계속 거기에 걸려 있거든요. 있으면 나한테 인연이 되니까 와 있는 거고, 사라지면 인연이 또 그리되니까 사라지는 거고, 그런 식으로 스스로 자기를 풀어낼 필요가 있습니다.

자유롭게 자기를 풀어내서 매여 있지 말고, 그것뿐만 아니고 정신적인 문제에서도 어떤 견해나 가치관이나 지식이나 이런 것도 마찬가지예요. 자유인은 어떤 주의자가 아닙니다. 뭘 주장하는 게 없어요. 우리는 세속에서 당신은 무슨 주의야? 무슨 이념이야? 하고 매일 얘기하거든요. 그게 세속이란 말이에요. 진짜 자유로운 사람은 아무 주의가 없습니다. 아무것도 가지고 있는 게 없는데 무슨 주의가 있어요. 아무런 견해나 가치관, 정해진 게 아무것도 없습니다. 이런 자세도 필요합니다. '나는 어떤 사람이다'라는 생각도 상(相)을 만들어 가지고 얽매여 있는 거예요.

그러니까 어떤 주의자도 아니고, 어떤 가치관이나 견해를 가지고 있는 것도 아니고, 인간관계에 있어서도 마찬가지입니다. 인연이 되어 같이 있으면 같이 있는 거고, 가면 가는 거고, 그런 거지 집착을 할 필요는 없는 거예요. 물론 쉽지는 않지만, 그런 초연함이랄까? 항상 그런 어떤 머묾이 없는 자세는 필요합니다. 그래야 공부에 걸림을 피할 수가 있으니까요. 일부러 도망가고 피할 필요는 없다고 봅니다. 일부러 있는 재산을 버리고 자식이고 부모고 다 내버리고 그럴 것까지는 없다고 봅니다. 굳이 그럴 것은 없으나, 인연 따라서 만나면 만나는 거고 헤어지면 헤어지는 거고, 있으면 있는 거고 없으면 없는 거고, 그냥 거기에 분별망상을 일으키고 애착을 일으킬 필요는 없다는 거죠. 어쨌든 이 법에 충실하면 저절로 그렇게 되는 측면도 있습니다. 그러나 저절로 그렇게 되는 것만 바라지 말고 자기 마음가짐도 그렇게 가질 필요가 있습니다. 공부의 장애를 없애기 위해서.

공(空)은 의지할 것을 필요로 하지 않는다…… 뭔가 의지한다는 것은, 거기에 집착하고 애착하고 소유하는 게 다 의지하는 거죠. 이 법을 공(空)이란 말로 표현하잖아요. (손을 흔들며) '이것!'은 아무것도 없어요. 아무것도 없을 때는 어떤 느낌이 드느냐 하면 그냥 이 순간에 내 존재가 사라져도 여한이 없다는 느낌이 들거든요. 그것이 삶과 죽음에서 자유로워지는 것 아닙니까? '아직 내가 할 일이 많은데 지금 죽을 수 있냐?' 이러면 애착이 남아 있는 거잖아요. 그러니까 이 법에 충실해서 정말로 이 법 속에서 모든 세간사를 다 잊어버리고 법에만 충실해서, '그냥 이것뿐이지!' 하고 아무런 경계도 없고 한 물건도 없음을 느낄 때는 '어차피 내 존재라는 게 있는 것도 아니고, 그냥 이 상태로 육체가 살아 있든 죽어 있든 상관이 없겠구나' 하는 그런 느낌이 든단 말이에요. 그러니까 그렇게 자꾸 자유롭게 자유의 길을, 그게 일시적인 느낌일 수도 있지만, 결국에는 이 길이라는 거죠. 아무튼 '당장 육체가 사라져도 더 이상 내가 애통할 게 없고 여한이 없다'고 할 정도로 이 공부에, 이 법에 충실하는 게 대자유고 삶과 죽음을 극복하는 길입니다.

생각으로 조절할 일이 아니고 어쨌든 (손가락을 세우며) 이 법! 지금 '이것!' 지금 제 입장에서 말씀을 드리면 저는 하루하루가 살아 있는 게, 매일 하루하루 이 법에 좀 더 충실해지고 좀 더 이 법의 혜택을 누린다 할까? 그리고 '아! 이 법이라는 게 이런 즐거움이 있구나' 또는 '이렇게 자유로워지는 거구나' 하는 것을 맛보는 게 하루하루 살아 있다는 즐거움이고, 딴 건 없어요. 예를 들어서 선원을 만들어서 키운다 하는 생각은 없습니다. 그냥 공부를 같이 하려고 하니 장소가 필요하고, 최소 이 정도 있으면 불편함이 없겠지 하니까 집도 하나 사려고 하는 거죠. 그런 것은 다 사소한 일이고 결국 뭐가 남아 있습니까? 아무것도 남아 있는 게 없어요. 그야말로 대우주의 허공 속으로 사라져서 허공과 하나가 되어서 대자유를 누리는 거지, 조그마한 일에 매여서 이익이 되냐, 손해가 되냐 그런 것을 따져 가지고는 공부를 할 수가 없는 거죠.

공(空)은 의지할 것을 필요로 하지 않는다, 마하무드라는 무(無)에 의지해 있다…… 그러니까 아무것도 없는 겁니다. 옛날 사람들이 "태어나지 않기 위해서 하는 공부다"라고 말한 것도 일리가 있어요. 경전에도 부처님이 "이번 생이 내 마지막 생이다"라는 말을 하셨거든요. 일리가 있는 거예요. 육체 가지고 살아 있는 게 뭐가 좋은 게 있습니까? 이번 생이 내가 공부할 수 있는 마지막 생이다, 이런 자세로 공부를 해야 하는 거죠. 그런 자유입니다. 그런 얘기들을 하는 이유를 알 수가 있어요.

공(空)은 의지할 것을 필요로 하지 않는다, 마하무드라는 무(無)에 의지해 있다…… 무(無)에 의지해 있다는 건 결국 아무 데도 의지한 게 없다, 아무 일이 없다, 이 일 하나뿐이다 이 말이죠. 하여튼 여기에 충실하고 결국 (손가락을 세우며) 이것 하나뿐이다, 법 하나뿐이다 하는 것은 아무 일이 없는 거거든요. 아무 일이 없고, 한 물건도 없고, 이쪽저쪽 양쪽 경계가 없는 것이고, 안팎의 경계가 없는 것이고, 그렇기 때문에 세속적인 이름과 모습으로서 치장을 할 게 없어요.

우리 선원도 그런 말들이 많았어요. 우리도 법복을 만들어 입자, 법명을 지어 달라, 그런 요구들이 있었습니다. 뭔가 소속감을 느끼고 싶은가 봐요. 그러나 우선 내가 법복 입기가 싫고, 법복 입으라고 개량한복을 여러 벌 사 가지고 와서 입고서 설법하라고 했지만 그냥 집에 처박아 놓고 있어요. 법명은, 나도 법명이 없는데, 지금 내 이름 하나만 해도 버겁고 그것도 내버려야 되는데 무슨 이름이 또 필요하고, 그것조차도 걸림돌이잖아요. 아무개 씨 이것도 귀찮은 소립니다. 그러니까 뭘 만들지 말아야 해요. 최소한으로 하고 꼭 필요한 것은 잠시 만들었다가 집착함 없이 언제든 손에서 놓을 수 있는 그런 자세가 되어야 하고, 아무것도 필요 없습니다. 결국 모든 것이 다 사라질 거잖아요? 뭘 집착을 할 게 있어요? 그러니까 (법상을 치며) 이것! 하여튼 공부에 충실하십시오. 사라질 때 가기 싫다고 집착하는 그게 제일 애처로운 거예요. 그러니까 미리 다 놓아 버리고 집착심이 없어야 편안하게 갈 수 있으니까. 어차피 사라질 건데.

공(空)은 의지할 것을 필요로 하지 않는다, 마하무드라는 무(無)에 의지해 있다…… 아무 일이 없어요. 그냥 그저 이 일 하나뿐입니다. (손을 흔들며) 언제든지 이것뿐이고. 딴 게 뭐가 있습니까? 이것 하나뿐인 거죠.

어떠한 노력도 없이 편안하고 자연스럽게 머무르면…… 노력을 한다는 것은 마음을 내어서 뭘 어떻게 이리하고 저리하고 하는 거죠. 그럴 필요가 없어요. 그런데 공부하는 사람은 다른 모든 것에서는 애착심이고 욕심이고 다 내버려야 되지만, 공부에 관해서는 욕심이 있어야 해요. 그래야만 공부를 좀 더 확실하게 하죠. 공부에 관한 욕심은 있어야 하고, 나중에 공부가 어느 정도까지 완성에 가까워 가면 공부에 대한 욕심도 점점 없어지겠죠. 그럴 때까지는 공부에 관해서는 욕심이 있어야…… 그 욕심이란 것은 늘 이 법이 좀 더 분명하고 어디에도 걸림이 없는 자유를 누리고, (손을 흔들며) 항상 이 자리에 있어서 이 법이 분명한 '이것!'이지, 이것 하나죠. 법으로서 항상 분명하고, 이 자리가 늘 분명한 이것이지요. 그러니까 공부에 관한 욕심은 없을 수가 없습니다.

'이것!' 하나만 있고, 세속에 관한 것은 꼭 필요한 정도만 하는 거죠. 꼭 필요한 것은 의식주밖에 없거든요. 처음에 석가모니 교단에서는 의식주를 어떻게 해결했냐 하면, 밥은 주는 대로 얻어먹었습니다. 어디 가서 더 달라고 하면 절대 안 되고, 그것도 한 집에서 다 얻지 말고 부담을 주니까 여러 집을 다니며 얻고, 옷은 분소의라고 해서 쓰레기장에서 주어 입으라고 그랬습니다. 남이 주는 것 받지 말고, 잠은 동굴이나 나무 밑에서 자라고 그랬어요. 그 후 교단이 생기고 추종하는 사람이 많아지고 보시하는 사람도 많이 생기면서 급고독 장자가 기원정사라는 걸 최초로 지어 주었죠. 그래서 안거라는 제도가 생겼는데, 그 집이 세워지기 전에는 석가모니나 제자들은 나무 밑이나 동굴에서 살았어요. 아무것도 필요하지 않다, 어차피 육체라는 것은 사라질 건데 최소한도로 생명만 유지하면 된다는 그런 입장이었기 때문에.

급고독이라는 것은, 고독은 고아와 과부라는 말이고, 급이라는 것은 공급해 준다는 말이거든요. 급고독 장자라는 분은 굉장히 큰 부자인데 요즘으로 치면 사회사업을 많이 한 사람이에요. 고아나 못사는 사람들을 많이 도와준 이분이 자기 재산을 가지고 '기원정사'를 지었죠. 기원이라는 것은 '기타숲'이라는 말입니다. 원은 동산 원(園) 자고, 기는 '기타'라는 인도 이름의 첫 글자입니다. 기타라고 하는 숲에 집을 지어서, 비 맞고 돌아다니지 말고 살라고 해서 안거라는 것이 생겼어요. 인도는 날씨가 사계절이 뚜렷하지 않고 비가 많이 오는 계절인 우기와 비가 거의 안 오는 계절인 건기로 나뉘어 있죠.

안거라는 것은, 비가 안 올 때는 아무 데서나 자도 되지만 비가 많이 올 때는 아무 데서나 자기가 힘드니까 집에서 자라고 한 것이 안거의 시작입니다. 비가 많이 오는 계절이 인도에서는 여름이거든요. 처음에는 하안거밖에 없었어요. 그러면서 집이 있으니까 보시가 들어와서 주방도 생기고 이부자리도 생기고 한 거죠. 그때는 물건 보시만 받았고 돈은 못 받게 되어 있었어요. 그런데 석가모니가 돌아가시고 나서 백년인가 지난 뒤에, 불교 교단이 처음으로 갈라지는데, 그 이유가 돈을 받자, 안 받자는 두 파로 갈라지게 되죠. 그런 식의 역사가 일어나는데 석가모니의 그런 자세도 왜 그랬느냐 하면, 다 얽매이니까 얽매일 필요 없다, 이 육체의 생명을 유지하는 데 필요한 것만 최소한으로 하고 공부에 충실하자는 목적으로, 계율이라는 것도 그런 측면에서 생겨난 것입니다.

　결국 우리는 공(空)이다 무(無)다 하듯이 아무것도 없는 것이고, 그런 대자유를 누리는 거고, 결국 열반이라는 것은 적멸이라고 해서 사라진다는 말이거든요. 열반적멸이라고 하잖아요? 열반이란 말은 산스크리트어고, 적멸은 그 뜻입니다. 열반적멸이라고 붙여서 말하지만 두 말이 같은 말이에요. 그러니까 두 가지 뜻이 있어요. 열반은 내가 육체를 가지고 살아 있는 동안에 모든 경계나 집착에서 벗어나 아무 일이 없는 그런 자유를 누리는 게 첫 번째 뜻이고, 그래도 살아 있는 동안 육체를 가지고 살고 있으니까 육체에는 매여 있는 거죠.

　두 번째는 죽어서 육체까지 사라질 때도 열반이라고 표현을 한단 말이에요. 교리적으로는 '유여의(有餘依) 열반', '무여의(無餘依) 열반' 이렇게 표현을 해요. 유여의(有餘依)라는 것은 아직도 의지할 것이 남아 있다는 뜻이에요. 유는 있을 유(有)고, 여의(餘依)라는 것은 남아 있는 의지처라는 말이거든요. 그 뜻은 육체를 가지고 있다는 뜻이에요. 육체를 가지고 열반을 누릴 때는 모든 것에서 자유롭고 아무 일이 없다고 하지만 여전히 육체를 가지고 있기 때문에 의식주가 필요하잖아요? 그래서 유여의 열반이라고 그러고, 죽을 때는 육체도 사라지기 때문에 무여의 열반이라고 그럽니다. 남아 있던 의지처가 없어졌다 이런 뜻이거든요.

　그래서 스님들이 죽을 때 열반한다는 뜻이 무여의 열반을 가리키는 말인데, 그러니까 열반이라는 것은 육체가 남아 있어도 열반이고 죽어도 열반인데, 결국 완전한 열반이라는 것은 반열반이라고 무여의 열반을 말합니다. 반열반이라는 것은 육체가 죽었을 때, 반이라는 것은 완전하다는 뜻이에요. 완전한 열반이다, 육체까지 죽어서 전혀 의지할 데가 없다, 이런 뜻이거든요. 그러니까 우리가 살아서 공부할 때는 교리적으로 말하면 유여의 열반을 성취해야 하고, 그러면 죽을 때 무여의 열반이 자연스럽게 성취가 된단 말이죠. 살아 있을 때도 (법상을 치며) '이것! 이 자리!'에서 아무 일이 없으면 육체가 있다는 그런 생각조차도 잊어버리고 그냥 이대로 육체가 사라져도 여한이 없겠다는 느낌이 든단 말이에요.

그러니까 이 공부의 길은 이런 길입니다. 이런 대자유의 길이죠. 그래서 유여의 열반, 무여의 열반이란 것은 사실은 유여의 열반이 되어 있는 사람은 육체가 죽을 때는 자연스럽게 무여의 열반이 되는 거라. 살아 있을 때 모든 집착에서 벗어나고 아무 일 없는 이 자리에 충실하면 육체에 대한 집착도 없으니까, 육체가 죽으면 저절로 무여의 열반이 성취된다, 교리적으로 말하면 이렇게 말할 수가 있죠. 결국 이 일 하나뿐이에요. 딴 건 없고 항상 이 법이다, (손을 흔들며) 이것뿐인 거죠. 이 일 하나뿐! 여기에 충실하다 보면 불교 교리나 경전이나 조사들의 말씀이 '아, 이래서 이런 얘기를 하는구나' 하고 다 납득이 되는 거지만, 본인 스스로에게는 아무 그런 교리나 개념 같은 것은 없는 거죠. 그냥 이 일 하나뿐이고, 언제든지 걸림이 없고 머묾 없이 그냥 이 법 하나만 분명할 뿐이죠.

어떠한 노력도 없이 편안하고 자연스럽게 머무르면, 우리가 무의

법(無依法)이라고 이름을 붙이는 겁니다. 아무 할 일이 없어요. 애를 쓰고 노력해서 자유롭다? 그것은 자유로운 게 아니죠. 애를 쓰고 노력하는 게 얽매여 있는 것인데 어떻게 자유롭습니까? 애를 쓰고 노력해서 자유로운 것은 자유가 아니죠. 진정한 자유는 아무 일이 없고, 아무것도 할 일이 없고, 얽매이는 데도 없고, 머무는 데도 없고, 그냥 이것뿐이에요. (손가락을 세우며) 이 법 하나! 하여튼 이 공부 하는 사람에게는 법만 항상 분명해서 이쪽저쪽 어디에도 걸림이 없고, 아무 일이 없고, 이 법 하나뿐! 계속 여기에만 더 충실하게 더 확실하게 되어 가는 거죠.

어떠한 노력도 없이 편안하고 자연스럽게 머무르면, 우리는 굴레를 부수고 자유를 얻을 수 있다······ 결론은 자유예요. 모든 굴레에서 벗어나서 대자유예요. 그러니까 여기에 충실하고 이것만 분명하면 되는 거죠. 이것만 분명하면 아무 걸림이 없고 항상 이 일 하나뿐인 거죠. 남이 있는 게 아니라 자기조차도 없는데 남을 의식하고 할 게 없죠. 하여튼 이것 하나! 이것 하나뿐입니다. (손을 흔들며) 언제든지 그냥 이 법입니다. '이것!' 하나만 분명하고 충실하면 됩니다.

이런저런 불교 교리를 말씀드리지만 그냥 한 번 이해하고 버리세요. 가지고 있지 말고. '아, 원래 그렇구나' 하고 잊어버리는 게 좋아요. 왜? 법은 그냥 이것뿐이에요. 여기에는 교리 같은 게 없습니다. 앞에서도 말했지만, 말과 상징을 넘어서 있는 거다······ 법은 허공처럼 아무 뭐가 없어요. 그냥 이것뿐이에요. 이것뿐이고, 불교 교리라는 건 다 방편으로 시설해 놓은 거니까, '아, 그런 방편이구나' 하고 알고 내버리면 그만이고, 기억해 놓을 것은 없어요.

법은 언제든지 말로도 이름으로도 표현할 수 없고, 모습으로도 표현할 수 없고, 이렇게 분명하고 이렇게 확실하고 아무 일이 없고 (손을 흔들며) 그냥 이 일 하나뿐인 거죠. 이 일 하나뿐! 그러니까 '이것!'만 분명하면 돼요. 이 일만 분명하면 그냥 이것뿐인 거죠. (손을 흔들며) 하여튼 이것뿐인 겁니다. 이 일만 분명하면 그 다음에는 아무것도 걸릴 것이 없고, 가지고 있을 게 없고, 염두에 둘 것도 없습니다. 한결같이 이 자리고, 이것 하나뿐, 앞도 없고 뒤고 없고 옆을 돌아볼 필요도 없고, 그저 이 일 하나뿐입니다. (법상을 치며) 이것뿐입니다.

　딱! 딱! 딱! (죽비 소리)

3

마음으로써 마음을 본다면

마하무드라의 노래 3번 게송입니다.

> 만약 허공을 바라볼 때 무(無)를 본다면,
> 만약 마음을 가지고서 마음을 본다면,
> 우리는 분별을 부수고서 깨달음에 도달한다.

만약 허공을 바라볼 때 무(無)를 본다면, 만약 마음을 가지고 마음을 본다면, 우리는 분별을 부수고서 깨달음에 도달한다······ 말이라는 것은 하여튼 참 알맞게 하기가 어렵습니다. 이 법을 말하는데 알맞게 말하기가 어려워요. 사실 (손을 흔들며) '이것!'은 말을 할 수가 없죠. 왜? 그냥 '이것!'이니까. 여기에 대해서 허공이다, 무(無)다, 본다, 마음이다, 이런 이름을 붙이는 것은 이미 뭔가를 생각하고 하는 소리고, 그렇게 생각을 했다 하면 이미 진실에서 한 발짝 떨어진 겁니다. 하여튼 '이것!'을 말하는 것은 다 방편인데, 손가락이 곧 달은 아니기 때문에 말을 했다면 방편이라고 하는 거죠. 그렇지만 그 간격을 최대한 좁혀야, 달을 가리키는 손가락이 엉뚱한 데를 안 가리키고 달을 가리키지요. 최대한 좁힌다는 것은 얼마나 더 좋은 방편을 쓰느냐 하는 문제인데, 그런 점에서 우리 선(禪)에서 직지인심(直指人心)이라는 것은, 허공이다, 무(無)다, 마음이다, 이런 소리를 하지 않고 '이것이다' 하고 바로 가리킵니다.

예컨대 "조계의 한 방울 물이 뭡니까?"라는 질문이 있습니다. 이 질문은 생각으로 한 질문입니다. 조계라는 것은 계곡 이름이죠. '계' 자가 '계곡 계(溪)'인데, 지금도 그 계곡에 물이 흐르죠. 조계는 육조혜능이 머물렀던 장소였기 때문에 조계는 육조혜능의 법을 가리키는 거죠. 조계의 한 방울 물이라는 것은 '육조혜능의 법이 뭐냐?' 하고 묻고 있는 겁니다. "조계의 한 방울 물이 어떤 겁니까?" 이 질문은 굉장히 시적이고 수사적인 질문인데 뜻은 그런 겁니다. 육조 스님이 전해 주신 법이 뭡니까? 이런 말인데, 답이 뭐냐 하면 "이것이 조계의 한 방울 물이다" 하고 그 선사가 답을 했단 말이에요.

그런 식으로 이것은 굳이 남 얘기 빌릴 것도 없고 (손을 흔들며) 지금 바로 '이것!'이니까 이것은 그냥 말을 할 게 없거든요. 여기서 통하는 바가 있고 와 닿는 바가 있으면 그냥 '이것!'이지, 이것에 대해서 말할 게 없죠. 말할 필요 없이 바로 이것이고 바로 이 자리죠. 이 자리라는 것도 사실 안 맞아요. 어디 무슨 장소가 있느냐 하면 '이것!'에는 장소 같은 게 없거든요. 그래서 여기에 대해서 말을 하는 것은 이미 어긋난 소리인데, 그래도 좀 그럴듯하게 말을 해야 한단 말이에요.

허공을 바라볼 때 무(無)를 본다…… 이러면 굉장히 애매한 말이고, 허공을 본다 하면 허공은 물론 '이것!'을 가리키는 거겠죠. 본다는 것은 눈으로 본다는 게 아니고 '이것!'을 확인할 때 "여기에 아무것도 없다는 사실을 확인한다면" 이런 말이겠죠. 허공을 눈으로 본다는 그런 뜻이 아니고, 이 법을 확인할 때 여기에는 법이라고 할 그런 물건이 없다는 뜻에서 말했겠죠.

(손을 흔들며) '이것!'을 확인하는데 사실 여기에 뭐가 없잖아요. 법이다, 마음이다, 무(無)다, 할 그런 것은 없고 어쨌든 아무것도 없지만, 할 건 다 한단 말이에요. 볼 거 다 보고, 들을 거 다 듣고, 생각할 거 다 생각하고, 움직일 거 다 움직이고, 먹을 거 다 먹고, 다 하거든요. 아무것도 없지만 모든 것을 다 하니까 "이것을 확인은 하지만 여기엔 아무것도 없다." 아마 그런 뜻으로 한 것 같아요. 이것을 확인은 하는데, 바로 (손가락을 세우며) '이것!'이니까 확인은 되죠. 확인이 안 된다면 그것은 법이라고 할 수가 없는 거니까, 이렇게 늘 분명하게 확인이 되고 분명히 이것인데, 여기에는 뭐라고 할 게 아무것도 없다……

그러니까 '마음을 가지고 마음을 본다'라는 것도, 보통 말할 때에는 "마음을 가지고 마음을 찾는구나" 하면 아직 깨닫지 못한 사람을 보고 하는 말이거든요. "눈을 가지고 눈을 찾는구나", "마음을 가지고 마음을 찾는구나", "머리를 가지고 머리를 찾는구나" 이러면 아직 깨닫지 못한 사람을 말하는 거죠. 왜냐? 눈을 찾은 사람은 다시 눈을 보려고 하지 않을 것이고, 머리를 찾은 사람은 다시 머리를 찾으려 하지 않는 거고, 마음을 깨달은 사람은 다시 마음을 찾으려고 하지 않기 때문이죠. '마음을 가지고 마음을 본다'라는 것은 결국 뭐냐면 마음이 마음을 본다는 거잖아요. 이것을 굳이 표현하면 이렇게 말할 수도 있겠죠.

남악회양도 마조에게 그런 얘기를 했어요. "이 모양 없는 법을 뭘 가지고 봅니까?" 하니까 "마음을 가지고 보지." 이런 얘길 했단 말이에요. 그런데 마음이 마음을 본다는 것은, 눈이 눈을 본다는 식으로 자기가 자기를 볼 수가 없어요. 왜? 자기가 자기를 어떻게 봐요? 따로 떨어져 있지를 않은데. 그러니까 '이게 마음이구나' 이렇게 보는 건 아니죠. 그렇게 뭘 아는 건 아니란 말이에요. 눈은 항상 다른 것을 봄으로 해서 눈이 확인되는 것이지, 눈이 자기 스스로를 봐서 '내 눈이 이렇구나' 하고 확인하는 것은 아니잖아요. 다른 사물이 보이면 눈이 멀쩡한 거죠. 말을 하자면 그런 건데, 하여튼 (손을 흔들며) '이것!'은 그런 이치로는 설명할 수 없습니다.

유식학에서는 이것을 뭐라고 표현하느냐 하면, '자증분(自證分)'이라고 말하는데, 이게 뭐냐 하면 '자기가 자기 스스로를 본다', '스스로를 확인한다' 이런 말이거든요. 그러니까 객관화시켜서 보는 건 아니죠. '아, 내가 여기 있구나' 하고 이렇게 보는 건 아니죠. 그래서 이것을 주관·객관이 따로 없다고 하죠. 어떤 사람은 자기 스스로의 존재를 확인하는 거다, 이런 말도 하거든요. 자기가 자기 스스로를 확인하는 것은 바깥에 있는 객관을 확인하는 게 아니고 자기 자신을 확인하는 거니까, 그것을 유식학에는 자증분(自證分)이라고 표현을 해요. 자증(自證)이란 스스로가 그 증거를 확인한다는 말이니까 표현을 하자면 그렇게 표현할 수가 있는데, 그것은 사실은 말할 수 없는 것을 말하고 있는 겁니다.

그래서 이런 말이 안 좋은 겁니다. 말할 필요가 없죠. 그냥 (손을 흔들며) '이것!'인데 이것을 '아, 내가 나를 확인하는구나'라고 말하면 뭔가 기분이 나빠요. 그렇잖아요? '어~' 이러면 아무 의심 없이 분명한데 '아, 내가 나를 확인하는구나' 하면 뭔지 모르지만 기분이 나쁘다고요. 뭔가 아닌 것 같은 느낌이 들잖아요? 왜? 그게 생각이기 때문에 그런 거예요. 그러니까 그렇게 말을 붙이는 것은 이미 다 허물입니다. 그냥 (손을 흔들며) '이것!'이죠. 이렇게 분명하고 항상 이것 하나뿐이죠. 티베트 불교도 선(禪)의 직지인심이라는 방편의 수준까지는 가지를 못했어요. 그러니까 모든 부처님 말씀이나 이런 성자들의 말씀이 다 방편인데, 그런 면에서는 선사들의 방편이 가장 뛰어난 겁니다.

그러니까 이런 표현들을 읽어 보면 이해를 할 수는 있지만, 이해를 요구한다는 자체가 뭐예요? 틈이 있다는 거거든요. 이해할 필요 없이 즉시 바로 "도가 뭐냐?" "차 한 잔 해라." 이러면 이해할 필요가 없잖아요. 그래서 이런 것을 직지인심이라고 하는 거거든요. 이해할 필요 없이 바로 딱 와 닿는 방편이 최고의 방편이죠. 뭔가 이해를 통해서 '그런 줄 알겠다' 하면 최고의 방편이 아닙니다. 이것은 한 단계 생각을 거쳐서 가는 거니까. 어쨌든 귀찮은 일을 하는 거죠. 생각을 거친다는 것은 귀찮으니까.

법이라는 것은 (손을 흔들며) 이렇게 분명한데 뭘 생각을 거칠 필요가 있냐 말이에요. 어찌 보면 이런 표현을 보고서 '아, 이게 무슨 말이냐?' 하고 한번 골똘하게 생각을 해 보고, '아, 그래 이런 말이구나' 하고 무릎을 치고 하는 것도 재미가 있을지 모르지만, 그러나 직접 이 자리, 이 속의 삶을 살게 된 사람으로서는 구질구질해요. 무슨 말을 붙인다고 하는 것은 구질구질한 거죠. 바로 그냥 (손을 흔들며) '이것!'이고 이렇게 생생하고, 말이 개입이 안 되면 법이 생생하게 됩니다. 말이 개입되면 그 말 때문에 법의 생생함이 퇴색이 되고 멀어져요.

우리가 뭘 먹을 때도 그 음식 맛에 푹 빠져 맛의 생생함을 느낄 때는 그 맛에 대한 말이 안 나옵니다. 그런데 요리한 사람한테 한마디 해 주려고 뭔가 머릿속에서 생각을 해서 '아, 이게 이런 맛이구나' 할 때는, 그 순간 그 음식 맛을 잃어버리고 머릿속의 생각을 가지고 맛을 표현하고 있거든요. 실제 생생한 음식 맛은 잊어버린단 말이에요. 그런 거와 마찬가지지요. 생각이 개입되어 뭘 한다는 것은 벌써 간격이 있어서 실제의 생생함이 사라진단 말이에요. 퇴색이 돼서 그만큼 법의 힘이 약해진다 할까?

그러니까 우리가 이 세상을 범부중생으로 살아온 세월이라는 것은, 전부 그런 식으로 실제와 멀어지는 느낌을 가지고 계속 뭔가 간격이 있다는 그런 미흡함을 느끼는데, 그것은 전부 말과 생각 때문에 그런 거죠. 말이 곧 생각이죠. 머릿속으로 생각해서 말하고, 그림을 그려서 거기서 뭘 알려고 하니까 실제와는 자꾸 거리가 있죠. 공부는 그런 말의 장애물을 걷어 내 버리고 직접적이고 살아 있는 이 자체로서 법을 이렇게 확인을 하는 거죠. (손을 흔들며) 그냥 '이것!'이죠. 특별한 게 없어요. 그냥 늘 이렇게 생생하고 24시간이 항상 이 자리고, 이 법 하나인 거죠.

그래서 결국 이 가르침이라고 하는 것은 이 법을 가로막는 그런 어떤 장애물을 제거하는 게 공부고 가르침인 겁니다. 그러니까 옛날 선사들이 말하기를, "묶여 있고 얽매여 있는 것을 풀어내고 잘라내서 제거해 주는 게 가르침이고, 딴 건 없다" 하는 이유가 여기에 있는 겁니다. 실제가 생생하면 언어가 필요 없고, 실제가 생생하지 못하면 언어를 가지고 실제를 대신하려고 하는 겁니다. 그런데 언어로써 대신해 놓은 세계가, 따지고 보면, 우리 인류의 문명 문화라고 하는 거거든요. 그러니까 뭐든지 문자로써 대신해 놓고 있습니다. 음식 맛도 문자로, 무슨 감정이나 느낌도 문자를 가지고 대신해 놓고 있고, 그런 문자를 통해서 우리는 그런 느낌을 더 느끼고 하는 식으로 되어 버렸어요.

그러다 보니까 모든 것이 꿈속의 세계에서 삶이 이루어지는 것 같고 실제와는 아무래도 괴리가 있죠. 실제로는 어떤 감동이라든지 흥분이나 이런 게 없습니다. 그런데 문자 속에서는 그런 게 있어요. 상상을 하기 때문에 뭔가 흥분도 되고 감동도 되고 하는데, 실제로 이 법이 딱 분명하면 여기에는 아무런 그런 게 없거든요. 무슨 감동이나 흥분될 게 없고 그냥 담담하여 아무 특별한 일이 없죠.

그러니까 보통 깨달음이라고 하면 굉장한 어떤 환상을 가지거든요. 뭔가 엄청난 지고지순한 행복에, 충족감에, 어떤 대단한 만족감에 황홀한 그런 세계가 아닐까 하는 상상은 문자 때문에 생기는 거예요. 실제는 확인하지 못하고 문자 속에서 상상을 하기 때문에 그런 거죠. 그런 상상을 할수록 깨달음이란 것은 더 멀리 있는 것처럼 느껴지고 더 어려운 것처럼 느껴지죠. 문자를 통해 상상하기 때문에 그런 거예요. 실제로는 특별한 게 없고 너무 당연한 것이고, 바로 (손을 흔들며) '이것!'인데 여기 무슨 특별함이 있냐는 말이에요. 그러니까 일반적으로 세상일이 그렇잖아요. 금강산을 구경한 문학가가 금강산에 관하여 시를 쓰고 수필을 쓰고 소설을 쓰고 하는데, 아직 금강산을 보지 못한 사람이 그것을 읽어 보면 '야, 대단하다' 하지만, 실제로는 어디서나 보는 그냥 산이죠. 북한산의 바위덩어리나 금강산의 바위덩어리나 똑같죠.

사람들은 상상 속에서 살아요. 그게 결국 문자, 생각 때문에 그런 거죠. 환상 속에서 그렇게 사는 거죠. 실제로는 특별할 게 아무것도 없고, 바로 지금 '이것!'이고, 언제든지 있는 일이고, 항상 있는 일이죠. 그래서 이것을 확인해 놓고 음악을 들어 보면 과거와 같은 감동에만 빠지는 게 아니고 '아, 늘 있는 일이 여기에 있구나' 하고 새롭게 들릴 수가 있고, 이것을 확인한 뒤에 그림을 보거나 어디 관광을 가 보면 무슨 딴 일이 아니고 '늘 보던 걸 본다' 하는 그런 느낌이 분명히 듭니다. 늘 있는 일이고 실제 (손을 흔들며) '이것!'이 가장 좋은 거고, 가장 원하던 것이고, 그래서 안심이 되는 거고, 아무것도 아닌 것 같지만 잔잔한 즐거움이라는 게 있는 거거든요.

그러니까 (손을 흔들며) '이것!'인데, 허공을 볼 때 무(無)를 본다, 마음을 가지고 마음을 본다, 분별을 부수고 깨달음에 도달한다, 하고 표현한 것은 결국 다른 말로 하면 이원성(二元性)—분별은 둘이죠ㅡ, 즉 둘로 나누는 것에서 이제는 둘 아닌 쪽으로 이르렀다는 이런 말이죠. 둘로 나누어 본다는 것은 분별이고 생각이고 언어입니다. 그것은 전부 헤아리고 분별하는 겁니다. 그러면 둘 아닌 것은 뭐냐 하면 그런 이원성이 없는 거죠. 그냥 (손을 흔들며) '이것!'이죠. 이원성 없이 통째로 '이것!'인데, 그렇다고 해서 분별을 못하는 건 아니에요. 분별을 다 하는데도 또한 한결같이 항상 분별이 없는 거죠. (손을 흔들며) 이 한 개의 일입니다.

그래서 이원성을 극복하고 불이중도에 이른다는 이 부분이 사실은 불교적 안목의 핵심이라고 말할 수가 있는데, 이원성을 극복하고 불이(不二)에 이른다고 하는 것은 무조건 둘이 없이 항상 하나다, 이런 어떤 고정된 관점을 가진다는 건 아닙니다. 둘도 아니고 하나도 아니다…… 표현을 하자면 이렇게밖에는 표현할 수 없는데, 예전처럼 둘로 나누어서 보는 것도 아니고, 그렇다고 뭔가 하나가 고정되어 있는 것도 아니고…… 그러니까 불법에 대한 안목을 갖춘다고 하는 것은, 다른 말로 하면, 어떠한 정해진 관점이나 시각이 없다는 겁니다. 아무런 정해진 관점이나 시각이 없다, 개념에 매이지 않는다…… 분별에 매이지 않는다는 것은 그런 겁니다. 어떤 생각이나 견해나 관점에 머물러 있지 않는 겁니다. 그냥 항상 모든 것이 정해진 게 없어요.

이처럼 불교적인 안목을 가지고 있다는 것은 어떤 것도 정해지지 않은 상태입니다. 항상 아무것도 정해진 것이 없는데, 정해진 것이 없는 입장에서 온갖 모습을 보고 분별을 하더라도 거기에 전혀 머물거나 매이질 않습니다. 그래서 이것을 무주법(無住法)이라고 하죠. 정해진 게 없다는 것은, 어디에도 머무는 데가 없다, 어떤 견해나 관점이나 어떤 가치관이라든지 그런 어떤 것에도 머물러 있지 않다…… 불교적인 안목을 갖춘다는 게 이런 것이거든요. 뭔가 '이것이다' 하는 어떤 견해나 관점에 머물러 있으면 불교적이지 않습니다. 그것은 거기에 사로잡혀 있는 것이죠. 이 점을 굉장히 조심해야 됩니다. 왜냐면 이런 점을 모르고 공부를 하다 보면 우리는 습관적으로 뭘 정해 놓으려고 하거든요. 계속 '이것이구나' 하려고 한다고요.

그런 폐단이 어떤 경우에 일어나느냐 하면, 뭔가 체험을 조금 했는데 뭔지 모르지만 법문도 잘 들리고 책을 봐도 뭔가 알 것 같고…… 그렇지만 처음에는 뭘 아는지를 자기도 몰라요. 그러니까 그 알 것 같은 그것을 계속 추구하는 거예요. 뭔지 모르지만 알 것 같은데 '뭘 아는지 모르겠다' 해서 자꾸 그것을 정확하게 알려고 계속 책을 보고 문자를 파고 경전이나 조사들의 말씀을 보고, 뭔가 알 것 같은데 애매한 것을 정확하게 알려고 애를 쓴다고요. 그러다 보면 결국에는 이 머리가, 분별심이 활동을 하는 겁니다.

우리가 논문을 써 보면 논문을 쓰는 과정이 이렇거든요. 어떤 주제에 관해서 논문을 쓰려면 그 주제에 관련된 잡다한 자료들을 많이 봅니다. 많이 보다 보면 어느 순간에 그 모든 자료가 일목요연하게 쫙 꿰이면서 어떻게 글을 쓰고 서론, 본론, 결론이 어떻게 나와야 하다는 게 머릿속에 쫙 떠올라요. 그때부터 쓰기 시작하면 술술 쓰게 돼요. 머리가 그런 어떤 통찰력 같은 것을 가지고 있어요. 그래서 그런 것을 한번 익히기 시작하면, 그것도 일종의 능력인데, 그 다음부터는 뭘 써도 잘하게 되죠. 그런 식으로 하는 것은 사실은 세속적인 일입니다. 머리가 하는 일이거든요. 잘못하면 공부가 그렇게 갈 수가 있단 말이에요. 그것은 아주 잘못된 겁니다. 공부는 그렇게 하면 안 돼요. 그것은 세속적으로 학자들이 하는 통찰력이지 깨달음의 지혜와는 전혀 다른 성격입니다.

그것은 제가 직접 박사 논문까지 써 봤기 때문에 아는 건데, 박사 논문 하나 쓰고 나면 그런 능력이 확실하게 생기거든요. 그 밖의 조그만 소논문은 얼마든지 만들어 낼 수 있죠. 그러니까 머리가 장난치는 거예요. 머리가 마치 퍼즐 맞추기 하듯이 잡다한 재료가 쭉 있으면 처음엔 헤매지만 조금 있으면 쫙 맞춰진단 말이죠. 그런 식으로 공부를 하면 전부 머리를 가지고 해 버려요. 절대로 그렇게 하면 안 되는 겁니다.

그렇게 잘못되는 경우를 제가 몇 사람 봤거든요. 한참 몇 년 동안 책만 파더니 '내가 다 알았다' 하는 식으로 자기 나름대로 결론을 딱 내리거든요. "불법은 이것이다. 이것을 알아야 완전히 깨닫는 거다." 이런 식으로 주장하는 거라. 그것은 100% 머리로 공부를 한 겁니다. 그래서 제가 책을 보지 마라 하는 거예요. 책을 보다 보면 그런 식으로 가 버리거든요. 그 순간에는 자기가 다 깨달은 것 같아도, 그 사람이 진지하게 공부하는 사람이라면 시간이 지나다 보면 그게 아니라는 것을, 자기가 뭔가 잘못된 방향으로 걸어왔다는 것을 알 수가 있죠.

마음공부는 그런 게 아니고, 진실로 여기에 딱 체험이 되면 머리가 할 일이 없습니다. 머리와 대조적으로 가슴에서, 마음에서 뭔가 길이 열리고, 체험적으로 조금씩 마음이라는 것이 어떤 상황이고 어떻게 흘러가서 어떻게 변화가 일어나서 여법한 쪽으로 간다 하는 것을, 금방은 몰라도 자기가 새롭게 체험한 이 마음에 계속 머물러서 그 길을 가다 보면 알 수 있습니다.

머리가 하는 게 아니고 마음 스스로가 모든 문제를 당면하기도 하고 해결하기도 하는 것입니다. 이것은 그냥 경험을 하는 겁니다. 마음속에서 마음 스스로가 문제를 느끼기도 하고 해결하기도 하고, 그런 식으로 계속 바른 길을 가는 것을 머리는, 의식이라는 것은 그것을 그냥 경험할 뿐이에요. 의식이 뭘 하는 건 아니고 '아, 그렇게 되는구나' 하고 경험할 뿐, 의식이 할 일은 없어요. 아까 말한 논문 쓰는 것은 전부 의식이 다 해 버리거든요. 마음공부는 의식이 공부를 하는 게 아닙니다. 의식이 하는 공부는 전부 세속 공부예요.

마음속에서 마음 스스로가 자기의 바른 길을, 건강한 길을 찾아가는 것, 문제가 있으면 문제를 느끼고 다시 그것을 극복하고 가는, 그것을 경험해 보면서 비로소 그때에 마음속에 눈이 갖추어진다는 그런 말을 할 수가 있는 겁니다. 의식의 눈이 아니고, 알 수 없는 이 마음의 눈이 갖추어져서, 마음속에서 이쪽저쪽에 치우치지 않고 어디에도 머물지 않죠. 마음이란 것은 아무 모양이 없거든요. 정해진 게 아무것도 없어요. 의식이라는 것은 모든 걸 분별하여 모습을 갖추고 있다고 한다면, 마음이라고 하는 것은 어떻게 보면 무의식이라고 할 수 있을지도 모르겠어요.

그러니까 이 마음공부는 의식세계에서 이루어지는 게 아니고 무의식세계에서 이루어진다 이 말이에요. 말하자면 그렇게 말할 수도 있을 겁니다. 의식세계에서 이루어지는 게 아니고 무의식세계에서 이루어지는데, 그 무의식의 세계를 체험으로 '안다'는 거예요. 머리로 아는 게 아니라 체험으로 분명히 이렇게 경험을 하는 겁니다. 어찌 보면 이 깨달음은 무의식세계를 경험한다고 할 수도 있죠. 의식 속으로 무의식을 불러내는 게 아니고, 무의식 그 자체로서 그냥 (손을 흔들며) '이것!'이에요. 무의식은 의식화, 형상화되지 않은 상태로 드러나서 확인되는 거거든요.

그러니까 심리학에서 그런 얘기를 하잖아요. 의식은 빙산의 일각이다, 의식이라는 것은 물 위에 보이는 거고 무의식은 물 밑에 안 보이는 부분이다 하잖아요. 그런데 물 밑에 있는 것이 물 위로 올라와서 보이는 게 아니고, 물 밑에 잠긴 그대로가 나타나서 확인된다 이 말이에요, 굳이 얘기를 하자면. 이게 마음의 눈이라고 하는 거거든요. 물 밑에 잠겨 있는 놈이 그대로 통째로 드러나서 확인되는 거예요. 그러니까 이 이상은 없다는 거예요.

물 위에 있는 의식세계에서 보면 마음이라는 건 무한한 신비를 지닌 다른 뭔가가 있는 것 같은데, 물 밑에 있는 놈이 있는 그대로 몽땅 드러나서 확인되니까 이 이상 없는 거예요. 마음의 세계라는 것은 이 이상 없는 거라고요. 표현을 하자면 그렇게 표현을 할 수가 있는 겁니다. 그러니까 (손을 흔들며) 이것! 이것뿐이죠. 물 위에 올라와 있는 놈은 다양한 색깔과 모습을 가지고 나타나지만 '이것!'은 어떤 색깔도 모습도 다양성도 전혀 없고 통째로 한 덩어리죠. 통째로 확인되는 거죠. 의식과 무의식이라는 심리학적인 방편을 가지고 말을 하자면 이렇게 말할 수도 있을 거예요. 제 경험에서 이렇게 말씀을 드릴 수도 있습니다.

그러니까 절대로 책을 보면서 정리를 해서 알려고 하지 마세요. 그것은 그야말로 빙산의 일각에 불과합니다. 그래서는 물 밑의 세계를 볼 수가 없어요. 반드시 물 밑의 세계 이 자체로서 이렇게 드러나고 경험이 되고 체험이 되어서 그냥 (손을 흔들며) '이것!'이지, 물 밑의 세계를 볼 때는 물 위에 있는 것을 봐서는 안 돼요. 왜냐면 물 위에 있는 것은 분별이 되고 모양이 있는데, 이것은 모양이 없거든요. 분별이 되지 않는단 말이에요.

그래서 바로 통하고 바로 확인되고 바로 체험되는 것이지, 볼 수도 없고 들을 수도 없고 알 수도 없다고 그러는 거예요. 심리학 다시 써야겠어요. 그러니까 (손을 흔들며) '이것!'이 확인되는 거지 딴 건 없습니다. 이것만 확인되면 더 이상 없어요. 여기에 마음이라는 뭐가 있습니까? 비밀스러운 건 아무것도 없습니다. 스스로가 알아요. '어! 이거' 하고 이게 딱 확인되면 자기 스스로 '더 이상 남아 있는 게 없구나' 하는 것을 느낀다니까요. 밑바닥 뿌리까지 다 드러난 느낌이 확실하게 드니까요. 이 이상은 없다 이거예요. (손을 흔들며) 이것뿐이죠. 마음이라는 게 이것이지 딴 게 없어요.

그래서 분별이라는 것은 물 위에 드러난 빙산의 일각이고, 분별을 넘어서서 깨달음에 통한다는 것은 물 밑에 보이지 않는 세계가 확 경험이 된다 이 말이에요. 이렇게 말할 수 있는 겁니다. 물론 이렇게 표현한 것도 다 방편입니다. 왜? 실제는 (손을 흔들며) '이것!'이니까 뭐라고 표현할 수가 없는 거죠. 이런저런 비유적인 얘기들이나 표현들은 다 방편이고, 실제로는 뭐라고 말할 수 없는 거죠. 바로 지금 '이것!'이니까.

그래서 언어로 표현하고 생각으로 알면, 언어와 생각에 가로막혀 실제의 진실성이 퇴색됩니다. 이것은 오히려 상실되고, 생각이나 말이 또렷하게 앞에 나타나 버리거든요. 그리되면 중생이다 이거예요. 법은 생각도 필요 없고 말도 필요 없고, 그런 장애물을 걷어 버리고 곧장 바로 (손을 흔들며) '이것!'이에요. 이것은 그야말로 청정법신불이에요. 깨끗하고 투명하고 확실한 거죠. 여기에 무슨 비밀스러운 게 있을 수는 없는 거죠. 이렇게 깨끗하고 투명하고 뚜렷한 것을 확실히 하는 것, 이것을 반야라고 하는 겁니다. 반야라는 것은 깨끗하고 투명하다, 아무것도 뭐라고 할 게 없다는 말이에요. 하여튼 (법상을 치며) 이겁니다.

4
구름은 뿌리가 없듯이

마하무드라의 노래 4번 게송입니다.

하늘을 이리저리 떠다니는 구름은
뿌리가 없고 돌아갈 집이 없듯이,
마음속을 이리저리 떠다니는 분별심 역시 그렇다.
그러나 한번 자기의 마음을 깨달으면 분별은 멈춘다.

방편의 말인데, 하늘을 이리저리 떠다니는 구름은 뿌리가 없고…… 왜냐면 구름은 맑은 하늘에서 저절로 생겼다가 저절로 사라져 버리잖아요. 그와 마찬가지로 우리의 분별심이라는 것도 이 의식, 분별이 되고 헤아려지고 알 수 있는 이것도 마찬가지다, 이것은 허깨비다 이겁니다. 진실은 그럼 뭐냐? 빙산에 비유하면, 물 위에 올라와 있는 건 허깨비고 진짜는 물 밑에 있는 거란 말이죠. 빙산보다는 그런 경우에 더 적절한 비유가 물과 물결이 아닙니까? 물이 항상 진짜로 있는 거고, 물결이라는 것은 그냥 생겼다 없어지는 거죠. 그 자체는 허깨비죠.

그런 것처럼 의식세계에서 사는 게 중생이죠. 의식세계 위에서 철학을 하고 종교를 공부하면서도 거기서 언급하는 것은 의식을 넘어선 본질을 언급한단 말이에요. 현상세계 속에서 공부를 하는데, 생각이라는 건 현상이니까, 언급하는 것은 현상을 넘어선 본질을 언급하거든요. 그런데 본질은 언급만 될 뿐, 이름만 있을 뿐이지, 전혀 알 수가 없는 거란 말이에요.

꼭 그런 철학이나 종교를 안 해도, 자기 삶이나 자기 자아, 자기 존재에 대한 민감함을 가지고 있는 사람이라면 그런 느낌이 있어요. 알 수는 없지만 더 본질적인, 찾아야 할 뭔가가 있다는 불만족, 이 불만족을 해소시켜 줄 뭔가가 있을 것이라는 막연한 느낌이 있거든요. 그러니까 종교를 찾게 되는 거고, 뭔지 모르지만 현재의 자기 모습이나 삶에 대해서 '이게 아닌데' 하는 그런 게 있거든요. '이게 다가 아닌데' 하는 뭐가 있단 말이에요. 그러니까 뭔지 모르지만 자기한테 뭔가가 부족한 것 같고, 우리가 인간세계에서 권력을 추구하고 쾌락을 추구하는 게, 자기 존재 속에서 뭔가 부족한 그것을 채우려고 하는 본능의 발버둥이 아닌가, 이렇게도 느껴지거든요.

부족하게 느껴지는 그 부분을 권력을 통해서 채우려 하거나, 쾌락을 추구함으로써, 재물을 추구함으로써, 지식을 추구함으로써, 뭔지 모르지만 마음 한구석이 허전하고 부족하게 느껴지는 그 부분을 채우려 하지만, 그것은 번지수가 틀린 거죠. 그것으로 채울 수 있는 게 아닌데 번지수가 잘못된 거죠. 결국 그런 삶의 허무함이랄까 자기 존재의 허전함이랄까 가슴 한구석의 어떤 미련, 뭔가에 대한 그리움 같은 그런 게 있죠. 그런 것은 자기 존재의 본질이자 자기의 본래면목인 이게 부족해서, '이것!'을 깨닫지 못해서 느끼고 있는 건데, 세속적인 것을 추구함으로써 그것을 충족시키려 하는 것은 번지수가 잘못된 거죠.

그런 면에서는 이 세상 모든 사람이 본질적으로 불법을, 자기 존재의 본질을 추구할 근본적인 요소는 다 갖추고 있는 거죠. 모든 중생은 다 깨달을 수 있는 가능성을 가지고 있다는 말을 할 수가 있는 거죠. 자기 존재의 충족되지 않은 부분을 충족시킬 수 있는 것은 이 길뿐이니까. 그런데 우리는 세속에 너무 물들어 있기 때문에 한계를 못 벗어나고 자꾸 그 속에서 뭘 하려고 합니다. 다행히 이쪽으로 방향을 튼 분들은 인연이 그렇게 닿았거나 운이 좋거나 그런 거죠. 결국 여기서밖에 해결이 안 되는 겁니다.

저 같은 경우도 처음에 이게 경험이 탁 오고 문이 열려서 새로운 세계를 경험했을 때, 첫 느낌이 여러 가지 있었지만 제일 큰 느낌은 숨통이 탁 트이는 것 같은, 조그마한 울타리나 새장 같은 좁은 곳에 갇혀 있다가 무한한 세계로 나와 속 시원하게 숨통이 트이는 것 같은 느낌이 사실은 본질적인 거였죠. 그래서 '아, 살 만하구나' 이런 느낌인데, 우리의 의식 세계라는 것은 조그마한 우물 속 개구리 같은 그런 세계입니다. 의식 속에서 뭘 해결하려고 하면 안 됩니다. 우물 밖으로 나오면 무한한 세계가 펼쳐지듯이, 여기에 탁 통해 버리면 정해진 게 아무것도 없거든요.

무한한 세계라는 게 뭐냐면, 아무것도 구분되는 게 없다 이겁니다. 무경계라고 하는 거예요. '경계가 없다'라는 거예요. 딱 구분을 시켜 놓고 있는 게 경계인데, 테두리가 없다…… 무변, 무한, 무량 등 불교 경전에 그런 표현이 굉장히 많습니다. 무변, 끝이 없다는 거죠. 무한도 마찬가지고, 무량도 크기가 없다는 거거든요. 왜냐면 이 자체가 그런 거니까. 이 정신세계, 우리 자신의 본질세계, 우리 각자 본래면목의 세계 자체가 그런 거거든요. 그런데 무한하고 끝이 없고 정해진 게 아무것도 없으면서도, 모든 것에서, 아무리 작은 것에서도 이 무한함이 분명하게 늘, 그러니까 아무리 작은 것에서도 이 무한함을 느끼고 확인하니까 털구멍 속에 우주가 들어 있다고 그러는 거예요. 아무리 작은 사소한 일에서도 무한함을 항상 확인하는 게 해탈한 사람이거든요. 그러니까 무한한 자유, 끝이 없고 걸림이 없는 거죠. 아무리 작은 일, 사소한 일에서도 항상 걸림이 없고, 항상 사로잡힘이 없고, 항상 머묾이 없고, 늘 무한한 세계 속에서 살고 있으니까. 그게 털구멍 법문이라고 그러는 겁니다. 털구멍 속에 우주가 다 들어 있다고 그러는 거예요.

마음속을 이리저리 떠다니는 분별심 역시 그렇다.
그러나 한번 자기의 마음을 깨달으면 분별은 멈춘다.

분별심은 멈추는 게 아니고, 여전히 분별하는데 분별은 없다 이거예요. 분별심이 멈춰서 분별을 안 하는 건 아니죠. 이런 방편의 말들은 항상 오해의 여지가 있습니다. 분별심이 멈춘다고 하면 분별을 더 이상 안 하고 사느냐? 그런 뜻이 아니죠. 분별을 하는데 분별에 사로잡혀 있지 않다, 즉 분별하지 않는다 이겁니다. 어떤 말이 있든지 간에 거기에 사로잡히지 않을 수 있는 자기 스스로의 안목이 바르게 갖추어져 있으면, 분별심을 멈춘다고 말한다 해서 '이젠 분별 안 한다' 이렇게 생각하지 않는단 말이에요. 이것은 분별을 하는데도 불구하고 분별이 없는 그런 체험이니까, '아, 이것은 이렇게 표현을 했구나' 하고 소화시키는 안목이 생기는 거죠. 이런 안목이 없고 자기 체험이 없으면 분별이 멈춘다 하니까 '아이고, 마하무드라에서는 분명히 분별이 멈춘다 했는데 나는 왜 분별이 안 멈추지?' 하는 어리석은 생각을 하죠.

그런 사람들이 많아요. 공부를 하면서 "왜 나는 그렇게 안 됩니까?" 하고 질문하는 사람들이 딱 그런 사람이에요. "왜 나는 뭐가 안 됩니까?", "왜 나는 몸과 마음이 다 없어지지 않습니까?" 그런 소리를 한다고요. 그러니까 자기 체험과 안목은 없고, 말만 따라 다니는 거라. 그건 공부하는 게 아니고 전부 망상하는 거죠. 말이라는 것은 방편의 말이니까 항상 불완전한 겁니다. 제가 방편에 대해서 쉽게 비유를 들었잖아요. 오솔길로 소를 몰고 가는데 양쪽 밭에 입을 댈 때마다 이쪽으로 당기거나 저쪽으로 당기거나 할 수밖에 없어요. 방편이라는 것은 "없다"라고 하거나 "있다"라고 하거나 이렇게밖에 하지 못하거든요. 물론 어떤 경우는 "있기도 하고 없기도 하다"라고 말하기도 하지만 그것은 좀 더 친절한 경우고, 대개는 "없다" 또는 "있다" 이렇게 자꾸 양쪽만 말하는 것 같은데, 사실은 '있다'거나 '없다'는 양쪽을 말하는 건 아니다 이겁니다.

《반야심경》만 하더라도 앞에서는 공이 색이고 색이 공이고, 있는 게 없는 거고 없는 게 있는 거고 이렇게 말해 놓고, 뒤에는 뭐라고 합니까? 눈도 없고, 코도 없고, 색깔도 없고, 소리도 없고, 다 없다고 하잖아요? 그런데 이게 똑같은 얘기라니까요. "색이 공이고, 공이 색이다" 하는 말이나, "눈도 없고, 코도 없고, 색깔도 없고, 소리도 없다"는 말이나 똑같은 말이에요. 없어서 없다고 하는 게 아니라, 있는데 없는 거고, 없는 데 있는 거고, 다 똑같은 얘기를 하고 있는 겁니다. 그런데 표현을 "없다"고 한다 이 말이에요. 그러니까 우리가 기존의 세속에서 쓰는 말과 방편의 말은 근본적으로 역할이 다른 겁니다. 그렇기 때문에 방편의 말을 볼 수 있는 안목이 있어야 방편의 말을 바르게 볼 수 있는 겁니다. 그것도 공부하는 사람이 갖추어야 될 소양이에요.

세속에서는 "없다" 하면 없는 거고 "있다" 하면 있는 거잖아요? 그러니까 항상 흑백이 분명해요. 그러나 방편의 말은 늘 불이법(不二法)을 말하는 것이기 때문에, "없다"고 해서 없다고 판단하면 안 돼요. 없다고 해도 있는데 없다고 하는 거고, 있다고 해도 있는 게 아니고 없는데 있다고 하는 거예요. 그러니까 방편의 말은 항상 불이법을 말하고 있는 거지, 세속처럼 이법(二法)을 말하면 그것은 방편이 될 수가 없죠.

왜 방편입니까? 둘로 나눠서 이법에 떨어져 있는 사람을 불이법으로 이끌고자 하니까 그게 방편이죠. 중생과 똑같이 둘로 나누어서 말하고 이법에 떨어져 있으면, 그건 방편이 아니고 세속으로 이끌어 가는 말이죠. 방편이라는 것은 불이중도로 이끌기 위한 말이니까 방편이 되는 거고. 그러면 "눈은 있기도 하고 없기도 하다", "코는 있기도 하고 없기도 하다" 이렇게 말해야지 왜 그렇게 말했느냐? 그렇게 번잡하게 말해야 되느냐고? 그렇게 번잡하게 말하지 않아도 이미 위에서 "색이 공이고 공이 색이다"라고 분명히 말했는데, 그러면 이제는 코가 없다고 그러면 '아, 이건 있는데도 없다고 하는구나' 이렇게 알아야 사람이 조금이라도 지혜가 있는 거잖아요? 그 정도 지혜는 있다고 보고 그렇게 말하는 거죠. 하여튼 그런 정도의 안목은 저절로 생겨야 하는 겁니다.

한번 자기의 마음을 깨달으면 분별은 멈춘다…… 이런 것도 똑같아요. 분별을 안 한다는 뜻이 아니다 이 말이에요. 분별을 하는데 분별이 없어요. 왜? 바로 여기서 항상 (손을 흔들며) '이것!'이니까, 분별을 해도 분별하는 게 아니고, 생각을 해도 생각하는 게 아니고, 말을 해도 말하는 게 아니고, 항상 이 하나의 일이면서도 언제든지 말도 하고 분별도 하고 다 해요. 다 하지만 아무 일도 없는 겁니다. 모든 생각과 말과 분별을 다 하지만 항상 적멸이에요. 아무것도 없고, 아무 일도 없어요. 표현을 하자면 그렇게 되겠죠. 어쨌든 (손을 흔들며) 이겁니다. 이런 안목이 갖춰져야 합니다. 어떤 체험 하나 했다고, 체험에 매달려 있다고 공부가 되는 게 아니고, 이런 차별 세계를 볼 수 있는 안목이 갖춰져야 해요.

지혜 중에는 무분별지와 분별지라는 게 있습니다. 무분별지라는 것은 분별이 뚝 끊어지고 아무 일이 없는 이 자리의 지혜를 가리키는 거고, 분별지라는 것은 이 자리에서 다시 이 차별세계를 보고서도 이 차별세계에 속지 않을 수 있는 지혜죠. 그래서 옛날부터 무분별지를 갖추는 건 쉬우나 분별지를 갖추는 것은 어렵다고 그러는 거예요. 누구든지 아무 일이 없는 곳에서 아무 생각 없이 고요히 있는 것은 쉽다는 거예요. 그러나 아무 일이 없고 아무 생각 없는 곳에서 모든 분별세계를 경험하며, 생각도 하고 분별도 하면서도 여전히 아무 일이 없고 생각도 없는 이것을 분별지라고 하거든요. 이것은 쉽지가 않다는 겁니다. 분별지가 갖추어져야 하는 겁니다. 그것은 자기 공부가 바른 길을 가서 바르게 자리가 잡혀서 저절로 그렇게 되어야 하는 거고, 하여튼 그런 것은 머리로 하는 게 아니고 자기 마음에서 하는 거니까 꾸준히 공부를 하다 보면 저절로 그렇게 되는 겁니다.

그러면 말 따라 가지 않고 말을 소화할 수 있는 지혜가 생깁니다. 여기서 말이라는 것은 방편의 말이지 세속의 말이 아니에요. 세속의 말은 어디까지나 분별심으로 이해해야 해요. 그러나 불법을 말하는 방편의 말은 분별심으로 이해하면 안 되는 거예요. 그것은 지혜를 가지고 소화시켜야 하는 거죠. 불이법을 말하고 있기 때문에, 불이중도의 지혜를 갖추는 것이 안목을 갖추는 겁니다. 그런 모든 안목이 갖추어지는 근본이 뭐냐 하면 결국은 (손을 흔들며) '이것!'이에요. 헤아리고 분별하는 게 아니고, 이 자리, 이것, 이 일이 자꾸 뚜렷하고 분명해질수록 저절로 그런 안목이 갖추어지는 겁니다.

그런 안목은 머리로 배워서 아는 게 아니에요. 자기의 법이 흠 없이, 틈 없이, 흔적 없이 초점이 잘 들어맞을 때 저절로 그런 안목이 갖추어지는 거죠. 물론 이런 설법을 듣고서 깨우칠 부분도 없잖아 있지만, 그런 근본은 결국 자기의 공부다 이겁니다. 결국 (손을 흔들며) 이것이다 말이죠. 이것 하나. 이게 근본이고, 이 근본의 바탕 위에서 이런 설법을 들으면 깨우치거나 소화가 되거나 하는 변화들이 또 일어나니까 도움도 되고 그렇죠. 하여튼 항상 근본을 분명하게 한 뒤에 모든 게 이루어지는 거니까요. 어쨌든 근본은 이겁니다. (손을 흔들며) 이 일 하나죠. 이것이 분명해야 하는 거죠. 이것뿐이에요. (법상을 두드리며) 이것뿐! 항상 근본만 분명하게 하면 그 나머지 일들은 저절로 바르게 됩니다. 근본은 바로 이 길 이 하나입니다.

딱! 딱! 딱! (죽비 소리)

5

결코 물들지 않는다

마하무드라의 노래 5번 게송입니다.

> 허공 속에서 모양과 색깔이 이루어지지만,
> 허공은 결코 희고 검은 색깔에 물들지 않는다.
> 그처럼 자기의 마음으로부터 모든 것이 나타나지만,
> 마음은 선(善)과 악(惡)에 오염되지 않는다.

허공이라는 표현을 자꾸 쓰거든요. 마음이 허공이라고 여기서는
표현했는데, 우리가 일반적으로 내 마음이라 할 때에 우리는 마음
이 허공이라고 느끼질 않죠. 마음속에 뭐가 있다고 느끼지, 마음이
텅 비고 아무것도 없는 허공이다 이렇게 느끼질 않습니다. 마음속
에 뭐가 있다고 느끼는 그게 말하자면 망상이고 오염이거든요. 말
을 하자면 그렇게 말할 수가 있는 겁니다. 마음속에 뭔가가 있다고
하는 것이 망상이고 오염이다……

늘 말씀드리는 (손을 흔들며) '이것!'을 일러서 마음이라고 한다면, 사실 뭐라고 할 게 아무것도 없거든요. 평소에 생활을 해도 늘 허공처럼 텅 빈 상태지, 마음속에 뭐가 있어서 그놈이 이리저리 걸리거나 그런 게 없단 말이에요. 그래서 허공이라는 표현을 자꾸 쓰는 건데, 우주의 허공을 말하는 게 아니고, 그냥 자기 스스로에게 자기 마음에 뭐가 있다는 느낌이 없다는 겁니다. 그렇다고 생각을 안 하는 건 아니고, 감정을 느끼지 못하거나 보고 듣지 못하는 건 아니죠. 다 하는데도 이상하게 아무것도 없단 말이에요. 아무것도 없고, 굳이 말하자면 '이것!' 하나가 있는 건데, 이것은 '있다, 없다'에 해당하는 게 아니거든요. (손을 흔들며) 바로 '이것!'이니까. 바로 이것은 '있다, 없다'에 해당하는 게 아니에요. 그냥 단지 이거죠.

마음공부를 해서 한번 여기에 통하면, 통밑이 쑥 빠진다고 하듯이 '내 마음이다' 하는 뭔가는 사라져 버리고, 마음이라고 할 그런 무엇이 없어요. 마음이라고 할 무엇이 없지만 지금까지 살아온 그대로 살아가는 건 다를 게 없습니다. 모든 일이 나타나고 있는데도 자기에게는 아무것도 없어요. 그게 결국 중생의 마음과 부처의 마음의 차이라고 할 수가 있는데, 중생의 마음에는 항상 뭐가 있어요. 계속 거기에 시달리고 그것을 붙잡고 사는데, 부처의 마음에는 아무것도 없어요. 아무것도 붙잡고 있는 것도 없고, 상대할 것도 없고, 허공과 같아요.

허공이라는 게 그렇잖아요. 바람이 불어오면 불어오고 지나가면 지나가고 그렇지, 그 허공이 뭘 붙잡아 놓는 게 없거든요. 그래서 허공이라는 비유적인 표현을 쓰는 겁니다. 허공이라는 것은 뭐가 들어오면 들어오고 나가면 나가고 그만이죠. 그래서 옛날 사람들도 "구름이 일어나고 해가 뜬다고 해서 허공이 달라지는 게 없고, 해가 지고 밤이 캄캄하고 어둡다고 해서 허공이 어두운 게 아니다. 허공은 항상 그대로다"라고 말했듯이, 그런 측면이 있죠. 그렇게 말할 수가 있는 거거든요. 여기서 제가 '분명하다, 밝다' 하는 것은 허공 속에 무슨 밝음이 있고 분명함이 있는 게 아니고, 지금 (손을 흔들며) '이것!'을 말하는 거예요. '이것!'은 '있다, 없다'에 해당되는 게 아니에요.

그래서 사실 공부에는 두 가지 측면이 있는 겁니다. '허공처럼 아무것도 없다'라고 하는 것하고 '이렇게 분명하다' 하는 것하고, 두 가지가 갖추어져야 해요. 경전에서는 "밝다"라는 말도 하고 "부처님의 정수리에서 나온 빛이 온 우주를 비추어서 어두운 데가 없다"라고 말하기도 하지요. 밝음을 주로 말하는 경이 《화엄경》이에요. 전부 빛을 말해요. 광명(光明)이란 말을 굉장히 많이 합니다. 그 반면에 허공을 주로 말하는 게 《반야경》이에요. 거기서는 공(空)이라는 표현을 엄청나게 써요. 그러니까 공을 많이 말하는 경전이 있고 밝음을 말하는 경전이 있는데, 실질적으로는 같은 말을 하는 겁니다.

만약에 그게 달라지면 어떤 문제가 발생하느냐 하면, 선(禪)에 있어서 치우침이라는 문제가 생깁니다. 만약 밝음만 있고 허공이 없다면 의식세계에 매달려 있는 겁니다. '알아차림' 수행을 하는 사람들이 그런 문제인데, 항상 알아차림이라는 게 있으니까 밝음이 있다고 할 수가 있지만, 그러나 텅 빈 허공이 없으면 그것은 밝음에 대한 집착이고 치우침이죠. 그래서 그건 해탈이라고 할 수 없죠. 반대로 텅 빈 허공만 있고 밝음이 없으면 어떻게 되느냐? 혼침(昏沈)이에요. 허공은 어둡잖아요? 밝음이 없으니까 헤맬 수가 있어요. 이 두 가지 치우침을 선에서는 선병(禪病)이라고 하거든요.

그래서 성성적적(醒醒寂寂)이라는 표현을 쓰는 겁니다. 성성이라는 것은 밝게 깨어 있다는 말이고, 적적은 고요하다는 거거든요. 고요함은 허공을 가리키고, 성성이란 것은 밝음을 가리키거든요. 영지불매(靈知不昧)라는 말은 밝음에 치우친 말이고, 성성적적(醒醒寂寂)이라는 말이 양쪽을 말하는 겁니다. 마음속에 뭔가 있어서 그놈의 장애를 받는 것이 주로 중생의 병이기 때문에, 일단 그것이 허공이 되어서 텅 비어 버리는 게 공부에서 보는 첫 번째 효험입니다. "텅 비어서 아무 일이 없다" 하는 그런 말을 하게 되고, 체험을 하면 기본적으로 그렇게 말하게 되죠. "아무 일도 없고, 마음이라고 할 그런 어떤 물건이 없다. 한 물건도 없다" 하는 말을 하고 그런 경험을 하게 되는데, 그 텅 비어서 아무 일이 없고 그냥 고요하고 편안하다 하는 거기에 머물러 있으면 안 된다 하는 거예요.

당연히 푹 쉬어져서 아무 일이 없어야 하지만, 그런 경험을 하면 그냥 푹 쉬어서 아무 일 없이 완전히 놓아 버려야 한다, 완전히 쉬어져야 한다, 라는 말씀을 드리지만, 쉬는 데 집착을 하라는 말은 아닙니다. 그렇게 하다 보면 한없이 쉬어지고 아무 일이 없고 아주 좋아요. 좋은데, 밝음이 없으면 자기 스스로가 '뭔가가 부족하구나' 하는 걸 느껴요. 왜냐면 그냥 푹 쉬어서 아무 일이 없으면 좀 활동성이 없단 말이에요. 고요한 쪽에 치우치죠. 고요한 쪽에 치우치고 능동적인 활동성이 없는, 어떤 경계가 나타나든지 하면 귀찮게 여기기도 하고, 밝음이 없으니까 잘못하면 끄달릴 수도 있고 하기 때문에.

허공이라는 것은 번뇌장의 소멸입니다. 마음속의 번뇌가 사라져서 텅 비어 아무 일이 없는 거고, 밝음이라는 것은 소지장의 소멸이거든요. 단지 마음이 텅 비었다고 해서 알음알이가 조복되지는 않습니다. 체험했다는 분들도 보면 마음이 텅 비어져서 아무 일이 없다고 말하면서도, 계속 생각의 부림을 받아서 엉뚱한 소리를 많이 하거든요. 자기 나름대로 뭘 생각해서 "이것 아니냐? 저것 아니냐?" 하고 따지기도 하고.

소지장이라는 것은 우리 분별심인 생각이 조복되지 않은 거예요. 그러면 생각은 어디서 조복되느냐? 밝음, 여기서 조복되는 거예요. 그런데 이 두 개가 따로 있는 건 아닙니다. 체험이 오면 사실은 이 두 가지가 같이 갖추어지는 건데, 우리가 먼저 편안함에 대해서 더 강렬한 느낌을 가지기 때문에 그쪽에 치우치게 되죠. 그러나 결국 밝음이 없는 편안함만 가지고는 진짜로 편안할 수가 없어요.

정혜쌍수(定慧雙手)라는 말이 있거든요. 정(定)이라는 것은 편안함이고 허공입니다. 고요해져서 허공처럼 아무 일이 없다는 말이고, 혜(慧)라는 것은 밝음입니다. 지혜는 광명에 비유가 되거든요. 혜는 밝음이에요. 그래서 정혜쌍수라는 것도 고요함과 밝음, 이 두 가지를 말하고 있는 겁니다. 이 두 가지가 따로 있는 것은 아니에요. 이 두 가지가 동시에 갖추어져야 하는데, 주로 보면 정(定)이 항상 먼저입니다. 소승에서도 비슷한 얘기를 하는데 사마타 비파사나 그러거든요. 사마타가 정(定)이고 비파사나가 혜(慧)와 같은 건데, 사마타가 먼저고 그 다음에 비파사나를 말하죠.

인간의 심리가 그렇게 되어 있어요. 고요하게 가라앉아 편안하게 텅 비고 아무 일이 없다는 것을 먼저 느끼고, 그러면서도 그게 만족이 안 되고 이게 분명해지고 밝아져야 한다…… 그래서 깨달음이라는 이름은 어디에다 붙이느냐? 정(定)에다 붙이질 않습니다. 고요하고 텅 비고 아무 일이 없다는 것은 깨달음이라고 하지 않고 이것은 해탈이죠. 깨달음, 보리라는 말은 밝음에 붙이는 거예요. '분명하다' 하는 이게 밝음이지요. 물론 정(定)이 갖추어져야 혜(慧)도 갖추어지는 겁니다. 정(定) 없이 혜(慧)가 갖추어질 수는 없죠. 그렇게 되는 것은 혜(慧)가 아니고 그냥 의식의 알음알이죠.

(손을 흔들며) "이겁니다", "분명합니다" 할 때는 텅 비고 아무것도 없는데 이게 이렇게 뚜렷하다는 말이거든요. 그러니까 이것은 정(定)과 혜(慧)가 동시에 갖추어져 있는 거죠. 실제 체험이라고 하는 것은, (손을 흔들며) "이겁니다" 할 때 이것은 정(定)과 혜(慧)가 저절로 동시에 갖추어져 있는 겁니다. 그래서 반드시 두 개가 저절로 갖추어져서 사실은 둘이라고 따로 떼어서 말할 것도 없어요. "이겁니다." 여기에는 아무 일이 없고, 그러면서도 이렇게 또랑또랑합니다. 이렇게 저절로 두 가지를 같이 말하고 있는 거거든요. 그래서 "이겁니다" 하는 것은 이 두 가지를 같이 말하는 겁니다. 사실 나눌 수도 없고, 우리가 어떻게 할 수가 없는 거고, 우리가 그냥 "이겁니다" 하면 아무 일이 없으면서도 살아 있다 할까? 밝게 깨어 있다 할까? 분명

하다 할까? 이렇게 말할 수 있는 거죠.

　그래서 이 공부를 하다가 자기가 체험을 하면 왜 옛날 사람들이 그렇게 말했는지를 알 수 있어요. 옛날 사람들이 그렇게 말한 데에는 나름대로 근거가 다 있어요. 정혜등지(定慧等持), 혼침(昏沈)과 도거(掉擧), 성성적적이라든지, 또 육조 스님 같은 경우는 선정과 지혜에 대해서 그런 얘기를 하잖아요. 선정은 속으로 마음속에 헐떡거림이 없다고 하는데, 이것은 고요하다는 말이고, 아무 일이 없다는 말이죠. 지혜라는 것은 바깥으로 경계에 끄달림이 없다고 그랬거든요. 바로 이 법이 분명하다는 뜻이죠. 안팎이 없다는 거죠. 다 똑같은 것을 말하는데 표현을 다르게 했을 뿐이에요.

　그래서 이 공부를 해서 이게 딱 들어맞게 되면, 경전을 보든 조사의 말씀을 보든 간에 말이 다를 뿐이지 결국 똑같은 얘기를 하고 있다는 것을 꿰뚫어서 납득이 되는 거예요. 그러니까 하여튼 바로 (손을 흔들며) '이것!'이라. 한 번 체험을 한다는 것은 통밑이 쑥 빠져서 편안해지고 아무 일이 없다는 건데, 주로 그쪽에 머물러 있기 때문에 이게 뚜렷해져야 된다, 이게 분명해져야 된다 하고 말씀드리는 겁니다. 의식적으로 분명하다는 뜻이 아닙니다. 고요하고 아무 일이 없는데 결국 '이것!' 하나가 항상 분명해야 하죠. 고요하고 아무 일이 없는 게 결여되어 있고 '이것!'만 말하면, 그것은 비파사나 하는 사람들하고 같아요. 의식에 딱 매달리게 된다고요. 그것은 아니에요.

　그런 경우에 대비해서 만들어 놓은 방편이 오매일여라고 하는 거

84

거든요. 잠을 잘 때 의식이 없을 때도 뚜렷하냐? 이렇게 물어보면 할 말이 없는 거라. 의식은 잘 때와 깨어 있을 때가 다르지만, 텅 빈 허공은 잘 때와 깨어 있을 때의 차이가 아무것도 없어요. 그러니까 사실은 허공이 뚜렷한 거예요. 아무것도 없는 허공이 뚜렷한 것이기 때문에 이것은 '있다', '없다' 하고 말할 수 있는 게 아니다 이 말이에요. 하여튼 (손가락을 올리며) '이것!'입니다. 설명을 이치적으로 이해할 수 있는 것은 아니고, 지금 바로 '이것!'입니다. '이것!'이 분명해져야 합니다.

허공 속에서 모양과 색깔이 이루어지지만…… 이루어지지만 허공은 아무 상관이 없다 이 말이에요. 허공 속에서 모양과 색깔이 다 나타나지만 허공은 아무 상관이 없다…… 마치 거울 속에 온갖 모습이 비추어지지만 거울은 그 모습과는 아무 상관이 없는 거와 같죠. 거울이 컵을 비춘다고 해서 거울에 컵 모양이 새겨지는 건 아니잖아요? 아무 상관이 없는 거거든요. 똑같은 겁니다. 거울의 비유를 많이 드는 이유가 거기에 있는 거예요. 마음은 거울과 같다 하는데, 거울에 어떤 모습이 비춰진다고 해서 그 모습이 거울에 새겨지지는 않잖아요? 그럼 우리 오염된 중생의 마음이라는 것은 뭐냐면, 마음 속에 모습이 남아 있지 않은데도 자기 스스로가 억지로 남겨 놓고 있는 거예요. 그러니까 그게 어리석음이죠. 아무것도 남아 있을 이유가 없는 허공 속에다 자기 스스로가 남겨 놓고 있으니까 망상이죠. 우리가 오랫동안 습관적으로 그렇게 해 왔기 때문에 망상이라고 느껴지지도 않아요. 실제로 그런 게 있는 것처럼 여기죠. 그게 심해지면 정신병이 돼서 "내 머릿속에 뭐가 들어 있어요" 이런 소리를 하고, 빙의를 했다는 둥 이런 헛소리들을 하는데, 다 정신병입니다. 망상이 심해져서 그런 거예요.

> 허공 속에서 모양과 색깔이 이루어지지만,
> 허공은 결코 희고 검은 색깔에 물들지 않는다.
> 그처럼 자기의 마음으로부터 모든 것이 나타나지만,
> 마음은 선(善)과 악(惡)에 오염되지 않는다.

그러니까 '좋다 나쁘다, 선이다 악이다, 옳다 그르다' 등등 아무 그런 게 없어요. 그냥 이것뿐이지요. 그런 걸 분별하고 따지면 스스로도 스트레스 받고 갈등이 일어나죠. 이게 좋냐, 나쁘냐? 옳으냐, 그르냐? 이렇게 따지게 되면……. 우리는 도덕군자를 높이 평가하면서도 그 사람을 별로 좋아하지는 않습니다. 왜 그러느냐? 도덕적으로 선하고 착하고 훌륭한 걸 높이 평가하고 그걸 좋다고 여기면서도, 왜 그 사람을 좋아하지는 않느냐 하면, 따지기 때문에 안 좋아하는 거예요. 옳고 그름을 따지기 때문에 싫어하는 거죠. 따지지 않고 자기 혼자만 도덕적이라면 그 사람을 좋아하죠.

맑은 물에 물고기가 놀지 않는다는 말도 사실은 그런 이유로 하는 말이거든요. 지나치게 따지면 우리는 안 좋아하거든요. 왜? 시비하고 따지고 갈등하고 하는 것은 스트레스니까 본능적으로 안 좋아하는 거죠. 그러니까 본인 스스로는 물들지 않아야 되겠지만 남에게 따지는 것은, 물론 세속에서 필요한 부분도 있지만, 일반적으로 별로 유쾌한 일은 아니란 말이에요.

결국 이 법은 (손가락을 세우며) "이것이다" 하면, 아무 일이 없는 거예요. 세상이라고 하는 모습들이 뚜렷하지만, 아무것도 없는 거죠. 그러나 공부를 잘못하면 세상으로부터의 도피, 세상은 오히려 희미해지고 자기 마음만 또렷해지는, 이런 식으로 착각을 할 수가 있습니다. 공부를 잘못해서 그런 겁니다. 공부를 바르게 하면 마음은 오히려 없고, 세상의 모습이 또렷해져요. 그게 바로 옛날 선사들이 말한 "어리석은 사람은 사물을 버리고 마음을 취하지만, 지혜로운 사람은 마음을 버리고 사물을 취한다"는 거예요. 그런데 공부가 아직 제대로 안 되면 그렇게 될 수가 있습니다. 세상을 다 무시하고 자기 혼자서 자기 마음만 붙들고 밝고 깨끗하고 뚜렷하다 이렇게 할 수가 있어요. 망상입니다. 그런 사람도 공부하는 사람이지만, 아직 망상을 하고 있는 거예요.

정말로 뚜렷하다면, 마음은 없고 온 세상의 삼라만상이 뚜렷한 겁니다. 왜? 삼라만상이 뚜렷한데 삼라만상이 없는 거예요. 이게 법이거든요. 그래서 색즉시공(色卽是空)이라고 그런 거예요. 삼라만상이 뚜렷한데 삼라만상이 없는 거라. 세상을 무시하고 자기 마음만 뚜렷하다는 말은, 색은 무시하고 공만 가지고 있으려고 하는 사람이거든요. 그러니까 그것은 여법하지가 못해요. 색이 뚜렷할 때 그게 공이란 말이에요. 색이 색이 아니고, 그래서 "색즉시공(色卽是空) 공즉시색(空卽是色)" 하는 거죠. (손을 흔들며) 지금 "이겁니다." 이것이지 딴 건 없어요. 뚜렷하다는 것은 결국 뭐냐면, 공이 죽어 있는 텅 빈 공이 아니고 생생하게 살아 있는, 가득 차 있는 공이라는 뜻입니다. 공이라는 게 텅 비어서 고요하게 죽어 있는 공이 아니고, 생생하게 살아 있고 온 우주를 가득 채우고 있는 살아 있는 공이라. 이것을 두고 "열반이 즐겁다"라고 하는 겁니다. 열반은 모든 것이 다 사라졌다는 건데 왜 즐거워요? 살아 있는 허공이기 때문에 즐거운 거예요. 이게 열반이 즐겁다고 그러는 거거든요. 하여튼 (손을 흔들며) 지금 이거예요. 딴 건 없어요. 이 일 하나지, 이 일 하나.

그러니까 '이것!'을 말하는 건데, 여기서는 이런 식으로 마음은 선(善)과 악(惡)에 오염되지 않는다, 그렇게 말하는 거죠. 방편으로 견해를 정리하는 뜻에서 말씀을 드리면, 몸과 마음의 문제라는 게 있어요. 세속에서는 몸과 마음이라는 두 가지 요소로 인간은 이루어졌다고 여깁니다. 심신(心身), 인간은 심신으로 이루어졌다고 하잖아요? 그래서 유교에서도 심신 문제를 다루고, 육체뿐 아니라 마음을 감정과 이성 등 여러 가지로 나누고, 심리학에서도 마찬가지고, 서양 철학에서도 심리철학이라는 게 있어요. 심신에 관한 문제를 다루는 겁니다. 몸과 마음이 우리 인간을 이루고 있어서 육체는 몸인데, 마음은 어디에 있고 어떻게 육체와 연관을 가지고 있을까? 이것을 탐구하는 게 심리철학입니다.

그 주제에 관해서는 플라톤이 원조인데, 그 이후에 수많은 이론들이 나왔지만 모두 이론일 뿐 증명된 진리는 없습니다. 지금 서양 심리철학의 결론은 뭐냐 하면 마음은 없다, 마음은 그냥 두뇌라는 물질이다, 물질이 전기적인 신호를 보내서 마음이라는 허상을 만들어 내고, 인간도 하나의 물질 덩어리다 하는 게 결론이에요. 그 결론이 썩 마음에 드는 결론은 아니지만 자기들의 탐구 결과는 그거예요. 그렇게 해 놓고도 서양 철학자들이 마음에 안 드니까 '뭔가 아닌 것 같은데?' 하고 또 다른 것을 찾는데, 주로 동양의 불교를 연구하기도 합니다. 그러나 아직 제대로 잘 모르고 있는 것 같아요.

그런데 지금까지 말씀을 드렸다시피, 우리 입장에서는 명백한 거거든요. 몸이든 마음이든, 여기에 나와 있다시피, 허공 속에서 모양과 색깔이 이루어진다고 그랬잖아요? 《반야심경》에 보면 색수상행식(色受想行識)인데 색은 육체고, 수상행식 즉 느낌·생각·감정·의식은 우리가 알고 있는 마음이잖아요. 육체든 마음이든 전부 공이에요. 공 속에서 나타나는 현상들일 뿐이에요. 그러니까 공 속에서 여러 가지 현상들이 나타나는 거죠. 그런데 그것을 색과 수상행식의 관계가 어떻게 되느냐고 따지는 것은 별 의미가 없죠.

그것을 다른 식으로 비유를 하자면, 물에서 다양한 물결이 나오는데 어느 모양의 물결은 색이 되고, 하나는 수가 되고, 하나는 상이 되고, 말하자면 하나는 육체가 되고 느낌이 되고 생각이 되고 감정이 되고 의식이 되고 하는 이런 식이거든요. 아무것도 없고 아무 일도 없는 (손을 흔들며) 여기서 육체라는 경계를 경험하는 거고, 느낌이라는 경계, 생각이라는 경계, 감정이라는 경계를 경험하는 겁니다. 허공 속에서 이런 일들이 나타나고 사라지고 나타나고 사라지고 한단 말이에요. 그렇게 계속되고 있는 거죠.

그러니까 그 경계들 사이의 관계라는 것은, 물론 그것을 따져서 생각해 볼 수도 있겠지만 별의미가 없는 것이고, 중요한 것은 이 공이라는 게 중요하단 말이에요. 그러니까 육체든 마음이든 결국 공이라는 거예요. 결론적으로 육체가 결론이냐 마음이 결론이냐 이게 아니고, 육체든 마음이든 공이라는 거예요. 그랬을 때 우리가 건강한 삶을 유지할 수 있고 모든 것이 자연스러울 수가 있는 거죠. 우리가 번뇌 속에 고통스러운 이유가 뭐냐면, 육체가 공이 되지 못하고 육체에 집착을 하고 있고, 마음이 공이 되지 못하고 마음에 집착하고 있을 때, 그게 괴로운 삶이란 말이에요. 그게 문제죠. 공에 해결책이 있는 것인데, 육체와 마음의 관계가 어떻게 되느냐? 이것은 전혀 방향이 틀린 거죠. 단순한 지적 호기심 정도고, 생각에서 만들어진 이론이죠.

이것을 이해하면 불교에 대해서 좀 더 깊은 이해를 할 수가 있는데, 그러니까 불교는 육체와 마음이라는 두 가지를 놓고 마음을 다스린다 하는 그런 것이 아니란 말이에요. 만약 그런 것 같으면 불교는 세속에서 말하는 명상이나, 세속의 삶을 조금 편안하게 해 주는 도구에 불과한 거죠. 불교는 그런 것이 아니고 더 근원적인 진실을 밝히는 거다 이 말이에요. 육체와 마음의 관계를 말하는 게 아니죠.

결국 플라톤이나 데카르트 같은 사람들이 "육체와 마음이 어떤 관계를 가질까?"라고 의문을 가졌지만, 실제 그들이 추구했던 바는 뭐겠어요? 결국은 그 사람들도 번뇌로부터의 해탈이에요. 그것을 의식하지는 못했지만, 아니 플라톤 같은 사람은 그것을 의식했습니다. 플라톤의 이론은 뭐냐면 순수영혼을 이데아라고 그러죠. "순수영혼의 세계가 있고 그 순수영혼이 인간의 육체라는 감옥 속에 들어와서 고통을 받는 것이 인간이다." 이렇게 말하거든요. 그래서 플라톤 철학은 해탈철학인데, "육체를 잊어버리고 순수영혼을 추구하는 게 철학이다"라고 말하고, 그 순수영혼을 열심히 추구하고 나서 죽으면 다시는 육체라는 감옥으로 안 돌아오고 영원히 해탈을 한다, 이것이 플라톤 철학이거든요. 그래서 근본적인 주제는 사실 똑같아요. 데카르트도 마찬가지 아니겠어요? 인간의 문제를 해결하려는 게 목적이지, '육체와 정신의 관계가 어떻게 되느냐?' 하는 단지 과학적인, 객관적인 어떤 탐구를 목적으로 한 건 아니란 말이에요.

그러니까 우리가 어떤 자연을 탐구할 때는 그게 객관적인 사물이니까 그 사물의 관계를 열심히 연구할 수 있지만, 인간이라는 건 자기 존재, 자기 스스로거든요. 탐구자 자기 자신이라는 말이에요. 인간을 연구한다는 것은 인간이 가지고 있는 본질적인 불행함, 부조리함, 이런 것에 대한 해결책을 궁극적인 목적으로 놔두고 연구를 하는 거죠. 알고 보면 전부 다 목적은 똑같은 거예요. 그 목적의식이 뚜렷하면 해탈이니 열반이니 이런 말을 하게 되고, 목적의식이 뚜렷하지 않으면 '아, 마음과 육체가 어떻게 관계되지?' 하고 엉뚱한 소리를 하게 되는 거예요. 사실은 그 사람도 진정 알고 싶었던 것은, '인간이 이렇게 불행하게 살아야 될 이유가 뭐냐?' 불행에서 벗어날 수 있는 길이 있으면 그것을 찾고 싶었던 거죠.

그러니까 불교에서는 바로 그 길을 찾아서 제시하고 있는 거다 이 말이에요. 심리학도 아니고 철학도 아니지만 본능적으로 그 문제를 안고서 석가모니가 고민을 했던 것이고, 그 문제를 해결하고서 석가모니는 조리정연한 이론을 제시한 것은 아니지만, "오온이 개공이다" 이런 식의 얘기를 했다는 것은 근본적으로 자기 경험을 통해서 문제 해결의 길을 찾았기 때문에 자기 나름의 얘기를 했던 거죠. 그러니까 불법이라는 것은 단순히 '마음의 세계가 어떤 거냐?' 하는 심리학적인 이론을 말하는 것이 아니고, 우리 존재와 이 세상의 실상에 대한 근본적인 문제에 대한 해결책을 말하고 있는 겁니다. 사실은 세상 사람들이 불교를 몰라서 그렇지, 이쪽으로 제대로 깨달아 알게 되면 서양철학 2,500년간의 근본 문제가 해결되는 거죠.

이것은 아주 단순한 겁니다. 왜냐면 우리가 안고 있는 번뇌라든지 해탈의 문제는 어떤 객관적인 대상이, 예컨대 대나무가 어떻게 해탈을 하고 어떻게 번뇌에서 벗어나고 하는 문제가 아니고, 내 문제고 각자 자기 문제니까 자기가 항상 안고 살아가는 문제기 때문에 훨씬 더 단순하고 공부를 하기가 수월하죠. 이것은 내 문제고 내 삶의 문제니까. 그러니까 이 공부를 잘하면 분명하게 해결책이 있는 것이고, 그리되면 심리학이나 철학의 근본 문제도 해결되는 거죠.

인간 스스로의 문제 해결은 하여튼 간에 (손을 흔들며) 지금 '이것!' 밖에 없습니다. 이게 근본적인 해결입니다. 이것은 어떤 객관적인 게 아니고 자기 삶의 문제이기 때문에, 아무리 훌륭한 과학자든 경제학자든 수학자든 정치학자든 학문에는 훌륭할지 모르지만, 자기 삶의 문제에 들어가면 초등학생과 다름없는 거라. 아무 해결책이 없는 거예요. 그냥 그렇게 살아가는 거죠. 그러니까 사실은 이 문제는 자기 삶의 문제이기 때문에 모든 사람이 공부를 해야 되죠. 모든 사람이 공부를 해서 자기 존재의 실상을 밝혀 모든 번뇌에서 해방되고 벗어나야 하는 거죠. 그건 간단한 겁니다. (법상을 치며) 이 일 하나뿐이거든요.

저도 옛날에 공부를 하면서 처음에는 그런 생각을 했는데, '인간은 정말 신비한 존재다. 무궁무진한 비밀을 간직하고 있는 거다.' 그렇게 생각을 했어요. 그래서 철학도 공부하고 여러 가지 책도 보고 했지만, 문제는 심리학이니 철학이니 하는 인간에 관한 여러 가지 얘기들이 전부 자기가 말하고 있는 거예요. 그러니까 그 순간에 자기의 생각을 말한다든지, 자기 나름대로 이론을 만들어 말하든지 하지, 정말 근본적인 내 삶의 문제로 다가와서 지금 이 순간 당면한 내면의 살아 있는 문제의 해결을 제시하는 건 없어요. 그것을 제시하는 건 딱 불교밖에는 없는 거예요. 불교는 당장 살아 있는 내 삶 자체, 존재 자체의 문제를 해결해 주는 거니까. 불교에 대한 시각도 단순한 마음공부 같은 이런 간단한 문제가 아닙니다. 근본적으로 자기의 존재, 세계의 존재에 대한 시각이 바뀌고 삶에 대한 태도도 바뀌는 것이고, 내면에 변화가 일어나는 것이죠. 이것은 근원적인 문제죠. 하여튼 불법이라는 걸 가볍게 보지 마시고, 공부를 하면 "인간으로 태어나서 할 수 있는 게 이 공부다"라고 말하듯이, 이 공부의 진면목을 맛볼 수가 있습니다.

6

태양을 덮을 수 없듯이

마하무드라의 노래 6번 게송입니다.

오랜 시간의 어둠이 불타는 태양을 덮어 버릴 수 없듯이,
무한한 세월 동안의 윤회도 마음의 밝은 빛을 감출 수 없다.

그렇죠. 수십 년 동안 캄캄했던 지하실도 들어가서 불을 한 번만
딱 켜면 즉시 밝아져 버리듯이, 아무리 오랫동안 번뇌 속에 휩싸여
망상 속에서 살고 있다 하더라도 즉시 해결됩니다. 사실은 우리가
(손가락을 세우며) '이것!'을 항상 갖추고 있습니다. 그렇기 때문에 여
기에만 딱 초점이 맞아 버리면 그때부터는 문제가 없어져 버리거
든요. 물론 습관의 문제는 다른 겁니다. 근본적인 문제는 즉시 밝혀
지죠.

습관이 문제라는 것은 어둠 속에 불을 문득 켜 놓았는데 또 불을
꺼 버리는 습관이 있으니까, 그것은 좀 더 시간이 필요한 거죠. 버릇

을 고치려면 많은 시간이 필요하지만, 불을 탁 켜서 즉시 어둠이 사라지고 아무 일이 없다 하는 것은 순간적인 문제거든요. 그래서 돈오돈수(頓悟頓修) 이런 표현도 하는 건데, 깨달음에는 시간을 요하는 수행이 필요 없는 것이다…… 그러나 버릇을 말할 때는 돈오점수(頓悟漸修)라는 말이 해당이 되는 거고. 버릇은 점차 점차 바뀐다 이 말이니까, 그런 방편의 말도 쓰는 겁니다.

어쨌든 공부하는 사람이 그런 말을 염두에 둘 필요는 없고, 한 번 불을 켜야 하고, 켠 뒤에 불을 끄지 않도록 하면 돼요. 그러면 되지, 딴 건 필요가 없는 거죠. 지금 (손을 흔들며) '이것!'이고 이 일이거든요. 여기에 한번 딱 분명해지고 나면 이 자리에 있으려고, 자기 스스로도 억지로 애를 쓸 필요는 없지만, 그런 정도로 마음이 이쪽에 기울어져 있어야 되는 거죠. 그러다 보면 점차 점차 이렇게 달라지는 거죠.

어쨌든 이 얘기는, 깨달음이라는 것은 돈오다, 즉시 와 닿는 것이다, 문득 와 닿는 것이지 계단 올라가듯이 단계 단계 되는 건 아니다, 불이 어두워졌다가 1도 2도 3도 그렇게 되는 건 아니다 이거예요. 스위치를 탁 올리면 즉시 켜지듯이 그런 거와 같은 거죠. 스위치를 올리면 불이 점차 점차 밝아진다? 그렇지 않잖아요. 딱 켜면 바로 딱 밝아지죠. 그런 거와 같은 거죠. 하여튼 (법상을 치며) 이 일 하나예요. 딴 건 없습니다. 어쨌든 이것만 와 닿으면 됩니다.

우리가 이 자리에 있으면서도 이게 잘 와 닿지 않는 이유가 뭐냐 하면, 생각이 앞장서기 때문에 그런 겁니다. 생각이 앞장서면 이것을 가려 버려요. 그러면 이게 희미해져 버려요. 생각이 앞서지 않고 법이 앞에 서도록 하는 게 공부예요. 가끔씩 말씀드리잖아요? "법이 스스로 나타나야 한다." 생각이 앞장서면 안 된다는 거예요. 법 스스로가 나타나서 딱 드러났을 때, 법이 앞장을 서는 요령을 익힐 수가 있어요. '아, 이거구나' 하고 저절로 드러났을 때……. 그런데 의식적으로 법을 찾아서 '아, 그래 이거구나' 할 때는 생각이 앞장서 있는 거예요. 그렇게 해서 법을 의식할 수도 있지만, 그것은 힘이 없어서 금방 끄달립니다. 어떤 경계가 나타나면 잃어버리게 되고. 그런 것은 힘이 없어서 안 되고, 저절로 이 법이 나타나서 저절로 '어, 이것!' 하고, 오히려 생각은 나타난 법을 뒤따라가면서, '어, 이것.' 이런 식으로 하게 되면 감각이 생기는 거죠. '아, 이것이다' 하고 전혀 힘들이지 않고 항상 이 자리에 있을 수 있다 할까? 그런 감각이 생기는 거죠. 하여튼 (손가락을 세우며) 이 일 하나입니다. 이 일 하나이지 딴 건 없어요.

마음? 심오하고 신비스럽고 복잡한 게 아닙니다. 아주 단순한 겁니다. 너무 단순해서 허공이라고 표현하잖아요. 허공? 아무것도 없잖아요. 심리학에선 마음은 아주 신비롭고 한없이 탐구할 구석이 있다고 하는데, 망상이에요. 마음에는 아무 신비스러움도 없고 아무것도 없고 그냥 허공이에요. 그냥 분명할 뿐이고 아무것도 없어요. 망상을 따라가면, 예를 들어 자기의 감정을 따라가면 감정이라는 것은 끝이 없잖아요? 자기 경험을 따라가면 이것도 끝이 없어요. 자기 생각을 따라가도 끝이 없어요. 꼬리에 꼬리를 물고 자꾸 일어나니까. 그런 것을 따라다니니까 '아, 마음이 끝이 없구나' 이런 헛소리를 하는 거죠. 그게 바로 어둠이라는 거예요.

그래서 밝음이 확 켜지면 즉시 아무것도 없어요. 아무 일이 없는 거죠. 마음은 아주 단순한 겁니다. 허공과 같아요. 심리학이라는 게 망상을 탐구하면서 이러쿵저러쿵하는 거지요. 모르죠, 그런 걸 필요로 하는 사람이 있을는지는. 하여튼 (법상을 치며) 여기서 딱 끝이 나는 겁니다. 마음의 신비는 여기서 딱 끝이 나고, 마음은 너무나 뚜렷하고 단순한 겁니다. 명쾌한 것이고. 마음이 끝이 없다고 여기는 사람은 마음을 겁을 내요. 저 안에 무엇이 숨겨져 있을지 모르니까. 무슨 둔갑을 부릴지 모르잖아요? 그래서 보통 사람들은 자기 마음에 겁을 냅니다. 내 마음이 무슨 둔갑을 부릴지 모르니까. 그게 더 심해지면 정신병이 되는 거예요. 자기 마음을 자기가 이길 수가 없어서 두려워하는 거죠.

이 공부는 마음을 항복시킨다고 그러죠. 항복시키는 정도가 아니고 싹 없애 버리는 거예요. 열반이라는 게 바로 그런 뜻이거든요. 항복시켜서 마음을 데리고 다니는 게 아니고 없애 버리는 거예요. 열반은 적멸이거든요. 그래서 "무심(無心)이 도(道)다"라는 말을 하는 거라. 마음 없는 것이 바로 깨달음이다…… 도라는 말은 깨달음이라는 말입니다. 보리라는 말을 번역할 때는 도(道)라고 번역하는데, 깨달음이라는 뜻이에요. 깨달음이라는 말이거든요. 마음이 어디 있어요? (손을 흔들며) 그냥 이것뿐이지, "이것뿐!" 이렇게 또랑또랑하죠. 아무것도 없는 허공이 뚜렷뚜렷하게 살아 있을 뿐이다 이 말이에요.

이것뿐이지, 여기에 또 뭐가 있어요? 이 일 하나예요. 마음이라는 건 없어요. 마음이 조화를 일으켜서 온갖 감정, 애욕의 감정, 두려움의 감정, 탐욕의 감정, 분노의 감정 등 온갖 것들이 나타나지만 전부다 망상이죠. (손가락을 세우며) 이게 바로 조복이라고 하는 건데, 그래서 이 자리가 모든 마음의 어둠을 몰아내는 밝음의 자리이고 광명입니다. (법상을 치며) '이것!'이 모든 걸 조복시키는 겁니다. (손을 흔들며) 이 일 하나입니다.

말은 이렇게 쉽게 하지만, 정말로 얼마나 이렇게 분명하게 되느냐 얼마나 뚜렷하게 되느냐 하는 문제는 결코 그렇게 쉬운 건 아닙니다. 우리의 의식이 비록 허망하지만, 그 허망한 의식이 사라지지는 않습니다. 꿈속에서 꿈을 깬 거와 같다고 말씀드리잖아요. 꿈을 깨서 꿈에 속지는 않지만 꿈이 사라지는 것은 아니에요. 삶이 꿈과 같다고 하지만, 그 꿈과 같은 삶이 계속되잖아요? 언제든지 속아서 끄달릴 가능성이 있다는 겁니다.

그래서 이것을 칼날 위를 걷는 거와 같다고 하고, 외나무다리를 건너는 거와 같다고 하는 거예요. 언제든지 오염될 수가 있고 속을 수가 있죠. 그렇게 오염되지 않고 속지 않는 유일한 자리가 바로 이 초점이 딱 맞다, 라는 이거거든요. 여기에 초점이 딱 맞으면, 이런저런 마음이라는 경계에 오염되지 않고 속지 않고, 이렇게 밝고 뚜렷하고 아무 일이 없는 거죠. 텅 빈 허공이지만 온 천지가 살아 있는 생생하고 뚜렷한 허공인 거죠. 죽어 있는 허공이 아닙니다.

그러니까 (손을 흔들며) '이것!'을 확보하는 것이고 이게 한번 딱 뚜렷해지면 이게 바로 마하무드라예요. 아무것도 없으니까 '마하무드라'라고 하죠. 마하무드라에서는 무조건 쉬어라고 하는데, 잘못하면 그것은 쉰다는 경계에 떨어질 수 있습니다. 무조건 '쉰다'라는 말만 해서는 안 되고, 아무 일이 없다는 것에 치우쳐서도 안 되고, 이게 분명해야 합니다. 이게 분명해지면 '있다, 없다'라고 하는 양쪽에 떨어지지 않고 아무 일이 없지만, 그렇다고 아무 일이 없는 곳에 머물러 있어서는 안 됩니다. 아무 일이 없다고 하는 거기에 머물면 그것도 하나의 경계입니다. 옛날부터 선사들이 늘 하는 말이 있어요. 일없는 방 안에 앉아 있지 말라고 그랬어요. 아무 일이 없다고 편안하게 방 안에서 밖으로 나오지도 못하고 갇혀 있지 말라 이거죠. 그것은 경계입니다. 그것은 불법이라고 할 수 없고 치우친 거죠.

그래서 "이겁니다" 하는 여기에 딱 들어맞아야 자유롭게 자유분방하게, 어디에 갇혀 있거나 머묾이 없이 뭐든지 마음대로 하면서도 항상 아무 일이 없는 거예요. 자유자재하게 걸림이 없으면서도 늘 텅 비어서 아무 일이 없는 것이지, 아무 일이 없는 것에 머물러서는 안 된다…… (손을 흔들며) 이것뿐이거든요. 이게 분명하면 언제든지 이것뿐이죠. (법상을 치며) 이게 분명하면 항상 그저 이것뿐이고, 아무 일이 없는 거죠. 어쨌든 '이것!' 하나가 좀 더 뚜렷해집니다. 그게 점차 그렇게 될 거예요. 하루아침에 딱 그렇게 되지는 않지만, 더 깊이 공부 속으로 들어올수록 이게 더 생생해지고 뚜렷해지고 분명해집니다.

그럴수록 반대로 세속이라고 하는 여기에 대해서는 관심이나 집착이나 끄달림이 자꾸 줄어들고, 세속 일은 뒷전이 되어 버리고, 항상 이게 앞에 딱 분명하게 되는 거죠. 이게 공부하는 사람의 공부

자세죠. 세속 일을 잘하려고 공부하는 거 아닙니다. 공부를 분명하게 하면 이 세계의 실상을 지혜로 꿰뚫어 보고, 그 실상에 여법하게 알맞은 그런 삶이 되는 거죠.

이것은 삶이죠. 공부는 삶이죠. 어떤 무엇을 보는 관점이나 세계관 이런 걸 세우는 게 아니고, 매 순간순간의 생생한 삶이다 이 말이에요. 매 순간순간의 삶이고 존재고, 여기서 세계를 바라보는 이런 올바른 지혜가 딱 갖추어지는 거죠. 공부는 삶이에요. 무슨 견해나 가치관이나 관점, 이런 게 아닙니다. 순간순간의 삶이죠. 자기가 어떤 삶을 사느냐 하는 문제죠. (손을 흔들며) 이게 분명하면 세상을 바라보는 지혜가, 이 세계 실상을 바르게 보는 지혜가 갖추어지기 때문에 항상 아무 일이 없는 거죠. 아무 일이 없고, 속지도 않고, 항상 이렇게 분명한 것이고, 하여튼 (손을 흔들며) 이 일 하나입니다. 이일 하나. 바로 지금 이거란 말입니다.

딱! 딱! 딱! (죽비 소리)

7
모든 것을 품고 있다

마하무드라의 노래 7번 게송입니다.

비록 공(空)을 설명하려고 말을 하지만,
그렇게 해서 공이 표현되는 것은 결코 아니다.
비록 '마음은 불빛처럼 밝다'고 말들을 하지만,
마음은 모든 말과 상징을 넘어서 있다.
비록 마음이 본질적으로 공(空)이지만,
마음은 모든 것을 받아들여서 품고 있다.

비록 공을 설명하려고 말을 하지만…… 지금 여기서 '마음이 어떻다, 그런 게 아니다' 이런 말조차도 결국 말이죠. "말로는 마음을 설명할 수 없다"라는 말도 역시 말이거든요. 그러니까 이런 말조차도 버리고 실제는 지금 (손을 흔들며) '이것!'입니다. 이것을 말로 표현할 수 없다는 말도 역시 말이니까 실제는 이것뿐인 거죠.

어쨌든 말을 말로서 듣지 말고, '이것!' 하나가 확인되어야 해요. 하여튼 이것은 뭐라고 말할 수 없죠. 왜? 말하기 이전에 즉시 이것이 분명하기 때문에. 말하기 이전에 벌써 보고 · 듣고 · 느끼고 하는, 언제든지 항상 이렇게 이것이 분명하기 때문에 말을 하든 안 하든 상관없는 거죠. 언제든지 어디서든지 항상 한순간도 다른 일이 없이 그냥 '이것!'이기 때문에 이것은 '어떻게 말하느냐 마느냐'와는 아무런 상관이 없는 거예요. 말을 한다면 이쪽으로 이끌어 들이기 위한 하나의 방편이고 수단에 불과한 거죠.

그러니까 어쨌든 공부하는 사람은 즉시 (손을 흔들며) '이것!'이 분명하고, 여기에 통해야 합니다. 언제든지 여기에 한번 통하면 더 이상 '이것!'을 찾지 않게 되는 겁니다. 여기에 통했느냐 통하지 못했느냐 하는 결정적인 차이는 거기에 있는 거죠. 계속 이것을 찾고 있으면 여기에 통하지 못한 거고, 통했으면 찾을 이유가 없는 것이죠.

항상 이 자리에 있고 항상 나타나 있는 거니까 찾을 이유가 없는 거죠.《능엄경》에서는 이 공부를 자기 머리를 찾는 거와 같다고 했는데, 자기 머리를 확인했으면 그것으로 끝이지 자꾸 또 찾아야 할 머리가 여러 개 있는 게 아니거든요. 그러니까 (손을 흔들며) '이것!'을 확인했으면 언제나 이것이고 언제든지 이 자리여서, 더 이상 찾을 것도 없고 할 일도 없어지는 거죠.

그러나 이것을 찾았다고 해도 이게 아직 명확하지 못하면, 뭔지 모르지만 뭘 찾은 것 같긴 한데 분명하지가 않아요. 그러면 또 찾으려고 하는 욕구가 발동할 수 있어요. 그렇기 때문에 이것을 확인한 뒤에는 늘 이 자리에 있고 이것이 분명하다는 감각이 생겨야 하는 거거든요. 그것은 여기에 익숙해졌다는 의미입니다. 여기에 익숙해졌다는 의미이기도 하고, 좀 더 초점이 잘 들어맞아서 틈이 없어졌다는 그런 의미이기도 한데, 틈이 없어졌다는 경험을 하게 되면 그 다음부터는 이 공부라든지 법이나 본질에 대한 의식이 없이 그냥 일상적으로 생활하는데, 생활하는 순간순간 여기에 대한 감각이 저절로 갖추어져 있게 돼요. 그러니까 공부를 챙길 필요가 없어지는 거죠. 그것이 〈심우도〉에서 얘기하는 '사람도 소도 사라졌다'는 그런 말이거든요. 그러니까 계속해서 이 법을 확인하고 잃어버리지 않게끔 챙기고 할 때는 아직 소를 키우고 있는 거거든요.

그런데 그게 더 초점이 정확하게 들어맞게 되면, 뭔가를 챙긴다는 그런 의식이 없어져 버리고, 생활 속에서 경계와 인연을 따라서 물 흐르듯이 그냥 사는데, 모든 경계와 모든 인연 위에서 항상 '이것!'을 확인하게 된단 말이에요. (법상을 치며) 여기에 있다는 감각이 있죠. 말하자면 항상 초점이 맞아 있다 할까? 그렇게 되는 건데, 스스로가 자기를 어그러뜨리지 않으면 아무 일이 없게 되는 겁니다. 그런데 스스로가 자기를 어그러뜨리면, 억지로 욕심을 내서 뭘 찾거나 하면, 그게 망가져 버려요. 망상을 일으키니까요. 그런 요령이 저절로 생겨요. 망상을 따로 일으킬 필요가 없다는 요령이 생기고, 점차 그런 식으로 초점이 맞아 들어가는 건데, 그런 감각들은 자기 경험을 통해서 저절로 체득이 되는 겁니다.

어떤 가이드북 같은 게 있거나 안내서가 있어서 그 안내하는 대로 따라 하면 된다는 식의 공부는 절대 아닙니다. 마치 육체를 다이

어트 하거나 운동을 해서 가꾸어 보는 것처럼, 자기가 직접 경험해 봐야 되는 것처럼, 마음이라는 것도 똑같아요. 자기가 직접 경험을 해서, 그 경험을 통해서 바른 길을 찾아가는 거죠. 물론 경전이라든 지 조사들의 말씀이 참고가 되는 부분이 있지만, 그것에 맞출 필요 는 없다는 겁니다. 모든 것은 자기 스스로의 마음이고 자기 스스로 가 모든 진실의 근거가 되는 거죠. 하여튼 '이것!'입니다. 자기 스스 로가 따로 있는 게 아니고 지금 (손을 흔들며) '이것!'입니다.

　물론 자기 스스로라고 하는 의식이 생기면 안 됩니다. '이게 바로 내 마음이구나' 하게 되면 그건 마음이 아니고 망상이에요. 이 법을 의식하게 되면 바로 망상이 되는 겁니다. 법에는 의식되는 게 없어 요. 의식이 되는 게 아니고, 그냥 항상 (손을 흔들며) '이것!'이지, 이게 의식이 되는 건 아니란 말이에요. 이게 참 묘한 건데 의식이 되지 않지만 이렇게 분명하다는 거예요. 이게 진짜 체험이고 깨달음이라 고 하는 거죠. 세속의 일은 의식이 되고, 의식이 됐을 때 '이렇구나' 하고 알잖아요? 그런데 '이것!'은 그런 게 아니란 말이죠. 의식이 되 는 게 아니죠. 그래서 이것을 "깨달아 있다", "깨어 있다" 하고 표현 을 하는 것 같은데, 아무 의식이 없이 그냥 '이것!'이란 말이죠. 의식 이 있는 건 아니지만, 이렇게 항상 분명하고 다른 일이 없어요.

　반야라는 게 이렇게 "묘하다"라는 이런 표현을 쓸 수밖에 없는 건 데, 이해할 수 있는 게 아니고 의식할 수 있는 게 아니기 때문에 묘 하다고 하는 겁니다. 의식이 아닙니다. 의식이라는 것은 뜬구름 같 은 것이고 허망한 겁니다. (손가락을 세우며) '이것!'은 절대 말할 수가 없습니다. 이것은 항상 변함없이 진실한 그대로 있는데, 자기 스스로가 의식 속에 들어갔다 나왔다 하면서 스스로가 허망했다 진실했다 그렇게 하는 것이지, 법이 그렇게 될 수는 없어요. 그러니까 이것은 항상 진실한 것이고, 언제나 변함이 없는 것이고, 언제나 분명한 건데, 자기 자신이 의식이라는 안개 속으로 들어갔다 나왔다 하는 거라. 의식은 안개와 같아서 흐릿하고 허망하죠.

그러나 '이것!'은 그런 게 아니고 불교 교리의 용어를 빌려서 대혜종고 같은 분이 어떻게 표현을 했느냐 하면, '현량(現量)'이라는 표현을 씁니다. 불교 논리학에 비량(比量), 현량(現量)이란 말이 나와요. 비량이라는 것은 우리가 인식을 해서 아는 겁니다. 비량은 '비교적으로 안다'라는 거거든요. 인식을 해서 이것과 저것을 분별해서 안다는 것을 비량이라고 해요.

현량이라는 것은 뭐냐면 그냥 드러나 있다는 거예요. 이것과 저것을 분별하지 않고 항상 드러나 있다는 겁니다. 그런 뜻이거든요. 이것과 저것을 비교하고 분별하는 것은 우리의 의식입니다. 그냥 항상 드러나 있는 것은 의식이라고 할 수가 없어요. 눈으로 보이는 모습으로 드러나 있다는 뜻은 아닙니다. 눈으로 보이고 귀에 들려서 드러나 있다는 뜻이 아니고, 그냥 항상 드러나 있다 이 말이에요. 어떤 정해진 모양 없이 눈에 보이는 것도 아니고 귀로 들리는 것도 아니고 손에 잡히는 것도 아니고 항상 드러나 있어요.

그래서 존재감이라는 표현을 쓰는 사람도 있거든요. 이것은 방편의 말입니다. 어쨌든 어떤 말로도 표현할 수가 없는 것이고, (손을 흔들며) 그냥 '이것!'이다…… 제일 좋은 건 무의미한 가리킴이 제일 좋아요. 그냥 그렇게 통해야 돼요. 경상도 말에 그런 거 있잖아요. 대명사만 쓰는 거 있어요. "갸가 갸지" 하면 무슨 말인지 다 알거든요. 그런 식으로 '이것!'은 그냥 "이것이죠" 하면 그냥 이것이지, 여기에 대해 설명을 붙이면 망상이 됩니다.

"그게 그거다" 하면 그 말만 들으면 모르잖아요? 그러나 그 맥락 속에 있는 사람들은 다 알아요. (손가락을 세우며) 이것이지 이것! 이게 이렇게 분명한 거거든요. 하여튼 자기가 정확하게 딱 들어맞으면 너무나 당연하고 너무나 명백한 것이고, 이것을 우리가 왜 모르고 사는지 궁금할 정도로 당연하고 명백한 것이죠. '이것!'이 본질이라는 것은 분명한 겁니다. 이것은 변함이 없으니까.

이것은 시간과 장소에 따라서 전혀 변할 수가 없는 겁니다. 우리의 기분에 따라서 이것이 변하는 것은 아니에요. 기분, 생각, 느낌은 변하지만 이것은 변할 수가 없는 거죠. 그러니까 이것은 아주 본질적인 거죠. 허공이 그렇잖아요. 옛날 사람은 하늘이 허공이라고 알잖아요. 하늘은 날씨에 따라서 시각에 따라서 계속 모습이 변합니다. 낮과 밤이 다르고, 구름도 생겼다 사라지고, 비올 때, 맑을 때, 눈 오는 날, 하늘은 시시각각 달라지지만, 이 하늘이란 허공은 항상 그대로라는 것을 옛날 사람들도 알고 있었어요. 그러니까 허공이란 표현을 쓴 거라.

겉으로 드러나는 모습은 계속 변하지만 하늘은 항상 하늘이에요. 그래서 그런 비유를 쓴 거거든요. 의식은 끊임없이 변하지만 (손을 흔들며) '이것!'은 항상 변함없이 이것이죠. 변화하는 날씨와 하늘이 따로 있는 건 아니잖아요. 그런 것처럼 이것도 변화하는 의식과 달리 따로 허공이라는 게 있다는 건 아닙니다. 그러니까 이것이 묘한 건데 생각으로는 알 수가 없죠. 오로지 자기가 이것을 체험해 봐야 저절로 알 수 있죠.

여기에 통하고 이것이 분명하면 쉬어지는 겁니다. 왜 쉬어지냐면, 우리가 '쉰다, 쉬지 못한다' 하는 것은 의식의 활동이 있느냐 없느냐의 문제거든요. 쉬지 못한다는 것은 끊임없이 뭔가를 의식하고 있고, 인식하고 있고, 분별하고 있을 때 쉬지 못하는 겁니다. 그런데 이것은 쉴 수밖에 없는 게, 의식하거나 분별하거나 할 아무 그런 게 없으니까 당연히 쉬어질 수밖에 없죠. 마음이 아무런 활동을 할 필요가 없는 겁니다.

이것에 통하면 우리가 뭘 인식할 필요도 없고, 의식할 필요도 없고, 노력할 필요도 없고, 아무것도 할 필요가 없거든요. 모든 게 다 드러나 있는 거니까. 이것을 확인하는 게 쉬는 거고, 이것이 분명해지고 밝아지는 게 바로 쉬는 겁니다. 이게 만약에 의식 속에 분별되는 거라면 쉬지를 못하죠. 계속해서 분별해야 하고 의식해야 하니까요.

그렇기 때문에 이것과 소위 '알아차린다'라는 것과는 전혀 다릅니다. 알아차린다는 것은 끊임없이 의식을 해야 하거든요. 그러니까 쉬지 못하는 거예요. 그러나 이것이 확인될 때는 쉬어지는 거라. 아무 할 일이 없다니까요. 이것이 분명하다 할 때는, 온갖 망상과 분별과 노력이 쉬어질 때 이것이 분명해지는 겁니다.

그래서 옛날에도 표현을 한 게 "찾으면 없지만, 찾지 않으면 눈앞에 있다"라고 했는데, 딱 이 말입니다. 찾는다는 것은 우리가 노력을 하는 것이고 애를 쓰는 것인데, 찾지 않는다는 것은 아무것도 안 한다는 거예요. 아무것도 안 할 때는 분명한데, 노력을 하고 애를 쓰면 오히려 알 수가 없다는 거예요. 이게 바로 그런 거죠. 그러니까 이것만 확인되어 버리면 되는 거지, 아무 딴 건 없습니다. 이것만 확인되면 저절로 여여하단 말이죠. 저절로 해당이 되는 거니까. 그러니까 성성적적이라는 게 말이 돼요. 뚜렷한데 고요하다 이 말이에요. 아무 할 일이 없다는 거죠. 하여튼 이것 하나를, (법상을 치며) '이것!'인데, 그런데 설명은 안 되죠.

비록 공(空)을 설명하려고 말은 하지만, 그렇게 해서 공이 표현이 되는 건 아니다…… 표현이 된다는 것은 인식한다는 거고, 의식한다는 거고, 분별한다는 거잖아요. 그렇게 되는 건 아니죠. 그러니까 이것은 (손가락을 세우며) "이겁니다" 하고 그냥 통해서 스스로에게 한 번 와 닿는 것, 이것밖에는 길이 없는 겁니다. 하여튼 이 일 하나입니다. 불교 경전이 어떻게 보면 아주 심오하고 세련된 말 같지만 사실은 이 입장에서 보면 굉장히 서투른 말이죠. 서투르다는 게 뭐냐면, 말할 수 없는 것을 말로 하다 보니까 억지가 많이 들어가 있어요.

말할 수 없는 것은 말을 하지 않고 이렇게 체득이 되어야 하는 거예요. 생각할 수 없는 것은 생각 없이 체득이 되어서 저절로, 그러니까 긴 말이 필요가 없는 거예요. "이것이다!" 하면 여기서 끝이 나버려야 하는 거죠. 이런저런 말을 하면 자꾸 헤아리게 되니까, "이것이다!" 하면 여기서 딱 끝이 나 버려야 되는 거라. 그러니까 선(禪)은 단도직입이라는 게 그런 거거든요. "도가 뭐냐?" 하면 (손을 흔들며) "이겁니다!" 하고 딱 끝이 나 버려야 하는 거예요. 이런저런 긴 말이 붙으면 안 되는 거죠. 그러니까 (손가락을 세우며) '이것!' 하나예요.

비록 공(空)을 설명하려고 말을 하지만,
그렇게 해서 공이 표현되는 것은 결코 아니다.
비록 '마음은 불빛처럼 밝다'고 말들을 하지만,
마음은 모든 말과 상징을 넘어서 있다.

진실한 마음이라는 것은 말 속에 있는 건 아니죠. 말을 하든 말을 하지 않든 상관이 없는 거니까. 말을 하든 침묵을 하든 아무 상관이 없는 것이고, 의식할 필요 없이 저절로 드러나는 것이다…… 그래서 그런 말씀을 드리는 거예요. 진실은 저절로 드러난다…… 찾아서 의식할 필요 없이 저절로 드러나는 게, 공부가 깊어지면 찾지 않아도 평소에 저절로 이게 드러나요. 저절로 드러나서 감각이 생기는 거죠. 그러니까 이것은 그런 식으로 저절로 드러나서, 찾지 않았는데 이 법이 저절로 드러나서 감각이 생길 때, 그때부터가 진짜 공부입니다.

그런데 그게 쉽게는 안 돼요. 우리는 분명하지 않으니까 자꾸 찾고 챙기고 하는 건데, 어느 때가 되면 찾지 않고 챙기지 않았는데 이놈이 저절로 드러나요. 그렇게 감각이 생겨야 내팽개쳐 두고 있어도, 공부니 법이니 팽개쳐 두고 있어도 저절로 이놈이 드러나서 따로 공부할 필요가 없게 되는데, 그 감각만 챙기면 되는 거라. 이게 진짜 자기 살림살이가 되는 겁니다. 그러니까 이런 식으로 저절로 이놈이 드러나야 해요. 그 전에는 흥분도 하고 '법이다' 하고 붙잡고 감격도 하고 하는데, 이것은 의식이 하는 거거든요. 실제 이 법은 감격할 것도 없고 흥분할 것도 없이 너무나 당연한 그런 겁니다. 너무나 당연하다는 것은 항상 이 속에 산다는 거고, 이것을 갖추고 있다는 거죠.

비유를 하자면 뉴턴이 사과 떨어지는 것을 보고 만유인력을 발견했잖아요? 법칙까지 계산을 해냈는데, 그 당시에 엄청나게 흥분했을 겁니다. '아, 우리가 이런 인력 속에 사는구나' 하고. 그런데 원래 그렇게 살았잖아요? 원래 우리가 만유인력 속에서, 중력 속에서 살아왔잖아요. 그런데 그것을 모르고 살다가 그것을 딱 발견할 당시에 얼마나 흥분했겠어요? 사실은 우리는 항상 그렇게 살아왔고 늘 그렇게 살고 있는 건데. 그런 거와 같아요. 이것을 처음에 딱 경험을 하면 감동을 하고 흥분을 하지만, 나중에 보면 늘 그렇게 살아온 것이고 늘 이 일인데 이것을 그동안 모르고 살았던 거죠. 깨닫지 못하고 살았던 거죠.

그러니까 중생과 부처는 법이라는 본질적인 입장에서는 아무 차이가 없는데, 깨달았느냐 못 깨달았느냐, 그 차이가 있을 뿐이란 말이죠. 그러니까 평상심이 도라는 말이 그런 거거든요. "평소 이 마음이 도다." 평소에 우리가 이 마음 하나 가지고 살고 있는 건데, 이것을 깨달아서 여기에 대한 감각이 항상 있느냐? 감각이 있으면 우리는 의식이나 분별이라든지 이런 경계를 좇아다니질 않아요. 항상 변함없는 (손을 흔들며) '이것!'이 진실이니까 늘 이 자리에 있는 것이고, 이것을 확인하지 못하면 우리는 뭔가를 찾아서 헤매게 됩니다. 근본 자리를, 본질을 찾지 못했기 때문에 뭘 찾아서 헤매게 되죠. 그러니까 뭔가를 끊임없이 찾을 수밖에 없습니다. 그런데 이 자리가 확인되고 이 자리에 있으면 더 이상 찾으려고 하는 욕구가 안 생기고 그냥 '이게 다' 하는 게 분명해지죠.

그래서 이것을 구경(究竟)이라고 하는 거거든요. '구경'은 한자인데 마지막이라는 뜻이고 끝이라는 뜻이에요. 더 이상 없다는 말입니다. 구(究)나 경(竟)이나 끝이라는 말이거든요. 끝, '더 이상 없다'라는 것. 그것은 이게 분명해지면 저절로 확신이 되고 저절로 그렇게 되어 버려요. 그러니까 이런 게 있고 저런 게 있고 여러 가지가 있는 것처럼, 심오한 법은 끝도 없이 여러 가지가 있는 것처럼 얘기를 한다면, 그 사람은 아직 이것을 확인하지 못했다고 할 수가 있겠죠. 구경은 이게 분명한데, 문제는 여기에 얼마나 더 가까이 가느냐? 더 깊어져서 확실해지느냐? 그 문제가 있을 뿐이에요. 딴 게 있는 건 아닙니다.

허공은 본래부터 하나밖에 없고, 얼마나 허공에 가까워지느냐? 더 익숙해지느냐? 그 문제가 있는 거죠. 그런 거지 허공 뒤에 또 다른 허공이 있는 건 아니에요. 그래서 공(空)이라는 표현도 경전에 보면 그냥 공이라고 하지 않고 필경공(畢竟空)이라는 표현을 썼어요. 필경이라는 것은 구경하고 같은 뜻이에요. 필(畢), 구(究), 경(竟), 모두 끝이라는 말이거든요. 그냥 공이라고 표현하지 않고 《반야경》 계통에서는 필경공이라는 표현을 씁니다. 그러니까 필경이라는 것은 '끝내 이것밖에 없다'는 뜻이에요. 이것은 (법상을 치며) '이것!'뿐입니다. 공이라는 표현을 쓰는 것은 이게 인식이 안 되고 분별할 수 없는 것이기 때문이죠.

마음은 모든 말과 상징을 넘어서 있다.
비록 마음이 본질적으로 공(空)이지만,
마음은 모든 것을 받아들여서 품고 있다.

그러니까 "색즉시공 공즉시색 (色卽是空 空卽是色)"이라고 하듯이, 텅 비어서 아무것도 없지만 모든 것이 다 있다 이 말이에요. 모든 것을 다 가지고 있지만 텅 비어서 아무것도 없는 게 마음이거든요. 그래서 마음을 표현할 때는 "있는 것이 곧 없는 것이다", "공이 색이고 색이 공이다"라고 하듯이, 있음과 없음의 양쪽을 가지고 말하는 거죠.

여기서도 "마음은 본질적으로 공이지만 또한 모든 것을 품고 있다"라고 표현한 거죠. 우리가 있는 것을 좇아가면 세속이라 하고, 없는 것을 좇아가면 출세간이라고 그러는 겁니다. 우리는 그동안 세속에 살면서 뭔가가 있다는 것만 좇아다녔기 때문에 거기에 완전히 오염이 되어 있죠. 이게 중생살이거든요. 그러나 '본래 아무것도 없는 거구나' 하고 깨치고 거기에 익숙해지는 것은 소를 키우는 거예요. 소를 키우는 동안에는 있는 것에는 멀어지고 없는 것에 익숙해지는 과정이 되는 겁니다.

이것을 체험한 뒤에 공부라고 할 수가 있는 건데, 그게 자꾸 깊어지다 보면 있음과 없음이라는 양쪽이 사라지고, 세계의 실상이라는 것은 있기도 하고 없기도 하고, 있는 것도 아니고 없는 것도 아니고, 양쪽이 아니고 하나의 세계가 되어 버리는 겁니다. 있음을 피할 것도 없고 없음을 취할 것도 없게 되는 거라. 그게 바로 소도 사라지고 사람도 사라진다고 하는 겁니다.

그러니까 뭔가 있는 것에 사로잡혀 있는 사람은 중생이고, 공을 깨달아서 없는 것을 자꾸 추구하는 사람은 부처인데, 나중에 있는 것도 아니고 없는 것도 아닌, 있음과 없음의 양쪽을 버리지도 않고 추구하지도 않게 되면 보살이라고 그러는 겁니다. 그래서 대승은 보살도라고 하는 거예요. 부처의 길도 아니고 중생의 길도 아니고 보살의 길이다 하는 겁니다. 우리 공부가 그런 식으로, '아무것도 없구나' 하는 것을 경험하고 거기에 익숙해지는 시간이 필요한데, 그러다 보면 나중에는 '없음'이라는 게 따로 없고 '있음'이라는 게 따로 없는, 그게 둘 아닌 불이법문(不二法門)에 계합하는 거거든요. 어쨌든 대충 그림을 그리면 공부는 그렇게 되는 겁니다.

그것을 천태학에서는 뭐라고 하느냐 하면 '공가중(空假中)'이라 하는 거예요. 가(假)라는 것은 뭔가 있는데 가짜 환상이 있는 거죠. 없는 것은 공(空)이라 그러고, 있음과 없음이 따로 없이 하나가 되는 걸 중(中)이라 해요. 중도를 이루면 제대로 된 깨달음이다…… 그런 식으로 '공·가·중'이라는 셋을 가지고 얘기를 하죠. 기본적으로 불법 공부를 크게 말하면 이렇게 얘기할 수 있는 겁니다.

여기에 다른 요소가 들어와서 신비로운 얘기를 하고, 전생이 어떻고 후생이 어떻고, 윤회가 있니 없니 하는 이런 소리들은, 수학 시간에 "선생님 옛날 연애 얘기해 주세요" 하는 학생하고 똑같아요. 쓸데없는 소리 하고 있는 거라. 주제를 놓치고 엉뚱한 데 관심을 가지고 있는 사람이에요. 불교는 아주 단순하고 분명하게 길이 제시되어 있는 건데, 공부를 제대로만 하면 어떤 것이 불법의 바른길이다 하는 것이 분명해지는 겁니다.

비록 마음이 본질적으로 공(空)이지만, 마음은 모든 것을 받아들여서 품고 있다…… 이런 말도 방편이죠. 품고 있지만 그게 진실로 있는 것은 아니죠. 그래서 공이 진실하다, 또는 색이 진실하다 하면 안 되는 거죠. 그것은 양쪽에 떨어져 있는 겁니다. 그래서 대승의 입장에서는 이렇게도 얘기해요. 범부는 색에 머물러 있는 사람이고, 소승은 공에 머물러 있는 사람이다…… 그러면 대승은 뭐냐 하면 "공과 색이 둘이 아니다" 이렇게 말을 하죠. 그러니까 모든 게 이렇게 되어 있어요. 이것은 구조가 분명한 겁니다. 이렇게 우리가 계합이 되어야 되는 거거든요.

공부를 해 보면 처음에 체험했을 때는 그냥 마음이 텅 비어서 '아무것도 없구나' 이런 없는 쪽에 치우칠 수밖에 없는 거예요. 왜냐면 망상에 사로잡혀 있다가 거기서 벗어나 너무 좋으니까. '아무것도 없구나' 하는 이것이 완전히 새로 발견한 해탈한 곳이고 해방된 곳이기 때문에 '아무것도 없다' 하는 쪽으로 우리가 익숙해져야 하는 것이죠. 그러다 보면 결국 '없다'라는 것도 하나의 치우침이다 하는 게 드러나요. 드러나서 결국은 있음과 없음이라는 게 말일 뿐이고,

세계의 실상은 있는 것도 아니고 없는 것도 아니에요. 있기도 하고 없기도 하지만, 있는 것도 아니고 없는 것도 아니에요. 세계의 실상 이 그렇게 되는 겁니다.

그렇기 때문에 바르게 세계의 실상을 본 사람은 '뭐가 있느냐 없느냐' 그런 얘기를 안 합니다. 윤회가 있다 없다, 이런 식으로 단정적인 판단은 절대 하지 않는다는 말이에요. 세상의 실상은 그렇게 되어 있는 게 아니기 때문에……. 그게 우리가 중도에 계합을 하는 것인데, 그런 안목이 갖추어져야 하는 겁니다.

보통 우리가 세속에서 익힌 버릇은 이쪽 아니면 저쪽, 있는 것 아니면 없는 것, 자꾸 이렇게 양쪽을 왔다 갔다 하는, 그것을 단정적이라고 보고 명확하다고 보기 때문에 거기에 머물러 있어요. 그런 사고방식에서 벗어나야 합니다. 세계의 실상을 진짜로 보고 싶다면, 세계의 실상은 양쪽이 단정적으로 되어 있지 않습니다. 그게 바로 지혜예요. 지혜가 생겨야 하는데, 지혜라는 것은 그야말로 미묘한 것이고 생각할 수는 없습니다.

지혜가 생겨야, 그것을 표현한 말이 경전에 많이 등장을 하는데, "색이 공이고 공이 색이다" 이런 말도 있지만 "법은 법의 자리에서 변함이 없고, 세속의 모습은 세속의 모습으로서 변함이 없다"라고 《법화경》에 표현되어 있는데, 이런 말들은 지혜를 갖춘 사람만이 알 수 있는 말입니다. 이것이 세상의 실상을 표현하는 말들이에요. "공이 색이고 색이 공이다" 하는 말이나 "온갖 모습은 모습이 아니다" 하는 이런 말들이 사실은 다 같은 말입니다. "법은 법의 자리에서 변함이 없고, 세속의 모습은 세속의 모습으로서 변함이 없다." 그러면서도 "세속과 법은 둘이 아니다" 하는 말이 여기에 포함되어 있는 겁니다.

"법은 법의 자리에서 변함이 없고, 세속은 세속의 모습으로서 변함이 없다"라고 하는 이 말만 놓고 보면, 법은 법이고 세속은 세속인 것처럼, 전혀 따로 있는 것처럼 그렇게 말하는 것 같은데, 그렇지 않아요. 법과 세속은 하나입니다. 따로 있지 않습니다. 이런 안목은 말로는 100% 설명할 수가 없고, 자기가 이런 말을 들었을 때 저절로 지혜로 통해야 하는 거죠. 본인 스스로도 머리로는 이해가 되는 게 아니고, 그야말로 마음속에서 안목이 딱 서는 겁니다.

"생사가 열반이다"라는 말을 하잖아요? 우리는 삶과 죽음을 윤회하는 거와, 삶과 죽음에서 벗어난 열반은 전혀 별개로 보거든요. 그러나 분명한 것은 생사가 곧 열반인 겁니다. 삶과 죽음의 윤회가 곧 열반인 겁니다. 이런 안목이 없으면 도저히 알 수가 없는 말이에요. 납득이 될 수가 없죠. 해탈을 했으면 생사윤회가 없어져야 하는데 왜 생사윤회가 곧 해탈이라고 그러느냐? 안목이 없으면 도저히 알 수가 없는 말입니다. 그러니까 이런 안목이 분명하게 갖춰져야 불법을 보는 겁니다. 생사 속에서 윤회한다는 것은 중생이고, 천태학식으로 얘기하면 가(假)예요. 가짜 삶이죠. 해탈해서 생사가 없다는 것은 공(空)이에요. 그럼 중(中)은 뭐냐 하면 생사가 곧 해탈이에요. 그럼 양쪽은 알지만 중(中)은 우리가 알 수가 없어요. 그것은 안목이 생기고 반야의 지혜가 생겨야 해요.

'윤회를 하느냐, 안 하느냐?' '윤회에서 벗어나느냐, 못 벗어나느냐?' 이것은 분별이니까 누구든지 어렵지 않게 이해가 되잖아요. 그런데 "윤회가 곧 해탈이다." 이러면 알 수가 없는 거라. 이것이 바로 반야의 지혜입니다. 반야바라밀이라고 하는 겁니다. 반야는 지혜라는 뜻이고, 바라밀은 도피안이라는 뜻입니다. 피안으로 건너간다…… 피안으로 건너간다는 것은 구원이잖아요. 구원의 지혜라는 뜻인데 바로 불이중도(不二中道)예요. 반야바라밀은 생사 즉 열반입니다. 법은 법으로 변함이 없고, 세속은 세속의 모습으로 변함이 없다…… 이것이 반야바라밀이란 말이에요.

이런 지혜가 생겨야 하는데, 그것은 절대로 머리로 하는 게 아닙니다. 머리로는 아무리 해도 해결이 안 됩니다. 반드시 이렇게 자기 마음에서 저절로 그런 안목이 생기고 지혜가 갖추어져서, 마음속에서 저절로 모든 게 소화가 되고 그런 지혜가 저절로 나와야 합니다. 지혜라는 것은 마음에서 저절로 나오는 것이지, 머리를 굴려서 만들어 내는 것은 지혜가 아닙니다. 반드시 마음에서 저절로 나오게 되어 있어요.

이 지혜라는 것이 놀라운 게 제가 옛날에 공부 체험하고 얼마 안 되었을 때조차도, 그때 저는 경전이라든지 이런 걸 많이 본 것도 없고 해서 제 스스로 모든 것에 대해서 아무 할 말이 없었을 때인데, 그런데도 누군가가 무슨 얘기를 하면 '저게 바른 얘기다, 틀린 얘기다' 하는 판단력은 안에서 저절로 나오더라고요. 그러니까 '저게 여법한 얘기다, 아니다' 하는 것이 저도 모르게 나옵니다. 말을 들어 보면 '저것은 아닌데, 저것은 공감이 되는데' 하고 저절로 나오는 거예요. 그게 지혜죠. 그런데 머리로는 내가 왜 이렇게 판단하는지 이해가 안 되는 겁니다. 이게 진짜로 계합이 되면 반드시 그런 지혜가 갖추어져서 발휘가 되는 겁니다. 그러니까 이것은 마음으로 하는 공부지 머리로 하는 건 아니란 말이에요. 이런 글을 보더라도 이런 말들에 대한 안목도 저절로 밝아지는 겁니다.

8
하지 말고 그저 쉬어라

마하무드라의 노래 8번 게송입니다.

> 육체를 가지고는 아무것도 하지 말고 그저 쉬어라.
> 입을 꾹 다물고 침묵을 지켜라.
> 마음을 비우고 아무것도 생각하지 마라.
> 속이 빈 대나무처럼 육체와 더불어 편안히 쉬어라.
> 주지도 말고 받지도 말고,
> 마음을 쉬게 하라.
> 마하무드라는 마음이 무(無)에 달라붙어 있는 것과 같다.
> 이렇게 실천하여 때가 되면 그대는 깨달음에 이를 것이다.

이게 마하무드라에서 말하는 수행법입니다. 아무것도 하지 마라 이거예요. 그냥 무조건 쉬어라…… 정말 좋은 거죠. 이렇게 할 수 있으면 정말 좋은 거죠. 그런데 보통 사람들은 이렇게 못합니다. 아무것도 하지 말고 무조건 쉬라 하면, '그래, 쉬자' 하고 있지만 어느새 보면 무슨 짓을 하고 있어요. 아무나 할 수 있는 게 아니에요. 물론 이것도 방편의 말인데, 무조건 쉬어라 하는 건 '가만히 있다'라는 뜻이 아니고, 깨달음에 이르면 뭘 하는데 안 하는 겁니다. 아무것도 안 하고 가만히 있어서 쉬는 게 아니고, 뭘 하더라도 그냥 쉬는 거예요. 그게 진짜 쉬는 건데, 이것은 하나의 가르침이기는 하지만 좀 문제가 있어요. 이런 것을 잘못 들으면 무조건 아무것도 생각하지 말고 움직이지도 말고 가만 있자, 이런 쪽으로 갈 수도 있는데 그게 다행히 깨달음으로 이끄는 하나의 길이 되면 다행인데, 그렇지 않으면 또 그렇게 쉬는 데 집착을 할 수가 있거든요. 그렇게 되면 공부가 엉터리가 되어 버립니다.

　육체를 가지고는 아무것도 하지 말고 그저 쉬어라…… 이런 말들은 하나의 방편이니까, 우리가 몸을 가지고 장좌불와(長坐不臥)를 하고 허리를 곧추 세우고 다리를 가부좌를 틀고 손을 어떻게 하고 입은 다물고 혀를 어떻게 하고 하는 식으로, 그런 짓을 하지 마라 이거예요. 그거 아무 상관없는 일이란 말이죠. 그건 뭘 하는 거잖아요? 육체를 가지고는 아무것도 하지 말고 그저 쉬어라 하는 것은, 어떤 식으로 자세를 잡거나 몸을 단련을 하거나 수련을 하거나 그럴 필요 없다, 건강을 위해서는 괜찮지만 이 공부를 위해서 그렇게 하는 것은 옳지 않다 이거예요. 건강을 위해서 운동을 할 수는 있으니까, 그런데 깨닫기 위해서 그렇게 한다는 것은 전혀 안 맞는 소리다 이거예요.

　입을 꾹 다물고 침묵을 지켜라…… 이것도 굳이 말을 하지 마라는 것보다도 깨닫기 위해서 뭘 궁리하고 파고들고 찾고 하지 마라 이거예요. 말도 쓸데없는 소리는 안 하는 게 좋죠. 우리는 괜히 쓸데 없는 잡담 같은 걸 많이 하는데, 공부하는 입장에서는 할 필요가 없는 거죠. 실제 만약에 하루 24시간 생활하면서 꼭 필요하고 해야 될 진실한 말만 한다면 아마 몇 마디 안 할 거예요. 대부분은 쓸데없는 말들이죠. 안 해도 좋은 말들이죠. 그렇지만 우리가 말없이 가만있으면 어색하니까 일부러 쓸데없는 말을 많이 하죠. 생활 속에서는 어쩔 수 없어요. 그렇지만 공부를 위해서는 공부할 때는 그런 쓸데 없는 망상을 할 필요는 없다는 겁니다. 입을 꾹 다물고 침묵을 지켜라…… 묵언하라는 뜻이 아니라 공부를 하면서 이리저리 뭘 헤아리고 따지고 찾고 하지 마라 이거예요. 그것은 공부하고는 관계없는 일이다……

마음을 비우고 아무것도 생각하지 마라…… 생각을 해 버리면 전부 다 가짜이기 때문에 공부할 때에는 생각할 것은 없습니다. 법이 뭐냐? (손을 흔들며) "이겁니다." 이거 뭐 생각할 게 있습니까? 법이 뭐냐? (법상을 치며) "이겁니다." 뭐 생각할 게 있어요? 생각할 거 아무것도 없거든요. 그러니까 이 설법을 들을 때 제대로 들으면 생각이 꽉 막히고 할 수 있는 게 없어서 저절로 생각이 쉬어지게 되어 있어요. 궁리를 하고 헤아리고 따지고 해서 아는 게 아니고, 설법을 제대로 들으면 바로 가리켜 드리거든요. 도가 뭐냐? (손을 흔들며) "이것이다." 마음이 뭐냐? (법상을 치며) "이것이다." 아무것도 할 수 있는 게 없어요. 그냥 꽉 막혀서 어리바리한 거죠. 아무것도 알 수가 없어요.

그러니까 이렇게 뭔지 모르겠고 어벙한 게 좋은 거예요. 왜냐면 어쨌든 분별심이 할 수 있는 일이 없으니까. 뭘 이해를 하고 하나하나 찾아가고 그런 것은 세속적인 일이지 이 공부는 아닙니다.

깨달음에 대해서 할 수 있는 유일한 말은, 어떻게도 할 수 없을 때에 깨달음이라는 사건이 생긴다는 이 한마디 말입니다. 그 외에는 어떻게 하면 깨달을 수 있느냐? 그것은 답이 없습니다. 정말 어떻게도 할 수가 없이 앞뒤가 꽉 막혔을 때, 그때 깨달을 수 있는 가능성이 생긴다는 정도만 말할 수 있죠. 그러니까 깨달음에 대한 필요조건 정도까지는 말할 수 있는데 충분조건은 말할 수가 없어요. 그렇다고 어떻게 할 수 없이 앞뒤가 꽉 막혀 있다고 해서 다 깨닫는 건 아니거든요. 그게 하나의 깨달음의 조건은 되는 거죠. 그렇지만 "어떻게 하면 반드시 깨닫는다." 이런 말은 할 수가 없다 이거예요. 그런 것은 우리가 말할 수가 없어요. "앞뒤가 꽉 막혀 있을 때에 깨달을 수 있는 가능성이 있다." 이 정도까지는 말할 수 있지만, 뭘 알고 하나하나 이해를 하고 챙기고 하는 것은 깨달을 수 있는 가능성이 없는 거죠. 계속 생각 속에서 헤매고 다니는 거죠. 그래서는 안 된다는 겁니다.

속이 빈 대나무처럼 육체와 더불어 편안히 쉬어라…… 주지도 말고 받지도 말고…… 이것도 육체적으로 주지도 말고 받지도 말고 하는 게 아니고 생각 속에서 마음속에서 뭘 취하거나 버리거나 하지 마라, 이 말이거든요. 외부적인 얘기를 하는 게 아니고 마음공부이기 때문에 마음을 말하는 것이니까. '마음속에서 주지도 말고 받지도 말고' 하는 건 뭡니까? 버리지도 말고 취하지도 말고 마음을 쉬게 하라…… 주지도 말고 받지도 말고 마음을 쉬게 하라…… 이것이 마하무드라의 가르침이고 수행법입니다. 이것이 마하무드라의 핵심이고 티베트 밀교 가르침의 요점입니다. 마음을 쉬어라, 육체도 쉬고 아무것도 하지 말고 쉬고 쉬다 보면, 결국 아무것도 없는 텅 빈 허공과 같은 거기서 한 번 깨달을 것이다…… 아주 좋은 가르침이긴 하나 역시 문제점이 있습니다. 쉰다는 것이 하나의 경계가 되어서 거기에 달라붙어서 집착할 수가 있습니다. 왜냐면 의식적으로 쉬게 되거든요. 그게 차이인 겁니다. 내가 의식적으로 쉬자 쉬자 해서 그냥 쉬게 되면 내가 만들어 놓은 '쉰다'고 하는 경계에 계속해서 머물러 있기 때문에 내 의식이 개입을 하고 있는 겁니다. 쉬기 위해서 쉬는 일을 하고 있는 거죠.

이것은 경험을 해 보면 알 수 있는 건데, 저도 이런 경험을 해 본 적이 있어요. 마하무드라가 뭔지 몰랐지만 이런 경험들은 다 겪었어요. 제가 바닥 치는 소리를 듣고 처음에 통했을 때 그때 저한테 두 가지가 있었어요. 하나는 '탁 친다' 할 때는 마음이 깨어 있는 상태입니다. 깨어 있는 상태가 있었고, 또 하나는 치고 난 뒤에 저도 모르게 뭔가 허공 속으로 밑바닥을 알 수 없는 아래로 떨어져 내려가서 아무것도 없는 것 같은 그런 상태가 있었단 말이죠.

그런데 깨어 있는 상태는 처음에는 분명하지 않고 매력적이지 않았어요. 왜냐면 깨어 있다 하면 의식이 활동을 하기 때문에 상쾌하지가 않았어요. 그 당시 저의 심리적인 욕구는 그냥 쉬고 싶은 거예요. 그동안 너무 세상살이에 시달렸다고 할까? 힘들게 살아온 것도 아닌데, 심리적으로 그냥 한없이 쉬고 싶은 거예요. 그러니까 쉬는 그 자리에 의식적으로 계속 쉬려고 했었던 것 같아요. 그런데 의식적으로 쉬고자 하면 이게 푹 쉬어져요. 그게 시간은 길지 않고 5분이나 10분밖에 안 되지만, 그 속에 푹 잠겨 있으면 그 짧은 시간인데도 엄청나게 쉬어진 것 같은, 며칠을 잠을 자고 일어난 것보다 더 개운한, 더 상쾌한 느낌을 받거든요. 그렇게 '쉬어진다'라는 게 한없이 밑으로 내려앉는 것 같은 느낌도 들어요.

그때 《장자》에 나오는 "발뒤꿈치로 숨 쉰다"라고 하는, 숨을 코로 쉬는 게 아니고 발뒤꿈치로 쉰다는 표현이 있는데, 그 말도 제 나름대로는 납득이 되더라고요. '아, 이런 걸 두고 하는 말인가 보다' 하고. 그렇게 쉬다 보니 어느 때가 되니까 어떤 현상이 깨달아지느냐 하면, 저로서는 최대한 밑바닥까지 내려가서 더 이상 내려갈 데가 없다고 할 만큼 쉬었는데, 그런데 그 지점에서 딱 보니까 그냥 평범한 표면에, 저 밑에 내려가 있는 게 아니고 그냥 이 자리예요. 그러니까 그것을 의식적으로 억지로 '쉬자' 해서 밀고 나가면 계속 밑으로 내려가는데, 그렇게 노력을 하지 않으면 그냥 이 자리예요. 아래도 아니고 위도 아니고 그냥 이 자리예요. 평소 우리가 늘 있는 이 자리예요. 그래서 '아, 내가 저 밑에 있다고 의식적으로 착각을 했구나' 하고 그 다음부터는 안 했죠. 우리 의식이 그런 장난을 잘 쳐요.

'원래 아래 위가 없는 것이고 원래 이 자리구나' 하고 나니까 이 자리에 있으면서도 완전히 푹 쉬어지는 그런 상태죠. 그러니까 '밝고 뚜렷하다' 하는 거와 '푹 쉰다' 하는 것은 두 가지 일이 아니고 하나의 일이란 말이죠. 같은 일이에요. 그래서 밝음은 지혜고, 푹 쉬고 안정이 된다는 것은 정(定)이거든요. 그래서 정혜등지(定慧等持)라는 말을 알 수가 있었죠. 저절로 그렇게 돼요. '지혜와 선정이 하나구나' 하는 게 저절로 돼요. 그렇게 표현을 하면 그렇게 되는 거고, 체험적으로는 지혜니 선정이니 말할 것도 없고, 그냥 '이것!' 하나예요. 표현을 하다 보니까 그런 표현이 나오는 거지, 그냥 이 일 하나라. (손을 흔들며) '이것!' 하나. 그래서 마음을 완전히 쉬게 하라 하는 것은 하나의 방편의 말입니다. 쉬는 자리에 매달려 있으면 안 되는 겁니다.

마하무드라는 마음이 무(無)에 달라붙어 있는 것과 같다…… 아무것도 없죠. 아무것도 없다는 것은 분명한 겁니다. 이렇게 실천하여 때가 되면 그대는 깨달음에 이를 것이다…… 깨달음에 이르면 쉬는 것과 쉬지 않는 것의 차이가 없어진다는 겁니다. 밝게 깨어 있다 하는 것은, 의식에 의지하고 있는 것은 아니지만 밝게 깨어 있다는 겁니다. 깨어 있어도 의식은 정상적으로 활동을 하고 있는 겁니다. 그렇지만 아무것도 없이 텅 비어 쉬고 있는 겁니다. 의식적으로 모든 활동을 인연 따라서 하고 있는데도, 마치 허공처럼 아무 일이 없이 쉬고 있는 거예요. 그러니까 두 가지를 말한단 말이죠. 밝고 뚜렷하면서도, 텅 비어 아무것도 없이 완전히 쉬고 있는 거죠. 이것이 공부의 경험이자 법계의 실상인데, 공부를 죽 하다 보면 이런 식으로 여법해진다고 해야 하나? 머리로 알 수 있는 게 아니고, 자기 스스로가 여법해지고 지혜가 생기는 겁니다. 안목이 딱 자리가 잡히고, 하여튼 (법상을 치며) 이 일 하나입니다. 자기 입장에서는 '내가 선정이 갖춰졌나? 지혜가 갖춰졌나?' 하고 따지면 안 돼요. 그러면 또 말에 따라가고, 선정과 지혜가 제각각 따로 있는 하나의 경계가 돼 버려요. 그러면 안 돼요. 공부하는 입장에서는 분별할 수 없지만 그 냥 (손을 흔들며) "이것 하나" 하면서 저절로 이것이 단단하게 제자리를 잡아가는 겁니다.

공부하는 입장에서는 그리해야 되는 것이지, 예를 들어서 과일이 자라는데 밖에 껍질도 있고 중간에 양분도 있고 안에 씨앗도 있잖 아요. 그게 따로 따로 자라는 게 아니고 하나로서 같이 자라잖아요. 그런데 분명히 구분할 수는 있거든요. 그런 거와 같아요. 씨앗은 씨 앗대로, 껍질은 껍질대로 그렇게 키울 수는 없단 말이에요. 선정과 지혜가 따로 있는 게 아니란 말이죠. 공부하는 사람이 딱 계합을 하 면 저절로 이쪽저쪽 치우침 없이 그냥 여기에 익숙해지고, 어떠한 경계에도 떨어지지 않고 익숙해지다 보면, 열매가 맺히고 씨앗이 자라서 맛있는 사과가 되고 배가 되듯이 저절로 안목이 갖추어지 는 겁니다. 공부하는 입장에서는 선정이 어떻고, 지혜가 어떻고, 공 이 어떻고, 색이 어떻고 따질 것 없습니다. 자기가 한번 계합을 하면 (법상을 치며) 이 계합한 자리에 익숙해지고 더욱 이 속의 사람이 되 는 거고, 그렇게 하는 거밖에 없어요. 선정과 지혜를 같이 갖춰야 한 다고 하더라, 하고 따져 버리면 다시 분별에 떨어져 버립니다. 절대 그렇게 하면 안 됩니다.

공부하는 사람은 그냥 맹목적인 겁니다. 머리로는 맹목적이지 만 마음으로는 감각이 있어요. 머리로 분별심으로는 (법상을 치며) 이 게 맹목적이지만, 자기 마음속에는 이해할 수 없는 묘한 감각이 있어서 그 길을 찾아가게 되어 있어요. 출세간 공부는 머리를 쓰면 안 되는 겁니다. 마음이 하는 공부입니다. 마음은 모양이 없기 때문에 우리가 알 수 없어요. (법상을 치며) 그냥 저절로 저절로 일 없는 자리에 익숙해지죠. 그 감각이라는 게 결국 뭐냐면, 불편한 게 없고 일이 없고 편안하고 모든 게 애를 쓰지 않아도 저절로 되고, 이런 게 감각이죠. 이런 감각을 따라서 공부를 하는 거죠.

그러면 저절로 자리가 잡히죠. 이게 더 진실해지고, 이것이 유일하게 진짜가 되고, 이게 우주의 근본이 되고, 이것만이 유일한 진실이라는 게 더 분명해지고 자꾸 그렇게 되는 거죠. (손을 흔들며) 실제 "이것" 하나가 진실할 뿐이지 아무것도 없습니다. 이것만이 정말 진실하고 이것만이 우주의 근본입니다. 그야말로 육조 스님이 말씀하신 대로 "오직 이것 하나만 진실할 뿐 나머지는 다 헛것이다" 하는 이 말이 와 닿는 겁니다. 오직 이것뿐이거든요. "이것뿐!" (법상을 치며) 이것 하나뿐이란 말이죠. 이것 하나만이 이렇게 항상 명백하고 분명하고 진실한 거죠.

딱! 딱! 딱! (죽비 소리)

9
목표를 추구하게 되면

마하무드라의 노래 9번 게송입니다.

진언(眞言)과 육바라밀의 수행이나,
경전과 지침서의 가르침이나,
강의실과 교본(敎本)의 가르침이
타고난 진실에 대한 깨달음을 가져다주지는 않는다.
왜냐하면 만약 마음이 욕망에 차서 어떤 목표를 추구하게 되면,
마음은 스스로의 빛을 가릴 뿐이기 때문이다.

진언과 육바라밀의 수행이나…… 진언이라는 것은 우리가 보통 다라니라고 하죠. 또는 주문이라고도 하고. 다라니는 산스크리트어고 주문, 진언이라고 번역을 하는데, 그것을 막 외우죠. 능엄주를 외운다고 하듯이 주문을 외우는 것을 수행이라는 이름으로 하지만, 수행이라는 것은 말하자면 마음을 가지고 마음을 찾는 그런 일이거

든요. 수행(修行)이라는 것은 '뭘 해서 뭘 하겠다' 이런 뜻이니까요. 원래 수(修)라는 것은 실천이라는 말입니다. 닦는다는 말은 실천한 다, 행동한다는 말이에요. 행(行)이라는 것도 행동을 한다는 말이거 든요. 어떤 행동을 해서 뭔가를 얻고자 하는 것이 수행이거든요. 그 것은 말 그대로 물속에서 물을 찾는 거고, 머리를 가지고 머리를 찾 는 거고, 마음을 가지고 마음을 찾는 거거든요. 그래서 수행을 해서 는 깨달을 수 없다고 합니다.

이것은 자명한 사실입니다. 어떤 노력을 해서 어떤 상황을 바꾼 다는 건데, 이 법을 (손을 흔들며) '이것!'을 확인하고 여기에 통달하는 것은 부자연스러운 게 아니에요. 부자연스럽다는 것은, 노력해서 애 써서 힘들여서 장기간에 걸쳐서 뭔가를 얻게 되면 그게 부자연스러 운 거죠. 자기한테 있는 게 아니고 애를 써서 얻은 것이기 때문에.

(손을 흔들며) '이것!' 자체는 "얻을 수 있는 게 아니다"라는 말을 수 도 없이 많이 듣잖아요. 얻을 수 있는 게 아니란 말이에요. 왜? 원래 갖추어져 있는 거니까. 원래 완전하게 갖추어져 있는데, 문제는 뭐 냐 하면 우리 스스로가 자꾸 뭔가 다른 짓을 하고 있는 거예요. 뭘 만들려 하고, 뭘 찾으려 하고, 뭘 알려고 하고, 정하려고 하고, 분별 하려고 하는 게 문제가 되는 거죠. (손을 흔들며) '이것!' 자체는 원래 부족한 것도 아니고 아무 문제가 없는 거예요.

우리가 쉰다고 하는 것은 그런 망상을 쉬는 거죠. 망상을 쉬면 원 래의 자성이 드러난다…… 옛날부터 항상 이런 얘길 하잖아요. 망 상이 쉬어지면 본래 타고난 본성이 드러나게 되어 있다, 이거거든 요. 체험이 있다고 하는 것은 그런 망상이 쉬어지는 체험을 한 번

하는 겁니다. 말하자면 그렇게 되는 건데, 어쨌든 이것을 한 번 체험을 하면 그런 망상이 쉬어지는 경험을 하게 되는 거죠. 그래서 쉬는 자리를 알고, 쉬는 요령을 알고, 쉬는 방법을 알고, 쉬는 길을 아는 겁니다. 그래서 문득 망상을 부리다가도 (손가락을 세우며) '그래, 이것!' 하는 순간에 망상이 쉬어지고 아무 일이 없는 것이지, 뭔가를 노력해서 뭘 찾고 얻어서 그놈을 붙들고 있어서 열반을 하고 해탈을 하는 건 아니거든요. 이것에 대한 오해 때문에 자꾸 뭘 애를 쓰고 노력을 해야 되는 것처럼 착각을 합니다.

진언을 오래 수행한 사람들을 보면, 결국 진언의 효과는 뭐냐 하면 뭔가 신통하고 신비한 일들을 경험하는 겁니다. 그런 사람들은 공통적으로 전생을 본다는 등 남다른 뭔가를 경험한다는 이상한 소리를 합니다. 그것은 우리가 타고난 본성을 깨닫는 것이 아니고 어떤 수련을 통해서 남이 안 가진 능력을 자기가 애를 써서 성취한 거죠. 그런 능력을 설사 가졌다 하더라도 그것은 깨달음이 아닙니다. 해탈도 아니고 열반도 아니고, 그런 능력은 얼마든지 노력을 통해서 얻을 수가 있죠.

육체도 그렇잖아요? 운동을 열심히 하면 남보다도 더 빨라지고 힘이 세지고 여러 가지 현상이 일어날 수 있듯이, 이 의식이라는 것도 열심히 단련을 하면 보통 사람들이 가지고 있지 않은 그 이상의 능력이 나오는 거죠. 그건 깨달음도 아니고 해탈도 아니고 열반도 아니고 아무것도 아니에요. 그것을 착각하면 안 된다는 거죠. 그래서 우리가 외도라고 부르는 거예요. 진언뿐만 아니고, 그런 오해들이 굉장히 많아요. 심지어 경전조차도 진언처럼 달달 외워야 된다는 사람들도 있죠. 이들은 불교 공부를 한다고 하지만 바른 길을 가지 않는 외도들이에요.

실제 바른 길이라고 하는 것은 망상이 쉬어져서 아무 일이 없는 것이고, 특별히 무슨 능력을 얻는 것도 아니고, 불교의 진리라는 게 남달리 아는 심오한 그런 진리가 있는 게 아닙니다. 전혀 그런 게 아닙니다. 그냥 다 쉬어져서 아무 일이 없고, 삶의 무게라 할까 그런 걸 전혀 못 느끼는 거죠. 그래서 마치 세상이 다 사라져 버린 것 같고, 아주 말끔함이라 할까, 가벼움이라 할까, 상쾌함이라 할까, 얘기를 하자면 이런 거죠. 육체적인 것을 얘기하는 것은 아니고. 그러니까 어떤 능력을 얻고 희한한 신비로운 경험을 하고 그런 건 아닙니다. 거기에 대한 오해들이 굉장히 혼재되어 있어요. 사람들이 불교를 오랫동안 갈고 닦은 사람이니까 뭐 남다른 어떤 능력, 예를 들어서 얼음 속에 들어가도 춥지도 않고 그런 식으로 얘기를 한다든지, 하여튼 이상한 소리를 하는 사람들이 있습니다. 그런 것이 아닙니다.

우리 공부하는 사람들이 스스로 속기 쉬운 부분 하나가 일종의 영웅 심리라는 게 있어요. 사람들마다 남이 가지고 있지 않은 어떤 특별한 능력을 가지고 다른 사람보다도 더 뛰어나고 싶은 그런 심리가 있습니다. 그런 것이 우리를 잘못된 길로 이끌어 가는 겁니다. '나'라고 하는 그 망상이 사라져야 하는데, 도리어 내가 더 강화되는 그런 식으로 반대의 길로 가는 거죠. 열반이라는 것은 사라진다는 뜻이거든요. 적멸이 열반이거든요. 나라고 하는 장애도 사라지고,

진리라고 하는 장애도 사라지고, 아무 장애가 없는 건데, 그것을 반대로 '내가 남보다도 뛰어난 뭔가를 가지고 있다' 이런 길로 갈 가능성이 있고, 실제 그런 식으로 공부하는 사람들이 굉장히 많습니다. 그러니까 바른 길을 가는 게 어찌 보면 쉬우면서도 어렵습니다.

육바라밀 수행이라 해서, 계를 지킨다, 보시를 한다, 선정을 닦는다, 정진을 한다, 그런 게 있죠. 그것은 계정혜(戒定慧) 삼학(三學)을 닦는다고 하는데, 역시 배우는 거잖아요. 어떤 기준을 정해 놓고 거기에 맞추어 가는 거죠. 이것은 타고난 본성은 아니죠. 그러니까 공부를 하는 사람들을 보면 그런 생각이 문득 들어요. 사람들한테 뭔가 어려운 일을 시키면 열심히 잘하는데, 제일 쉬운 일을 시키면 못해요. 그냥 쉬라고 하는데 쉴 줄을 몰라요. 그러니까 '우리가 뭔가 잘못되어 있구나' 하는 게 그런 거예요. 뭔가 애를 쓰고 하라면 열심히 하는데, 그냥 일 없이 쉬라고 하면 잘 모르는 거라. 잘 쉴 줄도 모르고, 그것은 우리가 세속에서 살면서 열심히 살아야 한다는 관념에 젖어 있기 때문에 그럴 겁니다.

진언을 외워서 이상한 능력을 얻는다든지 육바라밀 수행을 해야 한다든지 하는 것을, 경전에 쓰여 있는 내용이라 알고 그렇게 하려 하지만, 실제 경전을 보면 그렇지 않습니다. 대승경전인 《유마경》이나 여러 경전을 보시면 아시겠지만, 육바라밀을 어떤 매뉴얼에 따라서 하나하나 닦아 가라는 지침서처럼 경전은 되어 있지 않습니다. 육바라밀이라고 하는 게 도대체 어떤 방편으로 하는 말인지 그런 게 나와 있을 뿐이죠. 만약에 육바라밀을 닦는 게 곧 불법이고 그것을 닦아서 깨달음을 얻는다 한다면, 육바라밀 하나하나에 대해서 상세한 지침이 나와 있어야 될 게 아니에요? 예를 들어 지계는 어떻게 해야 한다는 상세한 안내가 있어야 될 거고, 보시 같으면 보시에 대한 자세한 안내서가 하나 있어야 될 거 아니에요? 그러면 대승경전이 다른 게 필요가 없어요. 육바라밀의 여섯 권만 있으면 되는 거지. 육바라밀에 대한 자세한 안내서만 있고 그것만 실천하면 끝나는 건데, 다른 게 뭐가 필요해요?

그런데 경전을 보면 그렇게 안 되어 있단 말이에요. 육바라밀을 닦아야 된다 하는 것도 하나의 방편의 말이에요. 그것을 볼 수 있는 지혜가 있어야 되는 것이고. 사람들이 막연한 오해를 많이 해요. 실제 경전을 제대로 보지도 않고. 그러니까 육바라밀을 닦는 것이 곧 깨달음으로 가는 길이다 하면 그 여섯 개만 분명하게 하면 되는 것이지, 다른 게 뭐가 필요해요? 그런데 그렇게 안 되어 있단 말이에요. 경전을 보시면 아시겠지만 실질적으로 육바라밀에 대한 자세한 내용이 없어요. 그냥 방편으로서 얘기를 하고 있고, 그것을 보는 안목이 있는 사람은 이게 어떤 방편의 말이라는 것을 알 수가 있는 것이죠. 그런 오해들이 결국은 자기 멋대로 생각을 해서 그런 겁니다. 실제 가르침을 제대로 보지 않고 자기 생각으로 보면 '아, 육바라밀을 닦는 게 불법이구나' 하고 견해를 만들어서 그런 문제가 생기는 거죠.

불법은 육바라밀을 닦거나 그런 게 아니고, (손을 흔들며) 그냥 이것이에요. 이것! 불법이라는 이름조차도 필요가 없어요. 육바라밀이 어쩌고 하는 그런 이름이 하나라도 개입되어 그 이름을 버리지 않고 가지고 있으면, 그게 장애물이 돼서 법을 볼 수가 없는 겁니다. 여기에는 어떠한 이름도 있을 수가 없고 개입이 되면 안 돼요. 여기에서는 우리가 어떤 이름도 붙들고 있으면 안 된단 말이에요. 이름이나 생각이나 어떤 뭐든지 가지고 있으면 안 돼요. 그게 장애가 되니까. 그럼 (손을 흔들며) 이게 뭐냐? 이것은 아무것도 아니에요. 아무것도 아니지만 이렇게 분명하고 확실한 거죠. 아무 일이 없지만 모든 일이 다 이루어지는 거고. 오히려 아무 일이 없기 때문에 모든 일을 걸림 없이 할 수 있는 겁니다.

《금강경》에서 항상 하는 소리가 "많다는 것은 많다는 게 아니기 때문에 많다는 말을 할 수 있다" 그랬잖아요? 많다는 게 딱 고정되어 있으면 많다는 말을 할 수가 없어요. 거기에 딱 사로잡혀 있기 때문에. 아무것도 안 가지고 있고 아무것도 정해진 게 없기 때문에 많다고 할 수 있고, 적다고 할 수 있고, 자유자재로 뭐든지 할 수 있죠. 그러니까 이 법이라는 것은 아무것도 정해진 게 없습니다. 아무것도 없으니까 한 물건도 없다고 하지만 모든 걸 다 하는 거죠. 그러니까 어떤 정해진 게 있을 수 없고, (손을 흔들며) 그냥 이것이다…… 이렇게 분명한데 뭐 정할 게 있느냐? 단지 이렇게 분명하게 실감이 와야 되는 거거든요. 뭘 하든지 언제나 똑같이 이 한 개 일일 뿐이죠. 뭘 하든지 이 일 하나가 확인될 뿐인데, 이렇게 분명하고 확실하게 (손을 흔들며) '이것!' 하나가 확인될 뿐인데, 여기에 '뭐다' 하고 이름을 붙여 버리면 안 되는 거라.

그래서 공부하는 분들한테 제가 가끔씩 부탁을 드리는 게, 절대 여기에 대해서 판단을 하지 마시라는 겁니다. 개념을 세우지 말고 견해를 세우지 마시라. 법에 대해서는 항상 물음표(?)를…… 모르는 겁니다. 항상 모르는 거고, 아무런 생각을 여기에는 개입시키지 않는 겁니다. 그러면 법은 저절로 그 실상이 이렇게, 생각이 없고 분별이 없고 개념이 없는 상황에서 법의 실상이 저절로 저절로 드러나고 익숙해지게 되어 있어요. 더 자세하게 드러나고 더 확실해질 수 있는 거거든요. 세속 일에 대해서도 그런 태도가 필요한 경우들이 있습니다. 새로운 취미생활이나 새로운 일을 시작할 때 거기에 대해서 미리 선입견을 가지고 거기에 맞추어 가려면 실제로 그 깊이를 알 수가 없어요. 모르니까 하나하나 오랫동안 경험하다 보면 자기도 모르게 저절로 익힐 수가 있잖아요? 그런 식으로 경험하며 공부하는 겁니다.

그래도 세속 일이야 생각이 개입되니까 이것하고 다르지만, 이 공부는 근본적으로 애초에 알 수가 없는 것이기 때문에 생각을 개입시키지 말아야 되는 것이죠. 전혀 그런 생각이나 개념이나 견해가 없이 자꾸 경험하다 보면, 아무런 알음알이 없이 법이 분명해지고 확실해지는 식으로 경험이 되는 거거든요. 그러니까 적어도 불법이니 마음이니 하는 것에 대해서는 절대로 개념이 있으면 안 됩니다. 이것은 개념이 있을 수가 없는 거예요. 왜? 마음은 이렇게 늘 살아 있는 거지, 고정되지 않는 거란 말이에요. 살아서 끊임없이 활동을 하고 있는 것이지 절대 고정되지 않는 거거든요. 그러니까 어떤 개념이라는 게 있을 수가 없어요. 이렇게 살아서 활동하고 항상 생생하고 (손을 흔들며) 그냥 '이것!'이죠.

그러니까 법을 보는 눈과 세상을 보는 눈이 다른 눈이에요. 세간을 보는 눈은 항상 분별이 개입되어 있는 눈입니다. 세상을 볼 때는 항상 생각이 개입을 해서 보죠. 물론 생각으로 100% 보는 것은 아니지만, 어쨌든 몸으로 부딪쳐 보고 느낌도 받고 여러 가지가 있지만, 그래도 세간의 일은 분별이 개입을 하고 있는 것이죠. 그러나 법은 분별이 개입되면 안 됩니다. 이것은 육체로 알 수도 없고, 느낌으로 알 수도 없고, 전혀 그런 게 아니니까, 육체나 느낌이나 감각이나 생각이나 전혀 그런 게 아니기 때문에, 여기에는 어떤 분별도 없어요. 법을 보는 눈과, 지금까지 세상을 살아오면서 갖게 된 세상을 보는 눈은 전혀 다른 눈이라는 겁니다. 그래서 법을 보는 눈이 따로 있다 해서 법안, 또는 마음을 보는 눈은 따로 있다 해서 심안, 그렇게 이름을 붙이는 거거든요. 그러니까 법을 보는 눈, 마음을 보는 눈이 한 번 열리고 이게 좀 더 밝아지고 하는 것이 공부인 거지, 육바라밀을 닦고 진언을 외우고 경전을 보고 하는 것은 아닙니다.

경전에 나오는 그대로 따라 하면 부처님의 길을 간다는 식으로 말하는 사람들이 있는데, 그건 어리석은 말입니다. 경전은 방편의 말일 뿐입니다. 경전을 보는 눈이 있고 안목이 있어야 된다고 말을 해야지, 경전에 나와 있는 말 그대로를 따라서 실천해야 한다고 말하면 안 돼요. 경전을 보는 안목이 있어야 하는 거죠. 경전의 말은 방편의 말일 뿐이지 진실이 아니기 때문에 그렇습니다. 물론 안목이 없으니까 경전에 있는 말 그대로 실천해야 한다고 말하는 거겠죠. 안목이 뭔지 전혀 모르니까 경전에 있는 그대로 부처님 말씀이니까 따라 하면 된다고 말하는 거지요. 사실 경전은 방편의 말이므로 우리가 경전을 따라 할 수도 없어요. 경전의 내용은 전혀 현실적인 내용이 아니에요. 아주 초현실적인 내용인데 어떻게 따라 합니까? 따라 할 수도 없고 거기에 쓰인 그대로 실천할 수도 없어요. 다 방편의 말이거든요.

> 경전과 지침서의 가르침이나,
>
> 강의실과 교본(教本)의 가르침이
>
> 타고난 진실에 대한 깨달음을 가져다주지는 않는다.

가르치고 배우고 하는 것은 전부 개념적인 일이고 분별 속의 일이지요. 이 법은 본성이라고 해요. 법성, 본성, 자성이라고 하는 것은 전부 타고났다는 뜻입니다. 성(性)이라는 글자 자체가 날 때부터 가지고 있는 거라는 뜻이거든요. 자성은 자기 스스로에게 타고난 성질, 본성은 본래 타고난 성질, 법성이란 이 법계의 본성이라는 뜻이니까. 이것은 배워서 아는 게 아니고 원래 다 갖추어져 있다는 뜻에서 성(性)이라는 표현을 쓰는 거거든요. 세속에서도 그러잖아요? 사람의 본성이 뭐냐 할 때는 "사람이 타고난 것이 뭐냐?" 이런 뜻이거든요. 타고난 것은 배워서 알 수 있는 게 아닙니다. 자기가 깨달아야 하는 거죠. 그런데 깨달음에는 길이 없어요. "깨달음으로 가는 길은 없는 길이고, 거기로 들어가는 문은 없는 문이다." 이렇게 옛날부터 항상 말해 왔거든요. 왜냐? 원래 우리가 이 자리에 있기 때문에 그런 겁니다.

(손을 흔들며) '이것!'이기 때문에 그런 거죠. 그리고 이것은 '어떻

게'라는 방법을 말할 수도 없고, 여기에 대해서는 할 말이 없는 겁니다. (법상을 치며) 그냥 이겁니다. 바로 '이것!'은 계속해서 잠을 자고 있는 사람을 깨우는 소리거든요. (법상을 치며) 이것은 잠자고 있는 사람을 깨우는 소리입니다. "이것이다." 실제 이것뿐이고 이것 하나죠. 이것은 우리가 배워서 아는 것이 아니에요.

왜냐하면 만약 마음이 욕망에 차서 어떤 목표를 추구하게 되면…… 그러니까 수행을 한다, 뭘 배운다 하는 것은 목표를 추구하는 거죠. 마음은 스스로의 빛을 가릴 뿐이기 때문이다…… 그래서 체험을 했을 때 의문이 사라지고 할 일이 없어진다고 하는 게 목표를 잃어버렸다는 겁니다. 자기가 자기 머리를 찾던 사람이 문득 머리를 깨달았다, 그럼 더 이상 머리라는 게 밖에 따로 있는 게 아니니까 머리에 대한 어떤 욕구가 없죠. 너무나 당연하게 갖추어져 있는 것처럼 마음이라는 것도 똑같아요.

머리를 비유로 들었지만 똑같이 갖추어져 있잖아요. 이것이 확인되면 (손을 흔들며) '이것!'인데, 원래부터 항상 있는 이것을 확인하고 나면 더 이상 욕구가 없거든요. 그냥 이것뿐이다…… 그러니까 당연히 의문이라든지 뭔가를 찾고자 하는 욕구는 없죠. 다만 습관적인 문제는 항상 대두가 되는 건데, 이것을 확인한다 하더라도 여기에 대한 익숙함이라고 할까? 이것은 아직 부족하고 역시 찾아 헤매는 버릇이 남아 있으니까, 그 문제가 있을 뿐이죠.

그렇기 때문에 진짜로 체험이 있다면 더 이상 원하는 것도 없고 의문도 없고 바라는 것도 없고 '다른 게 없구나' 하고 스스로가 만족스러워야 되는 겁니다. 그런데 그 만족스럽다는 것이 처음에는 지속되질 않아요. 왜냐면 순간 그렇다 하더라도 자기도 모르게 밖으로 추구하는 버릇에 또다시 휩쓸려 가기 때문에, 만족스러움에 있질 못하고 왔다 갔다 한단 말이에요. 그렇다 하더라도 자기가 일 없는 자리랄까? 만족스러움이 어떤 것이라는 것을 한 번 확인한 입장이라면, 다시 돌아올 수가 있어야 되는 거죠. 그렇게 문득 헤매다가도 '아니, 이게 아니지' 하고 다시 돌아와서 일이 없고, 계속 그런 식으로 익숙해지는 거죠. 다른 일이 있는 건 아닙니다. 그것도 시간이 좀 필요해요. 제 경험으로 말씀을 드릴 수 있는 것은 시간이 많이 필요하다는 겁니다. 그것을 내가 의도적으로, 의지적으로 할 수가 없어요. 시간이 지나면서 저절로 되는 거지, 내 의지와 의도가 개입이 되면 그것은 가짜거든요. 그러니까 저절로 모든 것은 이루어지는 겁니다.

공부라는 것은 저절로 되어야 합니다. 시간이 지나면서 저절로 이루어져서 자기도 모르는 사이에 '아, 이것밖에 없구나' 하는 확신도 저절로 들고, 저절로 모든 것이 이루어져야지, 자기가 판단을 해서 '그래, 그러니까 이것뿐이지.' 이렇게 판단을 하는 것은 그 순간에는 만족스러울지 모르지만 금방 지나가 버리고 아무런 힘이 없습니다. 그러니까 다 때가 되어야 하는 것이고, 때가 돼서 저절로 그렇게 상황이 변하는 겁니다. 그런 게 체험한 사람이 공부하는 요령이에요. 때를 기다릴 줄 알아야 하는 거예요. 성급하게 결론을 내리려고 하는 것이 우리가 세속에서 익혀 온 버릇인데, 그것은 여기에 해당이 안 됩니다. 흔히 하는 얘기가 있잖아요? "세 살 먹은 어린아이도 말할 수 있지만, 팔십 먹은 노인도 실천은 어렵다." 알기는 쉬우나 그렇게 되는 건 어렵다는 겁니다. 그게 시간의 문제예요. 들어 보면 공감이 가고 '그래, 그렇게 되어야 하는 거구나' 하고 알지만, 자기가 실제로 그렇게 되는 문제는 별개의 문제다 이 말이에요. 그런 것을 잘 아는 것도 하나의 지혜고, 그래서 꾸준히 공부를 하다 보면 시간이 지나면서 자기 자신이 어떻게 변화가 일어나는지를 경험하고 맛보고 하는 것도 공부고, 그런 거죠.

물론 이런 설법을 통해서 자극을 받으면 조금 더 속도가 빨라질 수는 있다고 봅니다. 아무런 가르침 없이 자기 스스로가 터득해 가는 것은 아무래도 시행착오가 많기 때문에 속도가 느리고, 자극을 받으면 시행착오를 좀 덜 겪게 되죠. 길을 가는데 갈지자걸음으로 가는 것보다는 좀 덜 왔다 갔다 하며 가는 게 훨씬 빠르게 갈 수 있잖아요. 그런 면은 있는 겁니다. 그래서 설법을 듣는 것은 도움이 되는 거죠. 저 같은 경우는 물론 설법에 의지를 하고 스승에게 의지를 하고 했지만, 나중에 공부가 어느 정도 깊어지니까 나 스스로가 부딪쳐서 해결해야 될 문제들이 확실해지더군요. 처음에는 자기한테 무슨 문제가 있는지 뚜렷하게 잘 모릅니다. 잘 모르지만 뭔가 좀 불안한 게 계속 남아 있는 거예요. 뭔지 모르지만 좀 불만족스럽고 불안하기도 하고 자신감이 없고 명쾌하지 않은, 마치 몸살을 막 앓고 나서 병은 좀 나았는데 몸에 힘이 없는 그런 경험을 하잖아요? 열도 안 나고 기침도 안 하는데 이상하게 몸에 힘이 없어요. 이런 상태를 건강하다고 할 수는 없잖아요.

그런 것처럼 편안하고 좋기는 한데, 뭔지 모르겠지만 뭔가 부족한 것 같고 힘이 없다는 그런 느낌이 든단 말이에요. 그게 막연할 뿐이지 뭐가 문제인지는 모릅니다. 그것은 시간이 지나면서 마음 스스로가 내면에서 해결을 해 줍니다. 머리로는 이해가 안 됩니다. 그런데 마음 스스로가 그 문제를 느끼고 해결해 가요. 그런 경험을 하는 겁니다. 그러면서 그것이 한번 탁 해결이 되면 '아, 내가 이전에 어떤 문제가 있었구나' 하고 그때는 알게 되는 거예요. '아, 그때는 그랬구나' 하고 그런 경험들이 수차 있습니다. 그렇게 자기 스스로 내면적인 경험을 통해서 공부를 좀 더 깊이 있게 하고, 더 힘도 생기고, 안목도 밝아지고 하는 겁니다.

물론 그렇게 하는 데는 경전의 말씀이나 선지식의 설법이라든지 조사들의 말씀이, 모든 게 다 도움이 되는 건 아니지만, 어쩌다가 한 번씩 자극이 되고 도움이 되는 것도 가끔씩 있어요. 그러니까 이런 가르침들의 내용을 보면 다 좋은 내용이지만, 그렇다고 자기에게 다 약이 되는 것은 아니에요. 나한테 필요한 한 구절이 어느 순간 딱 와 닿아서 약이 되기도 하고, 그렇게 되는 거죠. 그런 식으로 공부라는 게 나아가는 거고, 공부는 그렇게 스스로 경험하여 나아가는 것이지, 객관적으로 정해진 어떤 길이라는 건 없습니다. 스스로 나아가다 보면 '원래 공부의 길이 어떤 것이다' 하는 안목이 생겨요. 그 안목을 어떻게 확인할 수 있느냐? 경전과 조사의 말씀이 자기 안목을 확인할 수 있는 하나의 시금석이 되는 겁니다. 그러니까 자기 스스로는 분명하지 않고 막연하게 '그런 거구나' 하고 느끼고 있었던 것들이, 경전이나 조사들의 말씀을 보면 그것을 뚜렷하게 말해 주고 있거든요. 그러면 '아, 이것은 내가 느끼고 있었던 건데, 역시 이게 맞구나' 그런 식의 안목을 가질 수가 있고, 하여튼 그런 도움들이 있죠.

어쨌든 이것은 자기 스스로가 그렇게 실질적으로 경험을 하고 확인을 해 가는 공부, 몸이 아니라 마음으로 이렇게 확인해 가는 그런 과정들입니다. 그런 것이지 어떤 정해진 기준이나 틀 같은 것은 없어요. 마음이라는 게 결국 확인하고 또 확인하고 분명하고 확실하게 경험해 가다 보면, 결국 뭐냐면 애초에 처음 체험했을 때 체험했던 그것이에요. 그것인데 처음 체험했을 때에는 여기에 대한 명확함이 없고 잡다한 망상이 많이 끼어 있어서 이것이 뚜렷하지가 못했던 거죠. 자꾸 공부해 가면서 잡다한 것들이 씻겨 나가고 좀 더 분명해지고 뚜렷해진다고 할 수 있습니다.

결국 자꾸 하다 보면 너무나 당연하고 너무나 평범한, "평상심이 도다"라는 그 말이 실감이 되는 거예요. 원래 이것이고 항상 평소에 늘 생활하는 자체가 바로 이것이고, 특별한 게 전혀 없습니다. 평상심이 도다, 평소의 마음이 도다…… 전혀 특별한 게 없어요. 다만 옛날하고 다르다는 건, 걸림이 없는 거예요. 얽매임이 없고, 오염됨이 없고, 막힘이 없고, 걸림 없이 그저 자유롭고, '이것!' 하나가 밝은 거죠. (손을 흔들며) '이것!' 하나가 분명한 거죠.

그러니까 법이라는 게 어떤 욕망에 차서 목표를 추구하는 게 아니고 이미 이루어져 있는 것이다, 이미 완전하게 이루어져 있는 것이고, 우리 스스로가 망상을 하다가 망상하는 버릇이 점차 줄어들면서 원래부터 완전히 갖추어져 있는 이것이 좀 더 뚜렷해진다, 이렇게 말할 수 있는 겁니다. 경전에도 그렇게 비유되어 있잖아요? 자기 집을 가출해서 막 떠돌아다니다가 다시 자기 집으로 돌아오게 되는 거죠. 밖으로 나갔다가 집으로 돌아오는 것은 자기 스스로 그렇게 하는 거지, 자기 집이라는 것은 언제나 아무 문제 없이 그 자리에 있는 겁니다. 마음이라는 게 그런 거예요. 마음은 항상 아무런 번뇌 없고 아무런 장애 없고 아무런 문제 없이 항상 허공처럼 갖추어져 있어요. 그런데 나 스스로가 '마음이 어디 있나?' 하고 찾고 헤매다가 어느 순간에 망상이 뚝 끊어지고 '어, 원래 이것이구나' 하고…… 그런데 헤매던 버릇이 있어서 또 해매고 또 돌아오고 스스로 그렇게 하고 있는 거예요.

그러니까 (손가락을 세우며) '이것!'은 목표가 아니고 본래 갖추어져 있는 겁니다. 그런데 나라고 하는 의식이 본래의 자기 모습을 가려서 헤매게 하니까 망상이라고 하는 거예요. 딴 생각을 하고 딴 짓을 한단 말이에요. 깨달음이라는 것은 원래 자기 모습으로 돌아오는 겁니다. 그것이지 딴 게 아니에요. 나한테 없던 것을 내가 얻는 게 아니고 본래의 모습을 회복한다…… 공부라는 것은 그런 거죠. 우리가 자라면서 '나는 어떤 사람이고 내 마음은 어떻다' 하는 게 밖으로 헤매는 겁니다, 본래 자기 모습을 잊어버리고. 본래 자기 모습이라는 것은 아무 정해진 모습이 없어요. '나는 어떤 사람이다' 이런 말을 할 수가 없어요. 모든 사람이 다 똑같아요. 허공과 같다고 했잖아요? 허공이 어디 차별이 있습니까? 다 똑같죠. 그러니까 이 세속에서 '나는 어떤 사람이다' 하고 살았던 그것이 바로 밖으로 떠돌던 버릇이란 말이죠. 이 자리에 돌아오면 다 똑같고 아무 일이 없는 거거든요.

마음이 밖에서 뭘 찾고 얻으려고 하는 그것을 욕망이라고 하는 겁니다. 만약 마음이 욕망에 차서 어떤 목표를 추구하게 되면, 밖에서 뭘 얻으려고 하고 찾으려고 한다면, 마음은 스스로의 빛을 가린다…… 밖을 쳐다보니까 자기 자리는 안 보이게 되는 거죠. 그래서 회광반조라는 말도 그 때문에 나온 말이거든요. "원래 네가 서 있던 자리를 돌아보라" 이 말이거든요. 그러니까 하여튼 주문을 열심히 외우고 수행을 하는 사람들, 절을 하고 선정을 닦고 뭘 한다는 사람들은 그런 문제가 있는 겁니다. 밖으로 찾는 사람이고, 목적을 추구하는 사람이죠. 그렇게 하는 것은 욕망의 발로입니다. 진실에는 당도할 수가 없습니다.

그러니까 이 마하무드라가 티베트 불교 가르침의 핵심인데, 가르침은 다 똑같아요. 우리 선(禪)에서 말하는 거와 다를 바가 하나도 없잖아요. 대승불교의 핵심적인 가르침은 다 똑같아요. 잘못된 가르침들이 잡다하게 많이 있어서 그렇지. 우리는 티베트 불교에 대해서 이런 것은 모르고, 죽은 뒤에 어떻게 되느냐? 윤회는 어떻게 하느냐? 환생은 어떻게 하느냐? 이런 것에만 관심이 있으니 전혀 엉뚱한 짓이죠. 이것이 티베트 불교의 핵심이거든요. 그러니까 어디든지 불법의 핵심적인 가르침은 다 똑같아요.

10

내버려두어라

마하무드라의 노래 10번 게송입니다.

>밀교의 가르침을 지키는 사람이 여전히 분별하고 있다면,
>그는 깨달음의 정신을 배반하는 것이다.
>모든 활동을 멈추고, 모든 욕망을 버리고,
>생각이 마치 바다의 물결처럼
>일어나고 사라지도록 내버려두어라.

방편으로 하는 얘기인데, 티베트에서는 밀교라고 합니다. 금강승이라고 해서 밀교라고 해요. 우리 선(禪)은 불립문자(不立文字)라고 하죠. 밀교도 일종의 불립문자입니다. 왜냐면 밀교도 스승과 제자 사이에 문자를 세우지 않고 비밀스럽게 가르쳐 주어서 깨달음을 얻게 한다는 뜻이거든요.

밀교의 가르침을 지키는 사람이 여전히 분별하고 있다면, 그는

깨달음의 정신을 배반하는 것이다…… 밀교뿐만 아니고 공부하는 사람이 분별하고 있다면 전부 망상이죠. 하여튼 분별은 해당이 안 된다는 것은 너무나 자명한 사실이고, 어쨌든 (손을 흔들며) '이것!'이 한 번 실제 체험이 일어난다, 한 번 탁 쉬어진다 하는 것은 분별할 필요가 없어진다는 뜻입니다. 분별할 필요 없이 이렇게 자명해진다, 분명해진다, 살아 있게 된다, 또랑또랑해진다, 이 말이거든요. 분별할 필요 없이 아무 일이 없이 또랑또랑해진다, 이거거든요. 그런데 (손을 흔들며) "이겁니다." 여기에 무슨 분별이 작동하고 있는 게 아닙니다. '이것!'은 분별할 수가 없는 거죠.

우리가 체험을 해서 자기 내면에 변화가 생기면, 편안해지기도 하고 옛날에 보고 들었던 것이 이해가 되기도 하죠. 그렇게 편안해지면 그냥 편안하면 되고, 쉬어졌으면 그냥 쉬면 되고, 보고 들었던 게 이해가 되면 '이제 알았다' 하고 내버리면 돼요. 그래서 이유 없이 이 법에 뚜렷하면 되는데, 그러지를 못하고 쉬어지면 '아, 이렇게 쉬어지는 거구나' 하고 견해를 만들고, 이해가 되면 '아, 그렇구나' 하고 그 이해된 것을 다시 붙들고 있고, 이렇게 잘못될 가능성도 있습니다. 그리되면 자꾸 공부에 대한 견해를 만들게 돼요. 할 말이 자꾸 생기고 '아, 이것은 이런 거야' 이런 식으로. 그러면 안 된다 이거예요. 그냥 쉬어지면 쉬면 되지, 왜 '쉬어지는 게 이런 거다' 하는 그런 짐을 또 지고 있냐고? 그럴 이유가 없는 겁니다. 그러니까 그게 공부를 하면서 잘못되게 가느냐, 바르게 가느냐, 하는 갈림길인데, 쉬어지면 그냥 쉬면 되는 거고, 쉬어진다는 생각조차도 쉬어져야 되는 거거든요. 아무것도 없는 거죠.

경전의 가르침이나 조사의 가르침이 이해가 되면 '아, 그게 그런 뜻이었구나' 하고 이해가 되는 순간 그게 사라져야 됩니다. 이해가 됐으니까 그것을 기억하고 있다고 하는 것은 방향이 전혀 반대방향이죠. 그리고 실제로 '아, 그게 그런 뜻이었구나' 하고 이해가 된다 하더라도 그 당시 자기 눈으로 이해하는 것이지, 몇 년 뒤에 보면 또 다르게 이해가 된다고요. 그러니까 그것을 알고 있다는 게 아무 의미가 없는 짓이에요. 높이 나는 만큼 넓게 보인다고 하듯이 자기 안목만큼 보이는 것이거든요. 지금의 안목으로 이해되는 것을 더 이상 없는 고정된 진리인 양 그렇게 가지고 있다는 것은 아주 어리석은 짓이죠. 공부하는 사람이 그렇게 하면 발전이 없습니다. 그러니까 '아, 그런 말인가?' 하고 넘어가 버리고 잊어버려야 돼요.

그리고 진실 자체는 아무런 이해라든지 언어나 말이나 견해나 개념이 있을 수가 없는 거거든요. 진실은 살아 있는 거란 말이에요. 한 순간도 고정되어 있는 게 아니고, 무색투명해서 어떤 색깔도 모양도 없는 거라고요. (손을 흔들며) '이것!'인데, 이것을 어떻게 이해를 하냐고요? 살아 있으면 그냥 살아 있으면 되지, 살아 있다는 게 어떤 것인지를 알아야 될 필요는 없는 거 아니에요? 어떤 사람이 기절을 했다가 다시 깨어나면 그냥 살아가면 되는 거지, '아, 이게 사는 거구나' 하고 알아야 될 이유가 뭐가 있어요? 그만큼 생각의 오염이 심하다는 거예요. 진실한 법, 진실한 마음이라는 것은 (손을 흔들며) 그냥 '이것!'이에요. 알 이유가 전혀 없는 거고, 이렇게 분명하고 확실하고, 그냥 이것이죠.

우리가 이 생생한 것을 언어화시키는 순간, 이 생생함이 퇴색되어 버려요. 언어는 죽어 있는 것이기 때문에, 이 생생함이라는 것을 즐기면 우리는 늘 이렇게 팔팔하게 살아서 깨어 있을 수가 있는데, 이것을 언어화시키고 개념화시키는 순간, 오히려 생생함은 퇴색되어 버리고, 죽어 있는 언어를 붙들고 있게 된다고요. 그러면 안 돼요, 그것은 어리석은 짓이죠. 그런데 왜 자기도 모르게 그런 식으로 하게 되냐면, 지금까지 그렇게 살아왔기 때문에 그게 버릇이 된 거죠. 책을 많이 읽잖아요? 책이 문제인데, 책을 읽을 때 우리는 항상 머릿속에 개념을 만들어 놓고 있거든요. 그게 아주 버릇이 되어 있단 말이에요. 머릿속에 만들어 놓은 개념은 다 죽은 겁니다.

석류의 맛이 시다고 경험하면 우리는 머릿속에서 '석류'라는 한 마디 말만 들어도 입에 침이 고여요. 그 정도의 실감은 있지만 실제 석류를 먹는 것하고는 전혀 별개의 문제예요. 그러니까 언어가 우리한테 그 정도의 실감은 준단 말이에요. 그만큼 언어에 우리가 오염이 되어 있단 말이죠. 그러나 실제 석류를 먹는 것하고, 석류를 머릿속에 생각해서 침이 고이는 것하고는 전혀 다른 문제죠. 그것은 가짜잖아요? 진짜 석류 먹는 거하고는 전혀 다른 문제죠. 언어가 주는 실감이 어느 정도는 분명히 있습니다. 우리가 너무나 오랫동안 익혀 왔기 때문에. 그래서 언어 속에서 생각 속에서 우리가 느끼는 실감들이 있지만, 그것은 가짜란 말이에요. 진짜는 언어화되기 이전에 (손을 흔들며) '이것!'이 진짜죠. 그러니까 말 속에서 공부하는 사람들은 말이 주는, 생각이 주는 정도의 실감 속에서 공부를 하는 겁니다. 석류 비유가 적절한 겁니다. 석류 생각만 해도 입에 침이 고이는 그 정도의 실감이 있다고요. 마찬가지예요. 언어에 심하게 오염이 되어 있기 때문에 언어가 주는 실감이 있습니다.

그러나 그것은 진정한 실제는 아니죠. 실제가 분명해져야 해요. 생각으로 어떤 느낌이나 경험을 하는 게 아니고, 실제는 짜릿한 그런 게 없어요. 그냥 분명하고 맑고 확실하고 살아 있는 거고 그냥 (법상을 치며) "이것뿐!"인 거지, 언어가 주는 그런 감동은 없어요. 인간은 언어라고 하는 가상세계 속에서 살고 있는 겁니다. 예를 들어서, 어떤 꽃을 구경하더라도, 그 꽃을 보고 시인이 지어 놓은 시를 보면 굉장히 감동이 오는데, 실제 그 꽃을 보면 아무 감동이 없고 그냥 꽃이죠. 그런 경우들이 있잖아요? 금강산 유람한 정비석의《산정무한》을 읽어 보면 엄청 감동을 받는데, 실제로 가서 봐도 그럴까요? 언어가 주는 그런 느낌에 속지 마시라는 겁니다. 생각이 주는 느낌에 속지 말고…… 실제는 다른 겁니다. 실제 자체는 아무런 그런 게 없죠.

그는 깨달음의 정신을 배반하는 것이다…… '분별한다'고 하는 것은 생각한다는 것이고 언어 속에서 말을 하고 있는 겁니다. 모든 활동을 멈추고, 모든 욕망을 버리고…… 이런 것은 방편인데도 좋은 말은 아닙니다. 활동을 멈추고 욕망을 버리고…… 이러면 명령 문이잖아요. 안 좋습니다. 명령문은 뭘 어떻게 하라는 것이잖아요? 그렇게 받아들이면 안 돼요. 모든 활동을 멈추고, 모든 욕망을 버리고, 생각이 마치 바다의 물결처럼 일어나고 사라지도록 내버려두어라…… 명령문이거든요. 이것은 수행하는 겁니다. 어떻게 하라는 것이니까. 시키는 대로 그렇게 한다는 것은 수행이거든요. 그렇게 하면 안 되죠. 이것은 의도적인 행동이 되는 겁니다.

그렇게 해선 안 되고, 스스로가 이 법이 분명하면, 여기에 나오다시피, 저절로 쉬어지고 욕망도 나타나질 않고, 생각이 나타나든 말든 전혀 상관이 없게 돼요. 저절로 그렇게 돼야 하는 것이지, 그렇게 하려고 해서 그렇게 되면 안 됩니다. 그것을 착각하면 안 돼요. 이렇게 해서 이런 결과가 나오는 게 아니고, 법이 여법해지고 여기에 통달해서 이 자리에 있으면 저절로 생각도 쉬어지고, 생각이 일어나든 말든 상관이 없게 되고, 저절로 욕망에 시달리지 않게 되고, 저절로 아무 일이 없어요. 무위법입니다. 반드시 저절로 돼야 하는 것이지 '그렇게 해라' 해서 되는 게 아닙니다. 이런 것들은 방편의 말들이지만 오해의 여지가 있기 때문에 좋은 방편이 못돼요. 그래서 뭘 하라든지 하지 말라든지 하는 것은 좋지 못한 가르침입니다. 이것은 어쨌든 어떤 행동을 하게끔 만드는 거니까.

좋은 가르침은 직지인심(直指人心)입니다. "도가 뭐냐?" "잣나무다." "마음이 뭐냐?" (법상을 치며) "이것이다." 그냥 단지 가리킬 뿐입니다. 하라거나 하지 말라거나 그런 요구를 하지 않아요. 단순히 이렇게 가리킬 뿐이죠. 이것이 가장 허물이 없는 가르침입니다. 뭘 하라거나 하지 말라거나 하는 것은 좋지 않습니다. 어쨌든 그렇게 하면 안 돼요. 단순히 가리킬 뿐이어야 해요. 마음이 뭐냐? (손을 흔들며) "이것이다." 도가 뭐냐? (법상을 치며) "이것이다." 이렇게 가리킬 뿐이고, 스스로가 여기에 한 번 계합이 되고 체험이 되면 저절로 성취가 되고, 저절로 일이 없어지고, 저절로 생각이 일어나든 말든 관

150

계가 없어지고, 저절로 쉬어지고, 저절로 욕망에 끄달리지 않고, 그렇게 되는 거예요. 그러니까 효과는 저절로 나오는 것이고, 가리키는 것은 (손을 흔들며) '이것!'을 가리킬 뿐입니다. 그래서 여기에 어떻게 하면 통하느냐? 그것은 알 수가 없죠. '어떻게'라는 게 있으면, 역시 또 하나의 방법이 되거든요. 길을 가르쳐 주는 거니까, 그렇게 될 수가 없고, 그냥 (손을 흔들며) "이것뿐입니다,"

그러니까 이심전심(以心傳心)이라는 말이 나오는 거라. 이심전심은 그냥 자기도 모르게 공감이 되고 그냥 통하는 거거든요. 공부는 그렇게 되는 거죠. 의도적으로 하는 게 아닙니다. 절대로 의도를 가지고 하면 안 되고, 자기도 모르게 저절로, 같은 것에 대한 같은 관심을 가지고 있으면 우리가 다 마음이 통하게 되어 있어요. 동일한 것에 대해서 동일한 관심을 가지고 귀를 기울이고 같이 공부하다 보면 다 통하게 되어 있는 거라. 자기도 모르게 저절로 통하게 되어 있는 거라. 그래서 이심전심이라고 하는 거거든요.

그렇게 해서 자기가 길을 느끼게 되고, 길이 열리게 되고, 자기가 '아, 이 길이구나' 하고 감이 오면 그렇게 가면 되죠. 뭘 해라, 하지 마라, 어떻게 해라, 이런 소리를 들으면 안 됩니다. 법은 (손을 흔들며) '이것!'이고, 이것은 우리 각자 스스로에게 다 갖추어져 있는 겁니다. 그냥 이 일입니다. 이 일 하나. (법상을 치며) 그냥 여기서 이런저런 분별, 판단, 생각 없이 딱 통해서 분명하면 되는 거라. 이 일 하나지, 이것만 분명하면 되는 거지 다른 건 없습니다.

딱! 딱! 딱! (죽비 소리)

11

갈망을 버리고

마하무드라의 노래 11번 게송입니다.

    영속하지 않는 것을 훼손하지도 않고

    비분별(非分別)의 원리를 훼손하지도 않는 사람이

    밀교의 가르침을 지키는 사람이다.

    갈망을 버리고 이것과 저것에 집착하지 않는 사람이

    경전에 쓰인 참된 뜻을 지키는 사람이다.

영속하지 않는 것을 훼손하지도 않고, 비분별(非分別)의 원리를 훼손하지도 않는 사람이…… 하여튼 이것은 말이고, (손을 흔들며) '이것!'인데, 이것을 말로 하다 보니까 '영속하다, 영속하지 않다', '분별이다, 분별이 아니다' 이런 상대적인 말을 쓰는 겁니다. 상대적인 말을 가지고 억지로 나타내지만, 사실은 공부에 있어서는 별로 효과가 없습니다. 공부의 효과라는 것은 (손을 흔들며) 그냥 "이겁니다." 그냥 "이것뿐!" 무슨 말이 필요가 없거든요. 말을 한다는 것은 생각을 한다는 건데, 생각을 하면 '이것!'은 아니거든요. 어긋나 있는 겁니다. "이겁니다" 하면 그냥 이것뿐이지 여기에 무슨 말을 한다는 게 있을 수가 없는 거죠. 이것뿐이죠. 이것뿐이지, 아무 뭐가 있는 게 아니죠. "이것뿐이다." 여기서 말을 할 수도 없고 생각도 할 수 없지만, 자기 스스로는 뭐랄까 어떤 부조화, 이런저런 잡다한 일이 있는 것 같다가 갑자기 그 잡다한 것들이 다 사라지고 아무 일이 없는 그런 겁니다.

옛날 누군가 이런 비유를 들었어요. 수은을 쟁반 위에 탁 떨어뜨리면 다 흩어지는데, 쟁반이 살짝만 기울어져도 좀 있다 보면 다시 조르르 모여서 흩어짐이 없이 한 방울이 딱 되죠. 그런 것처럼 마음이 (손을 흔들며) "이겁니다" 하면 저절로 하나가 되어 그냥 아무 일이 없는 거죠. 저절로 통일이 된다 할까? 하나로 싹 돌아가서 아무 일이 없고 그냥 이것뿐. 그러니까 조각조각 흩어져서 이것저것 되는 게 아니라, 그냥 이렇게 (손을 흔들며) "이것뿐!" 이러면 저절로 모든 것이 조화를 이뤄서 저절로 하나가 되어 버리는 거예요.

자동차로 비유를 하면, 자동차라는 것이 조립이 잘 되어 있으면 모든 것의 기능이 연계적으로 원활하게 돌아가서 고장 없이 잘 가는데, 조립된 어느 부분이 헐거워지거나 빠지거나 부서지면 고장이 나서 문제가 생기는 거죠. 사실 이 마음도 좀 그런 부분이 있거든요. (손을 흔들며) "이것뿐." 이러면 모든 것이 원활하게 잘 돌아가요. 원융무애(圓融無礙)라고 하듯이 그냥 하나가 되어 저절로 이렇게 돌아가지, 뭘 구별하고 분별하고 말할 게 없는 거거든요. (손을 흔들며) "이것뿐." 이러면 이것뿐이지, 뭐가 어떻게 되어 있느냐 하고 따질 수가 없어요. 그냥 이것뿐이면 아무 일이 없는 거고, 모든 것이 걸림 없고 아무런 번뇌망상이 없이 저절로 이렇게 다 되는 거고, "이것뿐이다" 하면 아무 일이 없는 거예요.

그런데 이것이 고장이 나서 어느 부분이 삐거덕거리고 뭔가가 불편하고 안 맞다 하면 그 부분은 우리가 알게 되죠. 예를 들어서 우리 몸도 그렇잖아요? 몸도 아무 일 없이 건강할 때는 몸에 대해서 아무 생각도 안 일어나고 아무 할 말도 없는 겁니다. 그런데 어느 부분이 고장이 나서 팔이 아프다 그러면 그때는 말이 되고 생각도 되거든요. 그러니까 우리가 말을 하고 생각을 한다는 것은 문제가 있다는 거예요. (손을 흔들며) 이것뿐이에요. 아무 문제가 없을 때는 아무 생각도 없고, 생각이 일어나지도 않고, 말할 것도 없는 거예요. "이것뿐이다." 이것뿐이지 저절로 아무 일이 없는 거죠.

방편이라는 것은, 항상 말씀드리지만, 병을 치료하기 위해 쓰는 약과 같습니다. 이를테면 어떤 병에 대해서 어떤 처방을 해야 하느냐 하는 의학 서적과 같은 거죠. 의학 서적은 몸에 병이 있을 때 치료하려는 책이므로 건강한 사람한테는 필요 없는 책이죠. 불교 경전이나 마음공부에 대한 말들이 다 의학 서적과 같은 방편이란 말이에요. 그러니까 방편의 말을 공부할 것은 없고, 진실은 (손을 흔들며) 바로 '이것!'이니까 여기에 통해서 이게 분명해져 버리면 그냥 이것뿐이지요. 말하자면, 육체가 건강하게 살아가듯이 우리 마음도 건강하게 아무 일이 없이 아무런 장애를 못 느끼고 어떤 불편함도 없이 그냥 건강하게 사는 거죠.

　그리고 우리 몸이 아주 건강할 때에는 몸에서 느끼는 어떤 즐거움이라는 게 있거든요. 몸이 아주 건강하게 잘 살아 있다는 것은 마음으로 말하자면 여법한 것이고 깨달아 있다고 하는 건데, 마음이 깨달아 아무 문제가 없을 때는 마음에 문제없음의 기쁨이 있어요. 그런데 마음에 끄달리는 일이 생기고 문제가 생기고 번뇌가 생기면, 그것 때문에 기분이 좋지 않고 불쾌하고 뭔가 찝찝하고 몸이 아픈 고통을 느끼듯 합니다. 사실 번뇌라는 게 그런 거거든요. 몸이 아픈 건 번뇌가 아니고 통증이지만, 마음이 아픈 것은 마음이 아무 불편함이 없이 상쾌하게 항상 걸림 없는 게 아니고, 뭔가 어딘가 찝찝하고 말끔하지 못하고 그런 부분이 있는, 그래서 뭔지 모르지만 기분이 좋지 않은 것, 그게 바로 번뇌죠. 한마디로 마음이 아픈 거죠. 생로병사가 번뇌라고 하는데 그것은 상투적으로 하는 말이고, 실제 우리가 경험하는 번뇌는 그런 겁니다.

　우리는 정신적인 마음의 건강함을 가지고 살면 되는 거니까, 그것은 뭐냐 하면 (손을 흔들며) "이것이다" 말이에요. "이것뿐이다" 하면 이것뿐인 거지 여기에 이런저런 다른 일이 없죠. 하여튼 "이것뿐이다" 할 때, 마음의 건강함이라는 것은 마음이라는 것 속에 뭔가가 있다는 것을 전혀 못 느끼는 겁니다. 그것은 다르게 말하면, 이 세상에 아무것도 없는 것 같아요. 아무것도 없지만 이렇게 생생하고 팔팔하게 살아 있고, 모든 것이 약동하는 것 같은, 아주 분명하게 살아 있는 그런 힘이라 할까? 그런 것을 확실하게 느끼고 있는 거죠.

옛날에 중국의 도교(道敎) 하는 사람들이 영원히 살려고 했는데, 영원히 살려면 항상 생명의 새로운 기운을 받아야 된다고 주장했죠. 그럼 생명의 새로운 기운이 나오는 근원이 어디냐? 엄마의 뱃속이에요. 그래서 엄마 뱃속의 삶으로 돌아가려고 했습니다. 태식법(胎息法)이라는 게 거기서 나온 거거든요. 태 속에서 숨 쉬는 방식으로 숨을 쉰다는 것이 단전호흡이에요. 엄마 뱃속의 태아는 밥은 안 먹고 물만 마시잖아요? 그래서 이슬만 먹으려고 했지요. 그 사람들의 생각이 그랬지만, 번지수가 틀린 거죠.

실제 이 자리 이 법이 이렇게 분명하면, 육체는 영원히 살 수 없지만, 마음이라는 것은 본래 영원한 것이기 때문에 마음의 태식법이랄까? 생명의 근원이랄까? 사실은 '아, 그래 이것이다' 하는 강한 느낌이 와요. '아, 이게 생명의 근원이구나' 하는 그런 느낌도 든다고요. 육체의 문제가 아니에요. 도교의 신선술이 애초에 잘못 끼운 단추는 영원한 삶을 육체에서 찾았다는 겁니다. 마음이 영원한 것이지 육체가 영원한 건 아니거든요. 육체를 가지고 영원히 살려고 했으니 번지수가 틀려서 실패한 거죠. 물론 도교도 송나라 때쯤 되면 불교의 영향을 받아서 교리를 바꿔요. 육체는 영원할 수 없고 마음이 영원한 것이다 하는 식으로.

영원함이라는 것은 그냥 (손을 흔들며) 이것이죠. '이것!' 하나죠. 영원하다는 말도 사실 필요가 없는 것이고, 그냥 "이것뿐"이다…… 영원이라는 것은 순간 속에 있습니다. 왜냐면, 우리는 1분이라는 간격의 시간을 살 수 없습니다. 항상 순간 속에 있는 거죠. 그렇잖아요? 1분 전과 1분 뒤를 우리가 동시에 살 수는 없다 이 말이에요. 삶이라는 것은 항상 순간 속에 있는 것이죠. 그렇기 때문에 영원이라는 것은 사실은 이 순간 속에 있는 겁니다. 실제 경전에도 그렇게 되어 있고, 《화엄경》 구절에 일념즉시무량겁(一念卽時無量劫)이라…… 일념(一念)이라는 것은 한 생각이라는 뜻이 아닙니다. 한순간, 찰나라는 뜻입니다. "한 찰나가 무한한 세월이다." 이 뜻이거든요. 왜? 영원함이라는 것은 지금 바로 (손을 흔들며) '이것!'이기 때문에. 이 찰나가 항상 이 한 찰나란 말이에요. 1분 전에도 이 한 찰나고, 1분 뒤에도 이 한 찰나고, 1년 전에도 이 한 찰나고, 1년 뒤에도 이 한 찰나고, 항상 이 한 찰나죠. 그러니까 우리는 늘 그냥 이 속에 있을 뿐이지요. 사실 '일념즉시무량겁'이라는 것은 시간 개념이 없다는 겁니다. 한순간이라는 것은 시간 개념을 지워 버린 거잖아요.

원래 일념에 대한 경전 주석에는 어떻게 되어 있느냐 하면, 머리카락의 백분의 일, 천분의 일 정도 굵기의 실을 옥으로 만든 매끈한 도마에 놓고 아주 날카로운 칼로 딱 내려칠 때 그 칼날이 실을 지나가는 그 시간이 일념이라고 되어 있어요. 인도 사람들이 아주 상상력이 풍부한 사람들이에요. 그러니까 일념은 엄청나게 짧은 시간이죠. 한 찰나란 말이에요. 사실은 그냥 "이것뿐"이죠. 항상 한 찰나죠. '찰나생 찰나멸' 이런 말도 하는데, 하여튼 지금 (손을 흔들며) '이것!'이다, 이 일 하나다……

망상이라는 것은 찰나의 삶을 살지 못하고, (손가락을 세우며) 이것이 이렇게 와 닿지 않고, 생각이라는 놈이 기억 속에 길게 유지가 되는 겁니다. 그게 망상이에요. 생각이라는 놈은 기억 속에서 과거·현재·미래가 계속 유지되고 있는 것 같은 착각을 하죠. 실제 법에 딱 맞아떨어지면, 여기에는 과거도 없고 현재도 없고 미래도 없고, 그냥 이것뿐이에요. 그렇기 때문에 시간이 지속된다는 개념이 전혀 없는 거죠. 당장 지금 (손을 흔들며) "이것뿐!"이다. 이것뿐인 거죠. 이것은 자기가 이게 한 번 철저해져야 하고, 이게 확실해져야 하는 겁니다. 그러면 그냥 이것뿐이지 딴 게 있는 게 아니에요.

그런데 (손을 흔들며) "이것뿐이다" 하는데도 왜 생각이라는 놈은 지속성을 가지고 있느냐? 이것을 생각으로 받아들이면 '아, 그래 이것뿐이지' 하고 한참 뭐가 있어요. 이것뿐이라는 것에 뭐가 있는 것처럼 착각을 합니다. 그게 상(相)이라고 하는 겁니다. '이것!'이라고 하는 뭐를 생각해 보면 '그래 이것이지' 하고 뭐가 있는 것 같거든요. 그게 허상이라고 하는 거예요. 실제로는 그런 게 없죠. 그냥 "이것뿐이다." 아무런 뭐가 없어요. 이것뿐이지 아무 뭐가 있는 게 아니거든요.

찰나 찰나가 항상 새롭고, 새로우면서도 다른 걸로 새로운 게 아니고 똑같은 걸로 새로워요. 허공은 찰나 찰나가 새로운 허공이라 할 수도 있는 거라. 어쨌든 지금 (법상을 치며) 이 일이니까, 바로 '이것!'이니까 찰나 찰나가 새로우면서도 항상 똑같은 것으로 새로운 겁니다. 그래서 여여하다고 하는 이유가 그런 뜻이거든요. 매 순간 찰나 찰나가 새롭지만 또 항상 똑같다고 말할 수 있는 거예요. 왜? (손을 흔들며) '이것!'이니까, 항상 이것이죠. 그런데 이것은 지속되는 게 아니다 이 말이에요. 그래서 "앞뒤가 없다", "앞뒤가 끊어졌다" 이런 표현을 하는 거죠. 어쨌든 이겁니다.

그런데 이것을 생각으로 받아들이면 무언가가 생겨요. 그러니까 그게 망상이죠. 깨끗하지가 못하고 뭐가 있는 것 같단 말이에요. (손을 흔들며) 이게 딱 분명하면 깔끔하고 깨끗하고 아무것도 없어요. 아무것도 없으면서 항상 이렇게 분명하죠. 그러나 항상 아무것도 없어요. 그런데 이것이 분명하지 않으면 생각 속에서 계속 그림을 그려 놓고 있는 거예요. 환등기 같은 거 생각해 보세요. 환등기로 한 영상을 찰가닥 넘기면 사진의 영상이 나타나잖아요. 사진은 고정돼 있는데 실제로 빛은 어떻습니까? 시속 30만 km로 빛의 파동이 한순간도 고정되어 있지 않아요. 빛은 계속 쏟아지고 있으면서 새로운 빛의 파동이 일어나고 있는데도 우리 눈에는 똑같은 영상이 고정되어 있는 것 같죠. 그게 망상이에요.

끊임없이 새롭고 아무것도 고정되어 있는 게 없고 아무 일이 없는데, 그런데 뭔가 있는 것처럼 착각을 하고 산단 말이에요. 이렇게 비유를 들 수도 있는데, 어쨌든 그냥 (손을 흔들며) "이것뿐이다." 여기에 뭐가 있어요? 아무 일이 없다고요. 아무것도 없는데도 모습에 매달려 있는 사람들은 계속 뭐가 있다고 착각을 하는 거예요. 그러니까 아무것도 없는 곳에서 뭐가 있다고 착각을 하고 집착을 하는 게 중생의 전도몽상(顚倒夢想)이거든요. 그게 아주 확연하게 확인이 돼요. 아무 일이 없는데도 사람들이 왜 저렇게 없는 곳에서 뭐가 있다고 스스로가 만들어서 집착을 하고 있는가 하고 확실하게 보인다니까요. 그것을 전도몽상이라고 하는 거예요. 아무 일이 없거든요. 아무것도 없고 그냥 (손을 흔들며) "이것뿐이다." 이것은 마치 빛이 끊임없이 새롭게 파동 쳐서 쏘아 대는 것처럼, 그러면서도 항상 똑같은 밝은 빛이잖아요? 이것도 마찬가지예요. 항상 새롭지만 또 항상 똑같아요.

  영속하지 않는 것을 훼손하지도 않고, 비분별(非分別)의 원리를 훼손하지도 않는다…… 말을 좀 어렵게 했는데, 영속하지 않는다는 것은 허망한 분별망상입니다. 비분별의 원리라는 것은 불이법이죠. 분별을 떠난 불가사의법, 바로 공(空)입니다. 공을 부수지도 않고, 공이라면 아무 분별없는 이 법을 가리키는 것이고, 영속하지 않는 것이란 망상을 가리키는 것인데, 공부는 뭔가를 버리고 취하는 게 아닙니다.《반야심경》식으로 말하면, 영속하지 않는 것은 색이고, 비분별의 원리라는 것은 공입니다. 공을 취하고 색을 버리는 것도 아니고, 반대로 색을 취하고 공을 버리는 것도 아니고, 둘 다 취하는 것도 아니고 둘 다 버리는 것도 아니고, 공부란 뭔가를 취하거나 버리는 게 아니에요. 그냥 (손을 흔들며) 이겁니다. 여기에는 취하고 버릴 게 없어요. 그대로 아무 일이 없는 거죠. 뭐라고 할 게 아무것도 없는 거죠. 그냥 이겁니다. 그냥 이것뿐이지요. 색이다 공이다 하는 것도 한 개의 상(相)입니다. 분별이죠. 색이다 공이다 하는 아무 분별도 없고 그냥 (손을 흔들며) "이겁니다" 하면 그냥 이것뿐!

  이것을 "한마디 말 속에 팔만 사천 가지 법문이 다 들어 있다"고 하는 겁니다. 분별을 하면 수많은 얘기를 할 수가 있지만, 실제로는 그렇게 나누어져 있는 게 아니고 한 덩어리로 조화가 되어서 하나이기 때문에 실제는 분별이 되지 않는다…… 그게 무슨 얘기냐? 분별을 하면 안 된다는 거예요. 방편으로 공과 색, 정과 혜, 있음과 없음, 깨달음과 미혹함, 이런 것을 분별하지만, 방편으로 분별하는 겁니다. 그것을 실제로 있다고 여기면 절대로 안 됩니다. 방편이란 문제가 생겼을 때, 망상에 떨어졌을 때 치유하는 하나의 약일 뿐이고, 실제 문제가 없는 건강함을 유지하고 있는 사람에게는 필요가 없는 거거든요. 그러니까 공이니 색이니 신경 쓸 필요 없어요.

영속하지 않는 것, 허망한 세간을 손대지도 않고, 비분별의 원리, 이 출세간의 공을 손대지도 않고, 양쪽을 분별해서 손대지 않는 그런 사람이 밀교의 가르침을 지킨 사람이다…… 밀교의 가르침이란 여법하다 이거예요. 여법한 사람이다. 양쪽에 있는 게 아니죠. (손을 흔들며) 하여튼 "이것뿐!"인 겁니다. 머리를 쓰면 절대로 안 된다는 거예요. 제가 설법을 해 드리는데 말로 하기 때문에 자칫하면 머리를 쓸 수가 있습니다. 저는 머리를 가지고 설법을 하는 게 아니에요. 이 법을 가지고 설법을 하는 거지 머리를 써서 하는 게 아닙니다.

《노자》에 "허기심 실기복(虛其心 實其腹)"이란 말이 있는데 "머리는 비우고 배는 채워라" 이런 뜻입니다. 머리를 써서 하는 공부가 아니다 절대로, 마음을 가지고 하는 건데 마음은 어디에 있는 거냐? 허공처럼 온 천지에 모양 없이 있는 (손을 흔들며) '이것!' 한 개가 마음이에요. 머리는 망상을 부리지만 마음은 망상을 부리지 않습니다. 머리를 조금이라도 쓰게 되고 개입시키게 되면, 이 법이 다 망상세계가 되어 버려요. 그래서 머리를 써서 하면 안 된다…… 이 마음이 얼마나 분명하고 뚜렷하고 확실하냐? 아무 형체도 없고 모양도 없는 이 마음이 얼마나 확실하냐? 이게 공부죠. 공부가 얼마나 깊어지나, 공부에 얼마나 안목이 생기나 하는 거죠. 마음은 모양도 없고 냄새도 없고 맛도 없고 느낄 수도 없고 알 수도 없는데, 이것이 얼마나 확실하냐? 이 문제거든요.

그런데 우리가 인간을 정의하는 말 중에, "인간은 생각하는 동물이다", "말을 하는 동물이다", "도구를 쓰는 동물이다", "유희를 하는 동물이다" 등 여러 가지 말이 있는데, 그중에서도 제일 많이 듣는 게 "생각하는 동물이다", "말을 하는 동물이다" 하는 겁니다. 그러다 보니 생각에 속고 말에 속아요. 망상은 바로 말하고 생각하는 데서 생기는 겁니다. 그러니까 자꾸 그쪽으로 따라가려고 해요. 그것에 너무 심하게 오염이 돼서 그 속에서 공부를 하려고 합니다. 그러니까 지금 중국 선(禪)의 역사를 보더라도 초창기에 한 백년간은, 달마는 전설적인 인물이니까 내버려두고, 육조부터 임제까지 말하면 육조가 713년에 죽었고 임제가 867년에 죽었으니 불과 150여 년 그때가 가장 전성기인데, 그때는 말로 설명을 안 했어요. 주로 행동을 하거나 한두 마디 해서 바로 (손을 흔들며) 이것을 가리키는 것이 위주였는데, 그런데 불교가 쇠퇴하면서 말이 많아지게 되었죠.

선어록(禪語錄)이라는 게 초창기에는 없었습니다. 《육조단경》도 그 당시에는 없었고 한참 뒤에 몇 백 년 뒤에 나오거든요. 그러니까 말할 수 없는 이 선이 팔팔하게 살아 있을 때에는 말할 필요가 없고, 그냥 항상 살아 있는 마음인데 무엇 때문에 기록을 하고 말할 필요가 있었겠어요? 그런데 이게 쇠퇴하고 생생한 살아 있는 선이 사라지니까 결국 문자로 기록되어 버린 거라. 그게 전부 다 죽은 거다 그 말이에요. 그 죽은 게 지금까지 형체가 남아 있는 공안선(公案

禪)이라고 하는 거예요.《벽암록》,《무문관》다 죽어 버린 문자거든요. 죽은 선이 살려고 발버둥을 친 기록이에요. 처절한 기록들이죠. 이미 죽은 선을 그래도 문자로나마 어떻게 살려 보려고 했지만 오히려 더 죽어 버렸어요. 문자로 하면 더 죽는 길이지 사는 게 아니거든요. 사람도 젊었을 때 열심히 살 때는 자서전 안 씁니다. 죽을 때 다 되어 가지고 쓰는 거와 똑같아요. 그러니까 선이, 이 법이 분명하면 머리를 쓸 이유가 없단 말이에요. 결국 (손을 흔들며) '이것!'인데 말할 이유가 없는 거거든요.

불교 경전도 똑같습니다. 석가모니가 살아 있을 때는 기록이 없었어요. 경전이라는 게 존재하지 않았습니다. 왜? 살아 있는 부처가 있는데 문자라는 게 필요가 없죠. 석가모니가 죽고 나서 '아, 어떻게 공부해야 하느냐?' 살아 있는 법이 없으니까. 그래서 옛날 가르침을 기록하자 해서 만든 게 경전이거든요. 경전이라는 게 부처님이 죽고 나서 생긴 겁니다. 그러니까 선(禪)의 정신이라는 것은 살아 있는 법이고, 살아 있는 마음이고, 그냥 (손을 흔들며) '이것!'이거든요. 말할 필요가 없고 말할 수가 없이 이렇게 생생하고 분명한 것, 이게 선의 정신이거든요. 그래서 선에서 "문자는 다 죽어 버린 거다, 마음이라는 게 살아 있는 건데 왜 문자를 세우냐? 살아 있는 마음으로 우리가 돌아가야 한다" 하고 불립문자(不立文字)를 주장했죠. 사실은 죽었던 불교를 되살린 게 선(禪)입니다. 그것조차도 얼마 못가서 또 죽어 버렸죠. 그만큼 우리가 망상에 오염이 심했다는 거예요. 생각과 문자는 다 망상이고 죽어 버린 거거든요.

163

살아 있는 것, 생생한 것, 이게 얼마나 분명하고 생생하냐? 이것
만이 진실할 뿐인 겁니다. 이것은 문자가 필요 없는 거죠. 이것만이
진실할 뿐인 거니까. 이게 얼마나 분명하냐, 문자가 필요 없이 생생
하고 확실하냐가 관건이죠. 확실하다는 것은 머리로 알아서 확실한
게 아니고 이게 생생하게 살아 있다는 말이에요. 이게 생생하게 살
아 있고, 이게 펄떡펄떡 뛰고 있는…… 임제가 그랬거든요. "선이라
는 것은 펄떡펄떡 뛰는 거다" 하고 물고기 비유를 들었어요. 물고기
가 물에서 뛰는 모습을 보세요. 실제 강에서 물고기가 뛰는 모습을
보면 굉장히 힘이 있습니다. 그것을 비유로 들고, 이렇게 펄떡펄떡
살아 있는 거다…… 왜? (손을 흔들며) '이것!'이니까 말할 필요가 없
는 거죠.

임제는 원래 경전 공부를 많이 했지만 결국 몽둥이로 두들겨 맞
다가 깨쳤거든요. 나중에 대우 스님에게 가서도 옆구리를 몇 대 쥐
어 박히고 나서 깨달았어요. 자기가 깨닫고 나서 대우 스님이 "네가
뭘 알았느냐?" 물으니까 아무 말도 안 하고 자기도 대우 스님을 한
대 쥐어박았어요. 옆구리를 쥐어박으니까 인정을 해 줬거든요. 그냥
(손을 흔들며) "이것뿐"인데 무슨 할 말이 있냐 이거예요. 이것이 얼마
나 생생하고 분명하냐? 이것뿐인 겁니다. 하여튼 여기에는 생각과
말이 들어오면 안 되는 겁니다.

갈망을 버리고 이것과 저것에 집착하지 않는 사람이
경전에 쓰인 참된 뜻을 지키는 사람이다.

갈망을 버리고 이것과 저것에 집착하지 않는다······ 갈망이라는 것은 뭐가 있다고 보기 때문에 그것을 원하는 거예요. 그러니까 망상 속에서 갈망이 생기지, 이 속에서는 갈망이라는 게 생길 수 없는 겁니다. 진짜로 이 속에 있으면 아무것도 없는데 무슨 갈망이 생겨요? (손을 흔들며) "이것뿐이다." 아무것도 없는데, 뭐라고 할 게 아무것도 없이 그냥 '이것!' 그야말로 "온 우주에 빛만 밝을 뿐이다"라고 말할 수 있는 거거든요. 온 우주에 구름 한 점 없이 빛만 환하게 밝아서 그림자는 하나도 없다고 말할 수 있는 건데, 뭐가 있어야 갈망을 하죠. 갈망이라는 것은 뭐가 있다고 분별을 했을 때, 그것을 원하니까 갈망이죠. (손을 흔들며) '이것!'이 이렇게 분명하면, 이것은 항상 이렇게 갖추어져 있는 허공 속의 빛처럼 항상 분명하기 때문에 무슨 갈망이 생길 수가 없어요. 갈망은 없고 (손을 흔들며) "이것뿐." 이렇게 명백한 거고, 분명한 거고, 생생한 거고, 존재 자체가 바로 이것이기 때문에······ 자기라고 하는 존재가 따로 있으면 뭔가를 원하겠지만 그런 게 없습니다.

자기 존재 자체가 바로 '이것!' 자체고, 아무 뭐가 아닌, 한 물건이 아닌 허공과 같은, 그러면서도 이렇게 분명하게 살아 있는 이것이 자기 존재거든요. 자기라는 게 따로 없어요. 그러니까 원하는 게 없고, 바라는 게 없고, 갈망이 안 생기죠. 갈망할 게 있는데 '나는 마음을 비우자'라고 하는 것이 아니고, 갈망할 대상이 없는 겁니다. 좋은 게 있는데 '황금 보기를 돌같이 하자' 하고 내버리면 이것은 갈망을 비운 게 아니에요. 그렇게 하는 게 아니고, 갈망할 만한 무엇이 없어요. 아무것도 없는데, 나라고 할 주체가 없고 대상이 없는데 뭘 갈망을 해요? 갈망이 안 일어나는 거예요. 그런 뜻입니다. 갈망을 버린다는 것은, 버려서 버리는 게 아니고 갈망 자체가 사라져 버리는 겁니다.

갈망을 버리고 이것과 저것에 집착하지 않는 사람이, 경전에 쓰인 참된 뜻을 지키는 사람이……경전에 쓰인 참된 뜻이라는 것은 (손을 흔들며) '이것!' 하나를 가리키는 거죠.

12
가장 높은 진리의 등불

마하무드라의 노래 12번 게송입니다.

마하무드라 속에서 모든 죄악은 소멸한다.
마하무드라 속에서 사람은 세속이라는 감옥을 벗어난다.
이것은 가장 높은 진리의 등불이다.
이것을 믿지 않는 바보들은
번뇌와 슬픔 속에서 영원히 몸부림칠 것이다.

여기서는 (손을 흔들며) '이것!'을 '마하무드라'라고 이름을 붙였습니다. 마하무드라는 대인(大印), 큰 도장이라는 뜻이에요. '이것!'을 도장이라고도 하죠. 도장이라는 것은 확실하게 어떤 증거를 삼는다는 뜻으로, 우리가 진여, 반야라고 말하듯이 밀교에서는 '마하무드라'라고 이름을 붙인 거죠. 사람들은 이름 붙이는 것을 좋아해요. 그것도 어찌 보면 내가 지은 이름이다 하고 자기 자랑하려고 하는 거

167

예요. 있는 그대로 쓰면 되지 새로 이름을 만들게 뭐 있습니까? 어차피 이름이라는 게 허망한 건데.

마하무드라 속에서 모든 죄악은 소멸한다…… 죄악도 공덕도, 말하자면 선도 악도 여기는 없죠. 왜? 그것은 그냥 분별 속의 일이거든요. 분별할 게 아무것도 없는데, 무슨 선이 있고 악이 있고 죄악이 있고 공덕이 있느냐? 죄와 공, 선과 악, 그런 게 없단 말이에요. 어쨌든 분별할 게 아무것도 없거든요. (손을 흔들며) "이것뿐이다." 이것뿐인 거지, 뭐라고 할 게 아무것도 없는 거죠. 이 세계는 하나의 거대한 생명체라고 해야 하나? 그런 것 같아요. 그냥 이렇게 살아 움직일 뿐이고, 그냥 이렇게 늘 활발하게 드러나 있을 뿐이고, 그래서 우리가 이것을 법신불이라고 하거든요. "우주는 법신이다, 법의 몸이다." 이렇게 표현을 해요. 몸이라는 것은 고정되어 있는 게 아니고 살아 움직인다는 뜻입니다. (손을 흔들며) 그냥 이 일이거든요. 이 일 하나. 이것이란 말이에요.

하여튼 이것이 얼마나 분명하냐? "이것뿐이구나" 하는 이 생생함, 이 명료함, 살아 있음…… 아까도 말했지만 우리가 건강한 몸에서 느끼는 그런 기쁨이 있듯이 이 마음도 마찬가지입니다. 마음이 살아 있고 생생한 어떤 기쁨 같은 것이 있어요. (손을 흔들며) "이것뿐이다." 이것이지 딴 게 뭐가 있나요? 우리가 죄악과 공덕, 대개 공과(功過)라는 말을 하는데 공(功)은 잘한 것이고 과(過)는 잘못이고, 여기는 잘했다·잘못했다, 좋다·나쁘다 하는 그런 게 없죠. 여기는 행복·불행이 없습니다. 어떤 사람은 행복하기 위해서 공부한다고 하는데, 여기는 행·불행이 없어요. 좋은 것도 없고 나쁜 것도 없고,

기쁜 것도 없고 슬픈 것도 없고, 아무 그런 게 없어요.

그래서 옛날부터 "담연하다" 하는데, '맑을 담(淡)' 자로 아무 색깔이나 맛이 없다는 거죠. 그래서 법을 표현하는 말로 선사들이 흔히 쓰는 말이 '담연하다', '담백하다', '담담하다'인데 전부 비슷한 말입니다. 그런데 담연하고 담백하고 담담하면서도 (손을 흔들며) '이것!' 이 고요하게 죽어 있는 게 아니고 펄떡펄떡 살아 있는 것이기 때문에 그러한 활력이랄까? 육체가 움직이는 그런 활력이 아니라 '이것!'이 활짝 살아 있는 어떤 생명력이랄까? 기운이랄까? 하여튼 이런 것도 분명하게 느낀단 말이에요. 그러니까 육체는 피곤할 수 있어도, 마음이라는 것은 항상 기운이 넘칠 수가 있습니다. 마음의 기운을 빼놓는 게 어떤 거냐 하면 생각, 망상이에요. 자기도 모르게 그런 망상에 말려들어 가면 기운이 쫙 빠져요. 그런 것에 말려들어 가지 않도록 하려면 '이것!'이 좀 더 분명하고 확실해야 해요. 어쨌든 (손을 흔들며) 이것뿐이에요. 딴 것 없어요. 이것 하나.

이게 분명하면 눈에 들어오는 게 아무것도 없어요. 눈에 들어오는 게 없다는 것은 유혹당하지 않는다는 거예요. 미혹이라는 것은 유혹당한다는 겁니다. 유혹을 당해서 따라가는 게 미혹(迷惑)이거든요. 미(迷)는 자기가 있어야 될 자리를 잃어버리고 헤맨다는 것이고, 혹(惑)은 유혹당한다는 말이거든요. 마음속에서 뭔가에 유혹을 당해서 아무 일이 없이 텅 비고 생생한 이 자리에 있지를 못하고 따라가 버리는 것을 미혹이라고 해요. 중생심은 그렇게 미혹한 거거든요. 그런 일이 없는 게 제일 좋고, 그런 일이 없도록 이 자리를 분명하게 하는 게 공부입니다.

마하무드라 속에서 모든 죄악은 소멸한다…… 마하무드라 속에서 사람은 세속이라는 감옥을 벗어난다…… 세속이라는 감옥은 분별망상이 세속이죠. 꿈과 같은 허망한 것에 사로잡힌 게 세속이고, 아무것도 없고 밝고 분명하게 깨어 있을 뿐이고 이렇게 살아 있을 뿐이고 아무 일이 없는 (손을 흔들며) '이것!'이 감옥을 벗어난 것입니다. 도니 법이니 하는 무엇이 있으면 망상인 겁니다. 여기에 도니 법이니 그런 게 있으면, 여기에 마음이니 깨달음이니 하는 뭐가 있으면 전부 망상이죠. 마하무드라 속에서 사람은 세속이라는 감옥을 벗어난다…… 아무 일이 없어진다, 이것을 달리 말하면 끝이 없는, 한량이 없는 무한함이라는 그런 느낌도 있는 겁니다. 이것은 작은 것도 없고 큰 것도 없이 경계가 없다는 그런 느낌도 들고, 무슨 테두리가 없습니다. 감옥이라는 것은 테두리인데 그런 게 없다는 겁니다. 하여튼 (손을 흔들며) '이것!'이에요. 이 법 하나를 확실하게 살아 있게 하고 이것을 분명하게 하는 것, 이것만이 공부입니다. 어떤 조사, 선사가 무슨 말을 하고 경전의 부처님이 무슨 말을 하든지 다 필요 없는 소리에요.

살아 있는 사람이라면 모두 '이것!'을 다 가지고 있는 거거든요. 이것을 이렇게도 표현할 수 있어요. 개개인은 이 우주라고 하는 거대한 생명의 근원, 생명의 빛을 개개인 각자가 마음이라는 것을 가지고 구현하고 있고 드러내고 있다…… 이렇게도 말을 할 수 있는 그런 느낌을 준단 말이에요. 이 이상이 없고 이것 외에 다른 게 없구나 하는, 끝이 없는 무한한 느낌이 항상 있고, 무한하면서도 또 이렇게 또랑또랑하고 뚜렷해서, 우주의 무한함이라는 것을 한 찰나에

점 하나 속에서 느낄 수 있는, 시간적으로도 무한하고 공간적으로도 무한함을 한 찰나에 점 하나에서 느낄 수 있는…… 이렇게도 표현할 수 있습니다. 인간의 머리라는 것은 뭔가를 표현하고 싶어 해서 이런 말이 자꾸 나오는 건데, 자기가 느낀 대로 본 대로 자꾸 표현하고 싶어 하는 속성이 있죠. 이런 말들은 하나의 표현이기 때문에 크게 신경 쓸 필요가 없고, 진짜는 (손을 흔들며) '이것!' 하고 이것뿐입니다.

이것이 더욱 분명해지고 이렇게 "이것뿐이다" 하는 게 저절로 되어야지 의도가 개입되면 안 됩니다. 의도라는 건 머리예요. 그러니까 뭔가 의도를 가지고 해서는 안 된다는 거예요. 의도는 망상이고 뭔가 갈망한다는 거예요. 갈망한다는 것은 의도를 가지고 한다는 건데, 의도가 개입되면 안 돼요. 쉰다는 것은 머리가 쉬어지는 겁니다. 머리가 망상하는 것은 쉬어지고, 그 대신 허공과 같이 쉴 수도 없고, 쉬어지지도 않고, 그렇다고 날뛰지도 않고, 늘 제 모습을 유지하고 있는 것이 마음이거든요. 머리는 날뛰기도 하고 쉬기도 하지만, 이 마음은 항상 제 모습을 유지하고 제 할 일을 하고 있어요. 쉬어지는 것도 아니고 그렇다고 막 날뛰는 것도 아니고, 항상 여법하게 알맞게 제 할 일을 하고 있는 거거든요. 항상 알맞게 항상 여법하게 제 할 일을 하고 있는 이 마음과 하나가 되어야 해요.

머리가 개입되면 지나치거나 모자라거나 항상 그런 문제를 일으켜요. 의도가 개입되기 때문에. 그래서 머리는 할 일이 없으니까 쉬라고 하고, 마음이라는 것은 쉬고 있는 것도 아니고 그렇다고 날뛰는 것도 아니고 항상 제 역할만 하고 있습니다. 아무것도 안 하는 것 같지만 모든 일을 다 하고 있고, 모든 일을 다 하는데도 아무 일도 안 하는 그런 느낌도 주지만, 어쨌든 마음이라는 게 항상 살아서 제 역할을 하고 있거든요. 그러니까 마음에는 우리가 손을 댈 수가 없고 단지 적응을 할 뿐이지, 우리 의식이 마음이라는 여기에 적응을 해서 마음과 하나가 되는 것이 깨달음이고 계합입니다. 계합하여 하나가 되면 적응이 돼서 의식이 날뛰지 않게 된단 말이에요. 그러면 아무 일이 없습니다. 무슨 일을 하더라도 아무 일이 없죠.

머리가 개입되고 의식이 개입되고 의도가 개입되면, 깨끗한 물에 잉크를 한 방울 떨어뜨리는 것과 같습니다. 그리되면 여러 가지 색깔이 나와요. 그것은 왜곡이고 오염이죠. 경전에서도 오염이라는 말을 많이 씁니다. 오염이 되면 안 된다는 그런 얘기를 많이 하거든. 오염이 안 된 깨끗한 마음이라고 그러는데, 깨끗하다는 것도 개념적으로 깨끗함이라는 상을 만들기 때문에 좋은 말은 아닙니다. 어쨌든 마음이라고 하는 것은 우리 머리가 망상을 하든 실상을 깨닫든 관계없이 항상 제 할 일을 하고 있다⋯⋯ 항상 제 위치에서 제 할 일을 늘 하고 있는데, 괜히 머리가 개입을 해서 자꾸 문제를 일으키고 있는 거죠. 그러니까 마음이라는 것은 늘 제 할 일을 하고 있으니까 여기에 적응만 되면 머리가 할 일이 없거든요. 머리는 마음에 얹혀 있으면 돼요. 그러면 모든 게 저절로 돌아가 버려요. 그게 무위법(無爲法)이라고 하는 거예요. 그러니까 뭘 해도 아무것도 하는 게 아니고 모든 게 저절로 돌아가 버리죠.

이것을 옛날부터 "나라고 하는 것이 이 우주와 하나가 되면, 나라는 것은 색깔이 사라져 버리고 우주의 운행과 하나가 되어 흘러간다." 이런 식으로 표현들을 하죠. 그렇게 말할 수도 있는 겁니다. 하나의 방편으로 창조주, 피조물이라는 측면에서 말을 할 수도 있는데, 피조물은 창조주가 만들었는데도 피조물이 독자적으로 생각을 하고 의도를 가지면 창조주 의도대로 안 움직이고 자기 멋대로 움직일 수 있는데, 그러면 그게 망상이고 고통이 시작되는 거죠. 그래서 다시 창조주 품으로 돌아가서 창조주와 하나가 되어 같이 움직여야 피조물과 창조주가 하나가 되는 거고, 온갖 문제점이 다 사라진단 말이에요. 그렇게 말할 수도 있는 겁니다. 창조주를 말하는 종교는 그런 방편을 쓰고 있는 거죠.

브라만교 같은 경우는 "범아일여(梵我一如)"라고 표현하는데, 범(梵)이 창조주고 아(我)가 피조물이고, 그 둘이 하나가 된다는 겁니다. 기독교도 결국 하느님의 품속으로 돌아가서 자기 속에서 하느님이 실현되어야 한다는 게 궁극적인 것이니 동일한 얘기죠. 아담 이브 설화에서도 아담과 이브가 하나님 말씀을 안 들은 것부터 문제가 생겼잖아요? 창조주의 말을 안 듣고 자기 멋대로 하는 바람에 모든 문제가 나타나기 시작하는 거거든요. "사과를 먹지 마라" 하면 안 먹으면 되는데 먹었잖아요? 그게 결국 창조주에서 피조물이 떨어져 나왔다는 것을 설명하는 그런 방편이거든요.

우리의 의식과 분별이라는 것은 본래 마음속에서 드러나는 현상인데, 마음과 하나가 되어 움직이면 아무 문제가 없지만, 의식과 생각이라는 놈이 제멋대로 움직이니까 거기서 모든 망상이 생기고 번뇌가 생기고 문제가 생긴단 말이에요. 우리 불교식으로 말하면 그렇게도 말할 수 있습니다. 그것을 유식에서는 '변계소집성, 의타기성' 이런 식으로 표현을 하거든요. 돌아가야 할 근원은 원성실성이라 합니다. 그러니까 우리 마음의 구조라는 게 동서고금을 막론하고 다 똑같은데, 방편의 이름이 다르고 말이 다를 뿐이지 실제 내용을 보면 다 똑같아요. 깨달음이라는 것은 늘 (손을 흔들며) '이것!'이지, 이것은 의식이 마음과 하나가 되는 그런 경험이거든요. 의식이 따로 놀지 않고 마음과 하나가 되어 "이것뿐이지" 하면 의식이 따로 망상을 만들 이유가 없고 따로 존재감을 안 가지죠. 그럼 (손을 흔들며) "이것뿐이지" 하면 이것뿐인 거예요. 그냥 온 천지가 분명하고 아무 문제가 없는 거죠.

그런데 의식이라는 놈이, 아상(我想) 아소(我所)라고 해요, '나다', '내 것이다' 하는 이런 망상 속의 생활을 너무 오랫동안 해서 '네 집이 여기니까 돌아와라' 해도 안 돌아오는 거예요. 그러니까 중생 생활이 자꾸 이어지는 거죠. 《법화경》에도 그러잖아요? 어릴 때 가출해서 온갖 고생을 다 하고 살다가 나중에 아버지 집으로 돌아오게 되는 것도 자기가 스스로 돌아오는 게 아니에요. 자기 집으로 구걸하러 왔다가 아버지가 알아보고 집으로 불러들여서, 처음에는 "네가 이 집 아들이다" 하면 믿지 않고 도망갈 게 틀림없으니까 그렇게 얘기를 안 하고 "너 그렇게 고생스럽게 구걸하러 다니지 말고 우리 집에서 시키는 대로 심부름만 해라, 그러면 옷도 주고 음식도 주고 잘 방도 줄 테니까" 하고 꾀거든요.

그래서 무려 수십 년을 집안일을 시켜서 나중에는 집사를 만들어요. 수십 년 동안 살다 보니 머슴이 집사가 된 거예요. 자기 집처럼 자유롭게 살 수 있게 될 때쯤 아버지가 "사실은 네가 내 아들이다" 하니까 그때는 의심을 안 하는 거예요. 그런 것처럼 우리가 중생 생활을 너무 오랫동안 했기 때문에, 이 속으로 들어와도 쉽게 적응이 안 된다 이 말이에요. 그런 게 경전에도 다 나와 있습니다. 자기 집으로 돌아왔다는 건 여기에 한 번 체험을 해서 이 속으로 돌아왔다는 건데, 그래도 자기 집인 줄 모르는 거라. 예전에 돌아다니는 버릇이 있어 집에 머물러 있지를 못하죠.

그러니까 공부를 계속해서 자꾸 익숙해져야 '아, 이것이 진짜구나', '이게 원래 나의 본질이고 원래 인간의 본질은 이것이구나' 하고 확신할 때가 오죠. 사실 인간의 비밀은 여기에 다 있습니다. 인간의 본질은 (손을 흔들며) 이겁니다. 인류 역사에서 철학자와 종교인들과 지혜로운 사람들이 '인간의 본질이 뭘까?' 하고 많이 찾아 헤맸지만 본질은 사실 (손을 흔들며) 이겁니다. 석가모니가 '이것!'을 찾았기 때문에 위대하다는 겁니다. 다른 게 뭐가 있습니까? (손을 흔들며) '이것!'이 우리 존재의 본질이고 인간의 본질이고, 마침내 우리가 다시 회복하고 돌아가야 할 근본이에요. 그러니까 우리가 이 속에 돌아와서 이곳에 있으면 편안하고 번뇌가 없단 말이에요. 석가모니가 위대하다는 것은 그것 때문에 그런 거지 딴 건 없죠.

이것은 가장 높은 진리의 등불이다…… 가장 높은 진리고 이것이야말로 근원이다…… 이것을 믿지 않는 바보들은 번뇌와 슬픔 속에서 영원히 몸부림칠 것이다…… 영원히 밖에서 그림자 같은 생활을 하고 진실한 게 뭔지를 모를 것이다…… 자기 집으로 돌아와서 편안하게 있을 줄 알아야 되는데, 이것을 믿지 않고 사회적으로, 외면적으로 아무리 추구를 해 봐야 전부 거지 노릇을 하고 있는 거예요. 자기의 근본자리, 세계의 본질로 되돌아가는 게 이 공부입니다. 근본으로 되돌아가야 모든 일이 끝나 버리죠.

그래서 실제 이 경험이 딱 왔을 때 그런 느낌이 듭니다. '아, 내가 비로소 이제 돌아와야 할 곳으로 왔구나' 하는 그런 느낌이 들죠. 처음부터 확실하진 않지만, '아, 내가 비로소 그토록 갈망했던 돌아오는 길을 찾았구나' 하는 그런 느낌이 저는 들었어요. '원래 찾고 있었던 곳으로 돌아왔구나. 이제 이 길만 가면 되겠구나' 하는 그런 느낌이 들었거든요. 결국 (손을 흔들며) 이것뿐이에요. "이것뿐!" 이게 근원이고 근본이에요. 이것뿐인 거죠. "이것뿐." 아무것도 말할 것도 없고 생각할 것도 없고, 이것뿐이에요. 그런데 여기에 돌아오지 않으면 '이것!'을 알 수가 없어요. 반드시 여기에 뚫려서, 통달해서, 이쪽으로 돌아와서, 이 속의 사람이 되어 이 속의 삶을 살아야 되는 겁니다.

딱! 딱! 딱! (죽비 소리)

13
해탈은 가까이 있다

마하무드라의 노래 13번 게송입니다.

해탈을 찾으려 애쓰는 사람은 스승에게 의지해야 한다.
그대의 마음이 스승의 은총을 받아들일 때,
해탈은 가까이에 있다.

해탈을 찾으려 애쓰는 사람은 스승에게 의지해야 한다…… 해탈
이라는 것도 하나의 말이고 개념이죠. 실제로는 지금 "해탈" 이러는
데, 해탈이라는 뭐가 있는 게 아니고 (손을 흔들며) 그냥 이것이죠. "해
탈" 이러면 이름이고 말인데, 해탈의 반대는 구속이거든요. 말로는
구속과 해탈이 따로 있지만, 말뜻을 따라가지 않으면 "구속" 할 때
도 이것이고 "해탈" 할 때도 그냥 이거거든요. 구속이 따로 있고 해
탈이 따로 있는 게 아니고, (손을 흔들며) 그냥 이것뿐인 거죠. 이 일
하나인 거죠. 이것만 이렇게 분명해져 버리면 그 다음에는 이런저

런 일이 있는 게 아니고 그냥 이 일 하나인 겁니다. 이 일 하나뿐. 하여튼 이것이 한 번 분명해져야 하고, 이것이 분명해지면 이것이 진실하고 이 일 하나가 항상 늘 변함이 없는 거고, 그러면 항상 이것뿐인 거죠. 해탈이다 구속이다 하는 것은 세속적인 일로 우리 육체가 어디에 갇혀 있다, 벗어났다 하는 것이지, 마음에서는 그런 게 없는 거죠. 마음이라고 할 물건이 없는데 어디에 해탈이 있고 구속이 있겠습니까?

여기에 한 번 통달이 되면 마음이라고 할 게 없거든요. 이름이 마음이지, 마음이라는 물건은 없단 말이에요. 그러니까 여기에는 구속도 없고 해탈도 없고, 뭘 하든지 항상 똑같습니다. 항상 똑같이 그저 (손을 흔들며) 이 일 하나인 거죠. 이 일 하나. 그래서 해탈, 구속이라 할 때는 육체라든지 눈에 보이는 것들에 대해서 그런 분별을 할 수가 있는 거고, 마음이라는 측면에서는 아무 그런 게 없는 거죠. 언제든지 똑같아요. '뭐가 어떻다' 하는 게 없죠. 구속 상태냐, 해탈 상태냐? 그런 게 없단 말이에요. (손을 흔들며) 그냥 이것일 뿐이에요. 이일뿐. 그냥 단지 이 일 하나뿐이다…… 어쨌든 이것이 한 번 분명해져야 합니다. 이것 외에는 다 생각에 매여 있는 겁니다.

이것이 분명하면 생각을 해도 생각이 진실한 게 아니고 이것이 진실한 거고, 생각을 해도 생각이라는 게 없습니다. 이것뿐인 거죠. 이것이 분명하지 못하면 생각에 매여 있으니까 해탈이냐 구속이냐, 번뇌냐 깨달음이냐, 어두우냐 밝으냐, 자꾸 그런 차별 속에서 벗어나지 못하는 거거든요. 그런 차별이 여기에는 없다 이거예요. 실제 차별이라는 것은 없는 거고 그냥 이것뿐인 거죠. 여기에 초점이 딱 맞아떨어지면 해탈이라고 할 것도 없고, 구속이라고 할 것도 없고, 번뇌라 할 것도 없고, 열반이라고 할 것도 없고, 아무 그런 게 없거든요. (법상을 치며) 그냥 이것뿐인 거죠. 그냥 언제든지 이 일 하나뿐인 거죠. 해탈열반이라고 하는 것은, 해탈열반이라는 그런 일이 있는 게 아니고, 해탈도 없고 구속도 없고 열반도 없고 번뇌도 없고 아무 그런 게 없는 겁니다. 아무런 차별이 없는 것이고, 그냥 항상 똑같고 이것뿐인 거라. 이것뿐. 그냥 이 일 하나뿐인 거죠.

이것이 분명해져 버리면 스승이 있고 제자가 있는 것도 아니고, 부처가 있고 중생이 있는 것도 아니고, 그것은 전부 우리가 방편으로 만들어 놓은 헛된 이름이고 진실은 그냥 이것뿐인 거죠. 사람이 있는 것도 아니고 법이 있는 것도 아니고, 언제든지 그저 이 하나뿐인 거죠. 하여튼 이것이 분명해져야 되는 거고, 아무런 딴 건 없습니다. 공부라는 것은 이런 게 있고 저런 게 있고 하는 게 아니고 그냥 이 일 하나입니다. (손을 흔들며) 이것은 뭐냐? 이것은 뭐라고 할 수가 없죠. 그저 언제든지 이 일인 거지, 언제든지 똑같은 일인 거지, 뭐라고 할 수가 없죠.

손이다 손가락이다 하면 사물 따라서 분별하는 것이고, 사물 따라서 분별하지 않는다면 여기에 뭐라고 할 게 없는 거죠. 그러면서도 항상 '이것!' 하나가 언제든지 분명해서 뭘 하든지 이 일을 하고 있는 거고, 항상 이 일 하나밖에 없다…… 그래서 뭘 하든지 이 일을 하는 거니까 '깨어 있다' '살아 있다' 이렇게 표현할 수도 있을 겁니다. 왜냐면 이렇게 생생하고 분명하니까 '살아 있다' '깨어 있다'

179

는 말을 할 수 있지만, 역시 표현을 하려고 하다 보니 그런 거고, 실제로는 말할 게 없는 거죠. 살아 있다 하는 자체가 이것이고, '살아 있다'의 반대는 죽었다는 건데 죽었다 할 때도 이것이고 살았다 할 때도 이것이고, 실제는 차이가 없단 말이에요.

사람은 생각하는 존재이고 말을 하는 존재이기 때문에 이것을 한 번 확인하면 "살아 있고 깨어 있는 것이고, 죽지 않은 거다." 이런 표현을 할 수 있겠지만, 역시 하나의 말입니다. 이런 말조차도 실제 입장에서 보면 허망한 소리고, 그냥 아무 일 없는 거죠. 아무런 할 말이 없는 거고, 아무 일이 없는 거죠. 그냥 언제든지 이것뿐인 겁니다. 이것을 뭐라고 할 수는 없는데, 이게 이렇게 분명하단 말이에요. 그러니까 (손을 흔들며) '아, 이것뿐인데' 하고 자기도 모르게 말할 수 있죠. 이 법이 진짜로 와 닿았다면, 이것에 대하여 아무리 좋게 말하더라도 듣기 싫고, "이것뿐인데 쓸데없는 소리를 하느냐?" 이렇게 되거든요. 저절로 그렇게 말하죠. (손을 흔들며) 이것뿐이니까 이것 뿐! 그러니까 이런저런 말이 다 허망한 말이고, 온 천지가 이것 하나뿐인 거죠. 하여튼 이게 분명해져 버리면 아무 일이 없습니다. 눈 앞에서 온갖 일이 벌어져도 아무것도 없는 거죠.

'이것!'에다 일부러 이름을 붙인 게 '해탈'이다 '열반'이다 하는 거거든요. 하여튼 이것이 딱 분명해지는 (법상을 치며) 여기가 자유로운 곳이고, 정말 걸림이 없는 거고, 우리가 구원을 받는 자리라고 할 수 있는 겁니다. 우리가 체험을 한다는 것은 (손가락을 세우며) '이것!' 하는 순간에 모든 것이 다 사라지고, 그러면서도 생생하게 살아 있고,

이 우주 삼라만상이 다 살아나요. 다 살아나서 정말 생생한 거예요. 그러니까 우주 전체가 하나의 깨어 있는 생물체라 할까? 생물체라면 이상하지만 이렇게 깨어 있고 밝게 살아 있는 것처럼 (손을 흔들며) 이것뿐이잖아요? 하여튼 이것 하나지, 말할 게 없어요. 여기에만 통하면 돼요. 이 공부는 아주 단순하고 간단한 겁니다. 아무것도 생각할 것도 없고, 따질 것도 없고, 알 것도 없고, 모를 것도 없고, 아주 단순하게 그냥 '이것'이다…… 이것만 아주 확실하게 생생하게 딱 와 닿으면 되는 거라. 그럼 그냥 이것뿐이에요. 그러면 뭘 하든지 항상 아무 일이 없어요. 항상 똑같고 항상 이 일 하나뿐이니까, 뭐든지 다 할 수 있고, 못 할 일이 없고, 뭘 하든지 이 일 하나뿐이에요. 그러니까 좋고 나쁜 것도 없고, 선이다 악이다 할 것도 없고, 아무 그런 게 없는 겁니다.

해탈을 찾으려 애쓰는 사람은 스승에게 의지해야 한다…… 자기 힘이 없을 때 이렇게 할 수가 있어요. 아이들이 부모한테 의지하듯이 이것이 아주 분명하지 못할 때는 힘이 있는 사람에게 의지를 하면 자기가 힘이 좀 생길 때까지는 도움이 될 수가 있죠. 저도 옛날에 수년간 스승님께 의지를 했는데, 왜냐면 방바닥을 딱 치는 순간은 (법상을 치며) '이것!'이 확 뚫어져서 '아, 내가 살았구나, 구원을 받았구나' 하는 느낌은 받았지만 힘이 없으니까, 이 자리에 있는 힘은 약하고 끄달려 다니는 힘은 강하고, 내 힘으로는 잘 안 되더라고요. 그러니까 수년간 의지를 하다 보니 힘이 생기고, 자립할 정도 되니까 의지할 필요가 점차 없어지는 겁니다. 그러니까 이 자리에 문득 통한 것은 어린아이가 세상에 나온 것과 비슷합니다. 처음에는 부모한테 의지하다가 어느 정도 나이가 들면 독립하듯이 그런 힘이 생기는 겁니다. 그러면 자기 살림살이가 확실해지는 건데, (손을 흔들며) '아, 이것뿐이구나' 하는 이것이 더 강해지는 겁니다.

그런데 사람마다 차이가 있어요. 어떤 사람들은 처음부터 좀 더 강하게 오는 사람이 있고, 어떤 사람들은 아주 미약하게 와서 시간이 지나면서 강해지는 경우도 있고, 사람마다 다르니까 그것은 각자 자기한테 맞도록 해야 되는 거죠. 어떤 사람들은 이것을 딱 체험을 했는데 자기 힘이 처음부터 자리가 잡혀서 딱 느낌이 오거든요. 그런 사람한테는 "내 설법조차도 듣기 싫으면 듣지 마라." 이렇게 얘기를 합니다. "듣지 말고 당신의 살림살이를 확실하게 하라." 그렇게 얘기하는 경우도 드물지만 있습니다. 그런 사람들은 일이 년만 지나도 상당히 변화가 많이 오죠. 자기 살림살이, 자기 힘을 가지고 처음부터 그런 사람들이 있어요. 그러나 대개는 아주 미약하게 와서 계속 끄달리니까 "설법에 의지하시오" 하는 것입니다.

물론 그런 사람도 설법을 언젠가는 들어야 하고, 조사의 말씀이나 경전도 참고를 해야 해요. 그러지 않으면 자기 경험이라고 하는 것은 아무래도 우물 속의 개구리가 될 가능성이 많습니다. 사람이 자기 개인의 경험이라고 하는 것은 테두리가 아무래도 좁으니까, 이런저런 말을 듣고 자기가 모르고 있던 부족한 부분들이 자극을 받고 조금씩 시야가 넓어지는 그런 도움은 받아야 하죠. 그러나 근본적으로는 역시 자기가 애초에 가지고 있던 살림살이, (손을 흔들며) 이것을 확장해 가고 확대해 가는 것이지, 다른 사람에게 전적으로 의지할 수는 없는 겁니다. 아무리 작은 힘이라도 자기 힘을 키워 나가야 되는 거지, 누군가에 자꾸 의지할 수만은 없는 겁니다. (법상을 치며) 이것을 한 번 딱 얻었다 할 때는 어쨌든 자기가 홀로 설 수 있는 힘이 있긴 하지만, 그래도 처음에는 여러 가지 헷갈리기도 하고 힘이 부족하기도 하고 안목도 없고 하니까 어느 정도까지는 의지를 하긴 해야 해요. 그래서 이런 말을 하는 겁니다.

또 이런 면도 있습니다. 아직 이 자리를 모르는 입장에서는 혼자서 뭘 하려고 발버둥을 치고 애를 쓰고 하는데 잘 안 됩니다. 자기 혼자서 애를 쓰고 하면 자기의 테두리, 자기의 한계를 극복하기가 굉장히 힘들어요. 뭔가 다른 자극이 필요한 겁니다. 사람마다 다를 수도 있지만 저 같은 경우는 확실하게 느꼈거든요. '내 힘으로는 절대로 되는 게 아니구나.' '내 힘으로는 불가능하구나.' 이런 것을 절실하게 느꼈기 때문에 스승에게 의지를 했죠. 물론 사람마다 다릅니다. 어떤 경우는 혼자서 죽을 고생을 다 하면서 온갖 발버둥을 치다가 한순간에 모든 게 확 내려가서 고요해지고 일이 없어지는 드문 경우도 있죠. 우리는 혼자서 깨쳤다 해서 그것을 독각승이라고 그러잖아요. 그런 사람이 혼자 깨쳤다 하더라도 그 뒤에 공부를 할 때는 역시 다른 선지식이나 전통적인 부처님의 가르침이나 조사의 가르침의 도움을 받긴 받아야 해요. 역시 혼자만 하면 우물 속 개구리가 됩니다. 여러 가지 다양한 가르침을 접해 봐야 내가 몰랐던 부분도 알게 되죠.

해탈을 찾으려 애쓰는 사람은 스승에게 의지해야 한다…… 하여튼 자기가 뭘 어떻게 해서 깨닫겠다 하는 것은 안 될 거예요. '도저

히 내 힘으로는 안 되는구나' 하고 스스로는 다 포기해 버리고 좌절
할 때에 자기도 모르는 사이에 저절로 변화가 일어나는 그런 식이
니까 '내가 뭘 해 보겠다' 하고 자기 힘으로 애를 쓸 때에는 잘 안 됩
니다. 그런데 '내가 아무리 해도 안 되는구나' 하고 포기해 버리면
일종의 좌절이죠. 좌절을 경험해 보면 모든 걸 포기하고 '나는 안 되
는구나' 하고 좌절을 했을 때, 그때 진짜가 문득 체험되는 거죠. 이
깨달음이라는 것은 아주 예기치 않은 순간에, 오히려 '나는 안 될 거
다' 하는 절망감 속에서 오는 경우가 많습니다.

　그대의 마음이 스승의 은총을 받아들일 때, 해탈은 가까이에 있
다…… 하여튼 저 같은 경우는 그랬습니다. 처음에 스승님의 법회
에 참석해서 들어 보니까, "부처가 뭐냐?" (법상을 치며) "이것이다."
"선이 뭐냐?" "이것이다." "마음이 뭐냐?" "이것이다." 하고 말씀하시
는데, 그 얘기가 어떻게 보면 어린애 장난 같지만, 그런데도 전혀 그
런 게 아니고 말씀하시는 분이나 듣는 분이나 너무 진지한 거예요.
법회 분위기가 장난기가 섞였다거나 가볍다는 느낌이 전혀 없고 너
무 진지하니까 '분명히 여기에 뭐가 있긴 있구나' 하는 느낌이 들더
란 말이죠. 그러니까 언뜻 보면 장난 같은 짓인데, "부처가 뭐냐?"
(법상을 치며) "이것이다." 이러면 모르는 사람은 '애들 장난하는 건
가?' 하는 느낌이 들겠죠. 그런데 분명하게 "부처가 뭐냐?" (법상을 치
며) "이것이다." "깨달음이 뭐냐?" (법상을 치며) "이것이다." "마음이 뭐
냐?" (법상을 치며) "이것이다." 이 이상 다른 것은 없다고 하니까 '분
명히 여기에 뭐가 있구나' 하는 어떤 무게감이랄까 하는 게 느껴지
더라고요. 뭔지는 모르지만 '여기서 뭐가 한 번 와 닿아야 되는구나'

하고, 하여튼 그것이 믿음이라면 믿음이죠.

스승님은 제가 처음 찾아갔을 때 전혀 모르는 분이었어요. 성함이 어떻게 되고, 누구 밑에서 공부를 하셨는지, 무슨 깨달음이 있는지, 무슨 활동을 하셨는지, 전혀 모르는 분이었고, 또 이상하게도 그런 것을 한 번도 알아보려고 하지 않았습니다. 저분이 진짜 공부를 가르칠 자격이 있는 분인가? 그런 생각을 단 한 번도 해 본 적이 없어요. 그냥 가서 듣자마자 저도 모르게 계속 안 빠지고 법회에 갔죠. 그러니까 스승에게 의지해야 된다는 생각도 없었고 그냥 저분들이 분명히 진지하게 뭘 가지고 자기들끼리 소통하고 있는데, 나만 소외된 느낌 있잖아요? '저게 뭐냐?' 처음에는 그런 느낌이 있었죠. 머리 허연 노인들이 앉아서 (법상을 치며) "아, 이게 부처다" 하면 뭔가 자기들끼리는 공감대가 있고 소통하는 바가 있는 것 같은데, 나는 새파란 젊은 놈인데 나 혼자 밖에 있는 사람 같고, 분명히 '저분들이 뭐가 있긴 있구나' 하고 처음엔 느낌이 그랬습니다. 그러니까 거기에 대해서 따져 볼 생각도 없었죠. 내가 모르고 내가 부족한데, 상대방을 따져 볼 이유가 없는 거죠. 그냥 과연 저것이 뭘까? 그것밖에 없는 거죠.

그렇게 하다 보니 나중에는 절망이 되더군요. '나는 안 되는 거구나' 하고 절망을 하고 '내가 할 수 있는 일이 아니다' 그런 판단이 서고 나니까, 포기를 해야 되는데 이상하게 포기가 안 돼요. 이 공부는 시작해 놓으면 이상하게 포기가 안 돼요. 절망스러워도 무조건 가는 거예요. 아무 대책도 없이 무조건 가서 그냥 듣는 거죠. 그러다 보니 어느 순간에 전혀 예상치도 않았는데 확 하고 체험이 오더라니까요. 체험이 온 뒤에 보니까 '아, 이것을 가지고 이분들이 그랬구나' 하고 그때는 감이 오는 거예요. 그런 정도였죠. 내가 스승을 믿고 은총을 받아들이고 의지해야 된다, 이런 생각할 필요 없어요. 그런 것도 쓸데없는 망상입니다. 내가 지금 목이 마르고 갑갑하고 부족한데 그것을 해결해야 하는 거지, 딴 건 없는 거죠. 하여튼 해결책은 딴 거 없습니다. (손을 흔들며) 바로 이것이에요. 우리는 항상 이것을 가지고 있고 항상 이 자리에 있고 진실로 '이것!' 하나밖에 없는 겁니다. 이 우주에 빛이 있다면 이 빛 하나밖에 없어요. 빛이라는 비유를 든다면 우리 스스로가 바로 이 빛입니다. 이 일 하나뿐이다. 항상 이 일 하나뿐인 거예요.

여기서 우리가 생각을 일으키면 부처님, 하느님, 창조주 이런 소리를 하는 것이고, 그것은 생각을 일으켜서 만들어 하는 소리고, 진실로 여기에는 아무 그런 게 없습니다. 온 천지가 똑같고 그냥 이 일 하나뿐이에요. 이름 붙일 게 아무것도 없는 거죠. 사람들이 이름을 많이 붙이는 이유를 생각해 보면, 이름을 가지고 뭔가를 상상해 보려고 하는 것 같아요. 이름을 붙이는 사람들은 실제가 분명하지 못하다는 반증입니다. 실제가 분명하면, (손을 흔들며) 이렇게 분명하면, 무엇 때문에 이름을 붙일 필요가 있나요? 이름을 붙일 이유가 없는 거죠. 왜? 이렇게 명백하고 분명하고 확실한데. 이렇게 살아 있는 거잖아요? 그런데 이것이 이렇게 확실하지 못하면, 뭔가 있긴 있는데 그놈을 뭐라고 부를까, 창조주라 할까, 부처님이라 할까, 하느님이라 할까 하고 이름을 붙이는 거라. 애매모호하니까 뭔가 이름을 붙여서 구체적으로 알려고 하는 거죠. 그것은 망상입니다. 실제 이렇게 확실하면 이름 붙일 이유가 없어요. 항상 이렇게 명백한데 무엇 때문에 이름을 붙일 거예요? 그러니까 (손을 흔들며) 이 일 하나예요. 이것 하나지 다른 것 없어요. 이것만 이렇게 분명하면 저절로 이것뿐인 거죠.

그러면 일상생활 뭘 해도 좋아요. 이래도 좋고, 저래도 좋고, 항상 이 일 하나죠. 이것 하나뿐인 거죠. 이것은 뭐냐? 아무것도 아니에요. 뭐라고 할 게 아무것도 없어요. 그냥 이렇게 또랑또랑할 뿐이고 명백할 뿐이고 분명할 뿐이지, 여기는 이름을 붙일 수가 없어요. 이름을 붙이는 것은 여기서 생각을 굴리니까 이름을 붙이는 거죠. 생각을 굴릴 이유가 없는 건데, 이것이다 저것이다 할 이유가 전혀 없는 건데, 무엇 때문에 이름을 붙일 거예요? 그러니까 이것에 관련된 모든 이름들은 전부 방편입니다. 가짜 이름입니다. 마음이라 하든, 부처라 하든, 진여라 하든, 깨달음이라 하든, 불성이라 하든, 신이라 하든, 창조주라 하든, 세계의 근원이라 하든, 본질이라 하든, 여기에 관련해서 붙인 이름은 전부 방편으로 만들어 놓은 가명, 가짜 이름이죠. 진실은 뭐냐? (손을 흔들며) 그냥 이것이에요. 이것뿐인 거죠. 이것뿐! 아무 이름도 붙일 이유가 없는, 그냥 이 일 하나, 이것 하나죠. 이것만 이렇게 분명하면 돼요. 딴 건 없습니다.

14

위대한 가르침을 따라야

마하무드라의 노래 14번 게송입니다.

아! 세속의 모든 가르침은 가치가 없으니,
그것들은 다만 슬픔의 씨앗일 뿐이로다.
조그마한 가르침이라도 실행해야 하듯이,
우리는 위대한 가르침을 따라야만 한다.

아! 세속의 모든 가르침은 가치가 없으니, 그것들은 다만 슬픔의
씨앗일 뿐이로다…… 세속의 가르침이라는 것은 전부 생각과 문자,
말로 된 거죠. 그래서 우리 불교에서 교(敎)와 선(禪)이라고 하잖아
요. 교라는 것은 '가르칠 교(敎)'지만 문자라는 뜻이에요. 경전의 말
씀이죠. 경전의 말씀은 전부 방편입니다. 허망한 소리들입니다. 헛
된 소리라 이 말이에요. 진실은 말씀이 아니고 (손을 흔들며) 이것이
진실이고, 여기에 대해서 말을 한 것은 전부 이것을 가르치기 위한

허망한 소리들이에요. 왜 허망한 소리라 하냐면, 단지 이것만이 진실이고, 언어는 이것을 가르치기 위한 하나의 수단일 뿐이니까 허망한 거죠. 그러니까 불교 경전에 나오는 말씀들은 진실한 말씀이 아닙니다. 그냥 이것을 가르치기 위한 방편, 수단으로 한 소리에 불과한 겁니다. 진실은 우리 각자 자기 자신에게 이렇게 항상 100% 갖추어져 있는 이 일 하나입니다. 이것이 유일한 진실이죠.

경전의 말씀들은 전부 방편이에요. 경전에 있는 말씀이 진실하다는 말을 하면 안 됩니다. 모르니까 그런 말을 하는 건데, 언어는 어디까지나 언어일 뿐입니다. 손가락은 달을 가리키는 손가락이지, 손가락이 곧 달은 아닙니다. 손가락은 손가락일 뿐이다…… 달은 (손을 흔들며) 이것이죠. 우리 각자가 가지고 있는 다만 '이것!' 하나죠. 오직 이 일 하나가 있을 뿐인 거죠. 이것을 가지고 이러쿵저러쿵 하는데, 사실 달이라는 이름도 말할 필요가 없죠. 진실이란 이름도 여기서 만들어 낸 이름입니다. 그러면 (손을 흔들며) 이것은 뭐냐? 아무 것도 아니에요. 그냥 이것 하나뿐이지, 뭐라고 할 수가 없는 거거든요. 항상 이것 하나가 있을 뿐이에요. 하여튼 이것이 한번 분명해져야 하는 겁니다.

아! 세속의 모든 가르침은 가치가 없으니, 그것들은 다만 슬픔의 씨앗일 뿐이로다…… 왜 슬픔의 씨앗이냐? 결국 헛된 것이기 때문입니다. 이 가르침은 출세간의 가르침이라고 합니다. 경전의 말씀이 세속의 가르침은 아니죠. 세속의 가르침은 불교 경전에 있는 말씀이 아니고 과학·철학·역사·문학 등 각종 그런 학문들이죠. 이런 가르침들은 세속적인 용도로서 쓸모가 있습니다. 그런데 경전의 가르침은 세속적인 용도로는 쓸모가 전혀 없죠. 단지 '이것!'을 가르치려고 하는 거니까, 경전의 말씀은 세속적인 용도로는 전혀 쓸모가 없고 세속 사람들이 볼 때는 그냥 헛소리일 뿐이에요. 그러나 (손을 흔들며) '이것!'을 가르치는 용도가 있는 거죠. 그 말씀 자체가 진실한 것은 아니고 이것을 가르치려는 용도입니다. 그래서 그것을 방편설이라고 해요. 이것을 가르치는 방편의 말씀이다. 물론 어떤 사람들은 경전에 있는 말씀들을 세속적인 용도로 전용하는 경우들이 많이 있습니다. 지하철에 가면 '풍경 소리'라고 적어 놓은 것 있죠? 분명히 부처님의 말씀이긴 한데 그것을 세속적으로 응용을 해서, 아무나 봐도 뭔가 교훈이 될 만한 얘기들을 적어 놓고 있습니다. 그러나 그것은 세속적인 의미에서 교훈이지 (손을 흔들며) '이것!'을 말하는 것은 아니에요. 그런 경우는 방편의 말씀을 세속적으로 전용한 겁니다. 그것은 부처님의 말씀을 본래의 용도로 쓴 건 아니에요.

부처님 말씀의 본래 용도는 오로지 '이것!' 하나를 말하는 것이고, 이쪽으로 이끌기 위하여 유인하는 하나의 방편일 뿐입니다. 또 이 자리에서 여러 가지 착각할 수 있는, 잘못할 수 있는 그런 병통이나 문제점들에 대한 지적이죠. 그것이 경전의 말씀이고, 이 진리 자체, 이 법 자체, 이 진실 자체를 가르칠 수 있는 말은 없습니다. 물론 이것을 가르치려고 진여 · 부처 · 깨달음 · 진리, 이런 표현을 쓰지만 굉장히 추상적이고 방편의 말들이죠. 그러니까 육체와 비교를 해 봐도 알 수가 있습니다. 육체의 질병에 대해서는 아주 구체적으로 얘기를 합니다. 예를 들어 팔의 인대가 어떻게 되었다든지, 어느 부분에 부스럼이 생겼다든지, 어디가 곪았다든지, 질병에 대해서는 굉장히 구체적이에요. 그러나 건강에 대해서는 딱 한마디뿐이에요. '건강', 굉장히 추상적이죠. 건강이라는 자체에 대해서는 구체적으로 말할 게 없어요. 왜냐? 우리가 육체적으로 아무 질병이 없으면 건강한 거지, 달리 말할 수 없는 거잖아요? 어딘가 아프지 않으면 건강한 거잖아요? 그러니까 건강에 대해서는 구체적으로 할 말이 없는 겁니다. 추상적인 '건강' 이 한마디밖에 할 수 없는 거죠.

이 공부도 마찬가지예요. 공부가 제대로 자리를 잡지 못하고 뭔가 문제가 있는 부분은 방편의 약이 되는 말을 할 수가 있습니다. 그러나 제대로 딱 자리를 잡으면 이 자리에 대해서는 할 말이 없는 거예요. 뭔가 번뇌가 있으면 어딘가 불편함이 있습니다. 그러면 거기에 대해서 할 말이 생기죠. '아, 내가 어느 부분이 불편하다.' 이 공부를 하는 사람들 가운데 몇 가지 예를 들어 보자면, 아주 굉장히 편안해지고 시원해졌는데도 뭔지 모르지만 불투명해서 불편하고, 뭔지 모르지만 명쾌하지가 않다고 하는 사람은 제대로 계합이 안된 겁니다. 또 아주 푹 쉬어져서 아무 일 없는 곳에 그냥 쉬고만 있고, 사람들도 만나기 싫고, 경계를 대하는 게 싫고, 나 혼자 푹 쉬고 있는 게 제일 좋다는 사람도 병에 걸려 있는 겁니다. 제대로 공부가 된 게 아니에요.

그런 말들은 자기가 느끼기 때문에 할 수가 있죠. 경계를 만나면 끄달린다, 뭔가 푹 쉬어지기는 하는데 죽은 사람처럼 활동성이 없고 항상 쉬고만 있다, 뭔가 애매모호해서 명쾌하지가 않다, 뚜렷하다 하는데 뚜렷하다 하는 게 뭔지 모르겠다…… 이런 것들은 아직까지 제대로 건강을 찾은 상태가 아니기 때문에 그런 말을 할 수가 있는 거죠. 이것을 제대로 딱 찾으면 사실 뚜렷하다 하는 말도 법회니까 하는 소리지, 혼자 있으면 '뚜렷하다' 이런 생각 안 합니다. 아무 생각이 없어요. 법이니 도니 깨달음이니 하는 그런 아무 생각이 없어요. 싹 잊어버리죠. 그런데도 어쨌든 항상 아무 일이 없어요. 사실은 여기에 대해서 무슨 말을 할 수가 없는 거예요. 말을 한다고 그러면 다 방편으로 하는 소리고, 평소에 아무 일이 없이 사는 거지, 아무 일이 없다고 말할 필요가 없는 거예요.

하여튼 자꾸 자기가 부족한 부분을 느끼기 때문에, 아파야 병도 치료를 하듯이, 이 마음도 마찬가지예요. 뭔지 모르지만 부족한 것을 느끼기 때문에 공부를 더 깊이 있게 할 수 있습니다. 몸이든 마음이든 아주 자연스럽게 그렇게 되어 있습니다. 아주 다행스러운 일이죠. 몸이 아픈데도 아픈지 모르면 죽는 거고, 마음도 자기가 번뇌망상에 시달리고 있는데도 시달리는지 모르면 죽는 거예요. 그런데 다행히도 공부를 하다 보면 그런 감각들이 생겨요. '아, 뭔지 모르지만 아직 초점이 정확하게 선명하게 맞지를 못하구나' 하고 그런 것을 느끼니까 '공부를 더 해야지' 하며 공부를 하게 되고, 애를 쓰게 되죠. 아주 다행스러운 일이죠. 자연치유력이라고 말하듯이 그런 것을 우리가 날 때부터 다 가지고 있습니다. 그렇기 때문에 일 없고 건강하고 아무 번뇌가 없으면서 항상 밝고 살아 있고 분명한 (손을 흔들며) '이것!'이 더욱더 확실해지는 것, 저절로 그렇게 되어야 합니다. 진실은 이것뿐입니다. 이것 하나뿐이지 다른 건 없습니다.

세속의 모든 가르침은 가치가 없으니, 그것들은 다만 슬픔의 씨앗일 뿐이로다…… 그러니까 우리가 세속적으로 재산을 추구하고 지식을 추구하고 권력을 추구하고 명예를 추구하고 쾌락을 추구하고 해 봤자 끝내 만족은 없죠. 마지막에는 허망하게 '인생은 원래 그런 거지' 하고 위안을 삼아요. 그러나 '이것!'을 찾고 보면 인생이 원래 그런 거라며 포기하고 사는 게 얼마나 어리석은지를 알 수가 있습니다. 원래 아무 일이 없는 거고 불만족할 이유가 없는 거거든요. 아무 일이 없고 항상 다만 (법상을 치며) 이것뿐입니다. 온 천지가 이 일 하나밖에 없는데 이러니저러니 할 게 전혀 없는 거죠. 그러니까 어찌 보면 이것을 '완전한 만족이다' 이렇게 표현할 수도 있겠지만, 실제로는 그런 생각조차 들지 않습니다. 그냥 항상 아무 일이 없고 아무 문제를 못 느껴요. 그냥 흘러가는 대로 사는 거지, 무슨 대단한 진리를 얻었다는 생각도 전혀 없는 것이고, 진리라는 것도 허망한 소리입니다. 진리를 얻은 것도 아니고, 아무 그런 게 없습니다. 그냥 '이것!'뿐이에요. (손을 흔들며) 이것이 뭐냐? '이것!'은 아무것도 아니에요. 그냥 일어나는 모든 일이 이 한 개 일일 뿐인 거지, 뭐라고 할 수가 없습니다.

진리는 방편으로 붙인 이름입니다. 뭐라고 할 수 있는 게 아무것도 없습니다. 단지 눈앞에 있는 모든 일이, 보고 듣고 느끼는 모든 일이 단지 이 한 개 일이다…… '이것!'은 정말 의심할 수가 없는 거죠. 의심할 수가 없고 어떻게 할 수가 없는, 우리는 '이것!' 이외에 다른 모든 것에 대해서는 의심을 하고 따져 보고 연구해 보고 살펴볼 수가 있는데, 유일하게 '이것!'만은 그럴 수가 없어요. '이것!'은 그냥 그대로 명백하기 때문에 여기에 대해서는 어떻게 해 볼 수가 없어요. 오직 '이것!' 하나가 그렇습니다. '이것!' 외에는, 이것이 맞나? 하고 따져 볼 수가 있죠. '이것!' 외에는 모든 게 다 그렇습니다. 자기 느낌, 자기 감정, 자기 생각조차도. 그런데 '이것!'이 확실해지면 '이것!'은 그야말로 자명한 거예요. 증명을 필요로 하지 않는, 증명이라는 것은 '이러이러하기 때문에 그렇다'라는 건데, 그런 증명을 필요로 하지 않는 너무나 자명한 것이니까, (손을 흔들며) 그냥 이것이니까 이것은 너무 자명한 겁니다.

예를 들어서 사람의 마음을 연구하는 현대의 의학자나 정신과 의사들이나 과학자들은 두뇌에 대해서 여러 가지로 연구를 하잖아요? 그 속에서 마음이라는 흔적을 찾으려고 하죠. 그런데 제 입장에서는 그 사람한테 묻기를, "여보시오" 하면 "예" 하고 돌아볼 것 아니에요? 그럼 (손가락을 세우며) "이것은 뭔데요?" 뭘 연구할 필요가 있냐는 말이에요. 뭐가 돌아보고 있고 지금 뭐가 쳐다보고 있냐고? 어디서 뭘 찾으려고 하냐는 말이죠. 이렇게 자명한 일인데, 왜 애꿎은 뇌를 열어 보려 하고, 너무나 자명하고 분명한데 뭘 어디서 찾고 있냐는 말이죠. 너무나 분명한 일인데 우리가 망상을 하고 있는 거예요. 너무 분명한 (손을 흔들며) 이것이 근본입니다. 이것이 근원이거든요.

제가 데카르트를 가끔씩 예로 들었잖아요? 데카르트의 의심은 진짜 의심이었거든요. 어떤 전지전능한 악마가 내가 경험하는 모든 것을 조작을 하고 있다면 진실은 어디 있을까? 이런 식으로 의심을 했는데, 그럴듯하게 의심을 했죠. 그럼 도대체 진실은 어디에 있을까, 하고 몇 년을 의심을 했는데도 답이 안 나왔습니다. 그런데 문득 든 생각이, 내가 이렇게 의심하고 또 의심하고 하는 이것은 정말 내가 의심할 수 없고, 악마가 있다면 내가 의심할 수 있도록 내버려두겠는가? 하는 그런 식으로…… 그래서 '내가 의심을 하고 있다는 이 사실은 자명한 거구나.' 이런 결론을 내렸는데, 그것이 데카르트가 한 발짝 부족한 거예요.

그것을 그런 식의 생각으로 결론을 내릴 게 아니고, 의심을 하고 의심을 하다 보니까 '어!' 하는 순간에, 그런 결론이 나오지 않고, 그냥 (손을 흔들며) 이것이 딱 자명해졌다면, 이 순간에 결론이고 뭐고 필요가 없는 거거든요. '의심을 하고 있는 이 사실은 내가 부정할 수 없으니까 이것은 인정해야 되겠다' 하는 그것은 자기 생각이고, 그것은 악마가 시킬 수 있는 생각이거든요. 그러니까 사실은 데카르트가 마지막에 헛다리를 짚은 거예요. 그런데 그게 아니고, '어!' 하는 순간에 생각이 뚝 끊어져 버리고 (손을 흔들며) '아, 이것!' 하고 이게 딱 나왔다면 애초에 자기가 그런 의심을 한 자체가 허망한 거죠. '아, 이것!' 했다면, 이것은 어떤 이유가 없는 거거든요. 마지막 진실에는 이유가 없습니다.

기독교 신앙에도 부동(不動)의 동자(動者)라는 게 있습니다. 이 우주의 모든 움직임은 하느님에 의해서 움직여지고 있다. 그러면 하느님은 뭐냐? 그 누구도 하느님을 움직이지 않고 하느님은 스스로 움직인다. 이런 식으로 하느님의 존재를 증명하려고 한 게 있습니다. 아주 그럴듯한 생각에서 나온 얘기인데, 결국 뭐냐면 근본이라는 것은 증명을 필요로 하지 않는다, 이 말이에요. 그냥 이대로 자명한 거죠. (손을 흔들며) 그냥 이것이죠. 이유가 없다 이겁니다. 그러니까 세상 모든 것에는 이유가 있을 수 있지만, 여기에는 이유가 없는 거죠. 그냥 이것이죠. 이유가 없기 때문에 아무런 의미도 없습니다. 아무 할 말도 없고 그냥 당연히 이것이고, 이 일인 거죠. 그러니까 상(相)이 없다고 그러는 거예요. 상(相)이란 의미이고 개념이라는 말이거든요. 아무런 의미도 없이 그냥 이것이고 단지 생생하고 분명할 뿐인 거죠. 방편으로 말을 하다 보니 이런 철학적인 말까지 하게 되었는데, 어쨌든 이것은 아무 이유 없이 자명한 것이고 분명한 겁니다. 여기에 무슨 '이러하니까 그렇다.' 이런 말이 들어가면 안 됩니다. 그럴 수가 없는 거죠. (손을 흔들며) 그냥 이 일 하나예요.

불교에서는 인간만이 깨달을 수 있다고 하는데, 인간을 깨닫게 만들기 위해서 인간을 무명 속에 빠뜨려 놓은 겁니다. 불교 교리 식으로 말하면 그렇게 말할 수 있어요. 인간만이 무명 속에 떨어져 있는 거예요. 무명(無明)이라는 것은 어둠이라는 망상 속에 떨어져 있다는 말이에요. 망상이라는 꿈속에 있어야 꿈을 깰 것 아니에요? 그래서 "무명이 깨달음의 어머니다"라고 하거든요. 경전에서 분명히 그렇게 얘기를 합니다. "무명이 부처의 씨앗이고 깨달음의 어머니이다." 인간은 무명이라는 망상, 꿈같은 어둠속에 있습니다. 어둠속에 있으니까 깰 수 있는 거예요. 그래서 깨고 보면 망상은 망상이 아니고 어둠은 어둠이 아니죠. 그래서 심지어 어떤 경전에서는 "무명이 곧 부처다, 무명이 곧 보리다." 그런 식으로 말하죠. 보리라는

196

것은 깨달음이라는 말입니다. 결국 이 꿈같은 세계가 딱 확인하고 보면 (손을 흔들며) 그냥 그대로 이것이에요. 무슨 다른 깨달음의 세계가 있는 게 아니고, 이 꿈같은 세계 그대로가 그냥 지금 이 일이 거든요. 이 일 하나라는 말이죠. 하여튼 간에 이것이 분명해져야 해요. 다른 것은 없습니다. 아! 세속의 모든 가르침은 가치가 없으니, 그것들은 다만 슬픔의 씨앗일 뿐이로다…… 그러니까 세속의 가르침 거기에서는 아무런 만족을 얻을 수가 없다……

조그마한 가르침이라도 실행해야 하듯이, 우리는 위대한 가르침을 따라야만 한다…… "부처님의 가르침을 위대한 가르침이다" 하는 것 역시 한 개의 방편의 말입니다. 여기에는 위대함도 없고 평범함도 없고, 그냥 이것이에요. 좋고 나쁨이 없는 겁니다. 단지 이 일 뿐인 거지, 좋고 나쁘고 위대하고 평범하고 그런 게 없어요. 아무 색깔도 없고, 아무 맛도 없고, 아무것도 분별할 게 없는 거예요. (손을 흔들며) 그냥 이것이죠. 그래서 옛날 중국식 표현으로 몰자미(沒滋味)라고 해요. 몰은 '없을 몰(沒)' 자, 자미(滋味)는 맛이라는 말이에요. 이것은 아무 맛이 없지만 이렇게 분명한 겁니다. 우리가 맹물과 같다고 하는데, 맹물은 아무 맛이 없지만 갈증을 확실히 해소시켜 주거든요. 그런 거와 마찬가지로 '이것!'은 아무 맛이 없고 아무 색깔이 없고 아무 뭐가 아니지만, 모든 번뇌를 시원하게 없애 버리는 거예요. 모든 번뇌망상이 사라지고, 장애가 다 사라지고, 아무 일이 없는 거거든요. 그러니까 아무런 맛도, 아무런 색깔도 없고 아무 뭐라고 할 게 없지만, 이렇게 분명하잖아요? (손을 흔들며) 이것이거든요,

'이것!' 하나. 딴 일이 있는 게 아니에요. 항상 이것뿐이에요.

예를 들어 예술을 한다, 그림을 감상한다, 그러면 거기에 있는 그림의 색깔이나 모양이 아니고 그림 위에서 '이것!' 하나가, 이 진실, 이 생명, 이 빛 하나가 드러나는 겁니다. 우리가 이것을 알면 그렇게 되는 겁니다. 이것을 모를 때는 음악을 들으면 음악의 선율에 빠져 들어가지만, 이것을 알고 나서 들어 보면 음악에서 들리는 모든 소리가 전부 이것을 나타내고 있는 거거든요. 모든 곳에서 이것 하나를 확인하니까 뭘 보더라도 사실은 똑같아요. 어디 경치 좋은 곳을 가거나 집 안에 앉아 있거나 똑같아요. 따로 감동 받을 것도 없는 겁니다. 왜? 항상 있는 것은 이것뿐이니까. 물론 육체가 있으니까, 예를 들어서 공기가 탁한 곳에 있으면 목이 칼칼하고 공기가 좋은 곳에 가면 목이 상쾌하고 그런 차이는 있죠. 그런 차이는 있지만 이것은 어디에 있든지 다 똑같은 겁니다. 그러니까 (손을 흔들며) '이것!' 하나뿐인 겁니다.

조그마한 가르침이라도 실행해야 하듯이, 우리는 위대한 가르침을 따라야만 한다…… 하여튼 이 법 하나지 딴 건 없어요. 윤동주 시에 그런 게 있죠. 나뭇잎 하나에서도 뭘 느낀다고, 뭘 느끼는지는 몰라도 뭘 느낀다고 하죠. 그런데 순간순간 모든 곳에서 보든, 듣든, 숨을 쉬든, 움직이든, 느끼든 모든 곳에서 항상 '이것!' 하나가…… (손을 흔들며) 이것은 온 우주입니다. 우주의 기운이랄까? 우주의 힘이랄까? 우주의 생명이랄까? 이것을 느낀다는 말이에요. 순간순간 모든 경우에 항상 우주를 손아귀에 딱 쥐고 사는 거와 같은 거라.

바깥이 없어요. 항상 이것 하나뿐입니다. 그러니까 우주를 항상 쥐고 사는데 갈 데가 어디 있어요?

옛날 선사들이 그런 얘기를 했거든요. 내가 모를 때는 사물을 따라다녔는데, 알고 보니 사물이 전부 나를 따라오더라는. 그런 말이 무슨 말인지 알 수가 있는 겁니다. (손을 흔들며) 그냥 이것뿐이에요. 온 천지 온 우주가 여기 다 있고, 항상 '이것!' 하나 가지고 하는 겁니다. 이것만 분명하면 때와 장소가 없습니다. 어디에 있든지 우주가 통째로 손아귀 속에 있다 해도 좋고, 손끝에 나타나 있다 해도 좋고, 하여튼 모든 것이 통째로 항상 여기 다 있는 거예요. 그러니까 '이것!' 하나뿐이에요. 이러니저러니 할 게 아무것도 없고 단지 (법상을 치며) 이것 하나뿐이다……

딱! 딱! 딱! (죽비 소리)

15

이 길은 깨달음에 이른다

마하무드라의 노래 15번 게송입니다.

이원성(二元性)을 뛰어넘는 것은 법왕(法王)다운 견해요,

산만함을 극복하는 것은 법왕다운 수행(修行)이다.

수행 없는 길이 붓다의 길이니,

이 길을 가는 사람은 깨달음에 이른다.

이원성(二元性)을 뛰어넘는 것은 법왕(法王)다운 견해요…… 이원성은 분별이죠. 분별을 뛰어넘는 것은 법왕다운 견해다…… 관점이다, 시각이다 해도 좋은데, 법왕은 부처님이죠. 이원성을 뛰어넘는 것, 분별을 벗어나는 것이 법왕의 시각이다…… 그러니까 (손을 흔들며) 이것을 가리키는 거죠. 분별에 머물 것이냐, 아니면 분별을 벗어나서 이 자리에 통할 것이냐 하는 것이 공부의 갈림길이죠. 분별에 머물면 중생이라 일컫는 것이고, 분별에서 벗어나 여기에 통해서

항상 분별 속에 있으면서도 분별에 머물지 않는, 말하자면 분별을 하면서도 분별하지 않으면 부처라고 이릅니다. 말을 하자면 이렇다는 것이고, 실제 우리 입장에서는 그런 생각을 하거나 그런 말을 하는 건 아니고, (손을 흔들며) 그냥 '어, 이것!' 하면 그냥 이것이죠. 말하자면 저절로 분별에서 벗어나 버리는 거죠. 그러면 분별을 해도 분별에 머물지 않고 항상 아무런 일이 없는 겁니다.

그래서 분별을 벗어났다 하는 것은, 분별을 상대로 해서 저게 분별이니까 나는 저기서 발을 뺐다는 게 아니고, 그냥 분별을 하죠. 분별을 하는데, 이제는 분별을 해도 분별이라는 것은 그야말로 환상처럼 허망하게 아무런 무언가가 아니란 말이죠. 장애가 안 된다, 거기에 *끄달림*이라는 게 없다는 거고, 그냥 아무 일이 없죠. 공부라는 게 분별을 하지 않는 게 아니고, 분별을 벗어났다는 것은 분별을 하는데도 분별이라는 것이 어떤 진실한 것이 아니고, 그냥 아무 일이 없고, 항상 뭐라고 할 수도 없고, 아무것도 없는 거죠. (손을 흔들며) 그냥 이것뿐인 거죠. 이것뿐! 이것을 두고 분별을 뛰어넘는다, 벗어났다고 말하는 것이지, 분별을 저기 놔두고 '이제 나는 분별 없음 속에 왔다' 이렇게 하면 안 돼요. 절대 그것은 아닙니다. 그렇게 되면 그것도 하나의 분별이거든요. 분별이 저기 있고 나는 분별에서 벗어난 자리에 있다고 하면 그것도 분별이에요. 사실 말할 필요도 없는 거예요. 왜냐면 경험을 해 보면 알 수 있는 거니까. (손을 흔들며) 이 자리, 그냥 이것뿐! 그렇다고 분별을 안 하는 것도 아니잖아요? 다 분별하지만 분별이라는 게 아무렇지가 않고 이것만이 진실한 거죠. 언제나 이 하나의 진실이 있을 뿐인데, 이것은 뭐라고 할 수가 없는 거죠. 그러니까 '아무것도 없다'라고 말하는 건데, 뭐라고 할 수가 없고, 아무 일이 없는 거고, 아무것도 없는 거죠. 그러면서도 온갖 분별을 다 한다는 말이에요.

제 경험을 보면 처음에는 이렇습니다. 처음에 분별에서 벗어난 경험을 한 뒤에는 분별하는 습이 아직도 강하게 남아 있기 때문에 분별을 겁을 내죠. 예를 들어서 신문도 안 읽고 TV도 안 보고, 왜냐면 그런 것을 보면 분별하는 습이 자기도 모르게 발동이 되기 때문에, 가능한 아무것도 안 하고 가만히 있으려고 합니다. 그런 습을 자극하는 행동을 안 하려고 하죠. 어쩔 수 없어요. 그래서 (손을 흔들며) '어 이것뿐!' 이것만 자꾸 하려고 하는데, 시간이 지나면서 점차 힘이 생기죠. 여기에 익숙해지고 더 강해지면 어떤 고비랄까, 그 고비가 넘어가면 신문을 봐도 글자를 보는데 글자를 보는 게 아니에요. 아무 생각 없이 보는 거라. 눈으로 보고 무슨 내용인지 파악도 되는데, 그럼에도 불구하고 신문을 안 보고 있는 것 같은 그런 상황이 됩니다. 훨씬 더 벗어난 입장이 되죠. 물론 많은 시간이 필요합니다. 습이라는 게 금방 변화가 되지 않아요. 그래서 저 같은 경우는 원래 신문을 몇 년간 끊었다가 다시 받아 보고 있어요. 이제는 봐도 별로 상관없으니까.

우리에게 분별을 가장 잘 일으키는 것이 문자거든요. 문자를 보면 생각하기 때문에 분별을 일으키거든요. 처음에는 문자를 보는 게 싫더라고요. 보면 자기도 모르게 분별이 일어나죠. 마음의 힘이 어딘지 모르지만 머리가 아니고 다른 곳에 있어야 되는데, 문자를 보면 머리에 자꾸 힘이 들어간단 말이에요. 그러면 뭔지 모르지만 기분이 안 좋죠. 저는 학자로서의 길을 걸었기 때문에 더 그런지 모르겠지만, 하여튼 저 같은 경우는 그랬어요. 그래서 상당한 기간 동안 책이라는 것은 절대 안 읽고 신문조차도 안 읽고, 원래 TV는 집에 없으니까 볼 일도 없었고, 하여튼 그런 방해를 안 받았죠. 그랬는데 어느 시기가 지나고 힘이 생기고 하니까 글을 봐도 글을 보는 게 아니에요. 그냥 아무 생각 없이 안 보는 것 같은 그런 상황에서 보는, 그렇게까지 됩니다.

분별을 벗어났다, 이원성을 뛰어넘었다 하는 것은 무의식 속에 빠져 있는 게 아니고, 의식 속에 있으면서도 무의식 속에 발을 딛고 있다고나 할까? 그런 입장이 되는 겁니다. 우리가 의식세계 속에 있으면 모든 게 분별이니까 아주 시끄럽고 피곤하고 스트레스 받죠. 그런데 무의식 속에 있으면 분별에서 벗어나기 때문에 그런 스트레스나 갈등이 없습니다. 보통 사람들도 세속에서 쉰다고 할 때는 아무것도 안 하고 아무 생각도 없이 푹 자는 게 제일 개운하거든요. 뭘 헤아리고 따지고 하는 것은 우리에게 스트레스고 번뇌죠. 그런데 (손을 흔들며) 여기에 통달이 돼서 이 자리에 있으면 늘 숙면 상태에 있는 것처럼 깨어 있어도 스트레스가 없고 피곤함이 없고, 육체야 피곤할 수 있지만 정신적으로는 항상 숙면 상태처럼 착 가라앉아서 피로를 못 느끼는 거죠.

이원성을 뛰어넘는다는 것은 그런 입장이고, 그런 시각으로 세계를 보는 것이죠. 결국 진실함이란 뭐냐면 이 허공처럼 아무것도 아닌, 아무것도 없는 것 같고 분별할 수 없는, (손을 흔들며) 이것이 유일

하게 진실한 것이고, 이것은 우리에게 짐이 되질 않아요. 왜? 아무 것도 없으니까. 그런데 우리 세속적인 진리라는 것은 항상 짐이 돼요. 왜냐면 '이게 진리다' 하고 짊어지고 있어야 하고 거기에 우리가 구속받으니까. 그래서 도덕군자를 사람들이 안 좋아하는 이유가 거기에 있는 거예요. 도덕이 필요하고 옳다는 것은 알지만 그것을 좋아하지는 않죠. 그게 짐이 되고 신경이 쓰인다고. 그래서 옛날부터 맑은 물에는 고기가 놀지 않는다는 속담도 생겼는데, 신경을 계속 써야 되고 뭔가 짊어지고 있어야 되는 부분이 있기 때문에 스트레스 받거든요.

그러나 이것이 진실하게 되면 세속적인 것들은 다 허망한 거고, 도덕이니 법률이니 다 필요해서 방편으로 만들어 놓은 거니, 별 의미가 없고 부담이 없어요. 진실한 것은 이것뿐인데, 이것은 전혀 부담스럽지 않고 오히려 이것에 좀 더 익숙해지고 생생해질수록 힘이 솟아요. 힘이 난단 말이에요. 왜? 이것은 생명입니다. 기독교에서 "나는 생명이요"라는 말이 있죠. 그것도 헛말이 아닌 것 같아요. 이것은 생명 그 자체예요. 힘이 솟는다니까요.

그래서 설법을 하고 나면 사람들이 굉장히 피곤할 거라고 여기는데, 그렇지 않아요. 피로가 확 풀려요. 설법을 한다는 것은 이것을 좀 더 자각을 하는 시간이기 때문에, 설법을 하고 나면 육체는 앉아 있는 자세이기 때문에 좀 피곤할지 모르지만 정신적으로는 피로가 확 풀리고 힘이 솟는다니까요. 그러니까 이것은 부담이 아니라 오히려 더 좋아할 수밖에 없는 것이고, 더 여기에 익숙해지려고 할 수밖에 없는 거죠. 부담이 아니라 오히려 더 힘이 솟고 더 상쾌해지기 때문에. 그러니까 이것이 진실이고 근본인 거죠. 짊어져서 부담스럽다고 하면 이것은 자기의 본질이 아니에요. 이것을 타고난 본성이라고 이름 붙이는 이유는, 부담스러운 게 아니라 이 자리에 있으면 더 편안하고 더 기분이 좋으니까 본성이라고 하는 거죠. 뭔가 이것이 진리라고 하더라도 진리라는 거기에 있으면 더 힘들고 스트레스받으면 본성이라고 할 수가 없는 거예요. 이것을 본성이라고 하는 이유를 경험해 보면 알 수가 있는 겁니다.

이원성(二元性)을 뛰어넘는 것은 법왕(法王)다운 시각이요, 산만함을 극복하는 것은 법왕다운 수행(修行)이다…… 행동이다 이거예요. 산만하다는 것은 결국 뭐냐면, (손을 흔들며) 이것이 없으니까 뭔가를 찾아서 헤매니까 산만한 것이지, 이것이 분명하면 산만할 이유가 없습니다. 그대로 안정이 되어 아무것도 찾을 게 없어요. 뭘 찾고자 하는 게 없고, 그런 욕구가 안 일어나니까. 그러니까 자기 집으로 돌아와서 또다시 자기 집을 찾는 일은 없죠. 집으로 돌아오면 그냥 쉬는 거죠. 이것이 그와 같은 겁니다. 이것을 확인하면 그냥 쉬고 편안하고 아무 일이 없는 것이지, '또 뭐가 있는가?' 하고 찾고자 하는 욕구는 없어져 버리는 거죠. 어쨌든 '이것!' 이상 좋은 것은 없습니다. 이것을 "구원받는다"라고 말할 수가 있고, "자기의 근원으로 돌아온다"라고 말할 수도 있는 겁니다.

산만함을 극복한다? 산만하다는 것은 결국 자기 집을 잃어버리고 밖으로 헤매 다니는 것이고, 자꾸 대상을 따라다니는 것이고, 정신적으로 뭔가 불안정한 상태입니다. 여기에 통해서 이 자리가 딱 분명하면 완전히 안정이 되어 버리기 때문에 항상 아무 일이 없죠. 안정되고 뭐라고 할 게 없어져 버리거든요. 그냥 아무 일이 없어요. 하여튼 완전히 쉬는 거고, 아주 철저히 쉬어져 버리고 철저히 편안한 거죠. 그러니까 (손을 흔들며) 이것이지, 이 일 하나지, 또 다른 것은 없습니다. 무슨 진리 같은 게 있는 게 아니에요. 진리의 깃발을 세우고 하는 것은 전부 골치 아픈 겁니다. 그런 게 아니고 아무 일이 없고 그냥 이것뿐입니다. 여기에 통해서 쉬어지고 일이 없어져서 "이것뿐이다" 이렇게 되는 것, (법상을 치며) '이것!'입니다.

마음공부라는 게 우선 편하려고 하는 것이고, 그 다음에 '번뇌망상에서 벗어나서 헤매는 일이 없고 걱정거리가 없어진다', 그런 표현도 많이 쓰는데, 그러니까 뭔가를 두려워한다는 것보다는 걱정거리가 없어지고 태평스러워져 버리죠. 뭔가를 두려워하는 게 없어진다는 것보다도 좀 더 정확하게 표현하면, 뭘 염려하고 걱정하는 게 사라지고 태평스러워진다는 게 더 좋은 표현 같습니다. 이 공부를 안 한 일반 세속 사람들조차도 어느 정도 정서적으로 안정이 된 사람하고, 그렇지 못하고 산만한 사람하고는 다르죠. 산만한 것은 안 좋은 겁니다. 안정이 되는 게 좋은 거지만 세속적인 입장에서 안정감이라는 것은 어느 정도 한계가 있죠. 완전히 땅바닥에 발을 딛고 안정된 건 아니고 공중에 떠 있는 상황에서의 안정이니까, 뭔가 크게 흔들리는 일이 오면 확 끄달려 버리죠. 그런데 우리가 여기에 뿌리를 딱 내려서 여기에 통해 버리면 땅바닥에 발을 딛듯이 딱 안정이 되어서 일이 없거든요. 이런저런 일이 있는 게 아니고, (손을 흔들며) 항상 이 일 하나뿐, 아무 일이 없는 거죠.

산만함을 극복하는 것은 법왕다운 수행(修行)이다…… 수행 없는 길이 붓다의 길이니…… 그러니까 수행이 없는 길, 여기도 나오죠. 이 사람들도 이런 얘기를 해요. 수행이 없는 길이 부처의 길이다…… 그러니까 깨달음은 수행해서 되는 게 아니라는 게 여기에도 나오는 거예요. 수행이라는 것은 영어로는 'Practice'라고 하는데 연습이고 훈련이거든요. 산만함을 극복하는 것이 'Royal Practice'라고, 어떤 좋은 수행이라는 말인데, 이것은 세속적인 의미이고 수행하는 사람을 지칭하는 겁니다. 그러니까 어떤 반복적인 훈련을 통해서 집중력을 기르고 산만함을 극복하는 것이 세속적인 입장에서 보면 굉장히 좋은 일이나, 그것은 붓다의 길은 아니다…… 그것은 훈련에 의해서 애를 쓰고 노력을 하는 것이니 어느 정도까지만 가능한 거죠.

이것을 비유하면 돌로 풀을 눌러 놓는다는 겁니다. 어느 정도까지 가능한 거지 완전히 쉬어지는 건 아니죠. 안정된다는 것은 일종의 쉬는 겁니다. 산만하다는 것은 불길이 솟아오르는 것이고, 안정이 된다는 것은 불길이 잦아들고 쉬는 거잖아요. Practice, 훈련을 통해서 쉬어진다는 것은 어떤 조건적인 거고 일시적인 거지, 무조건적이고 영원한 그런 쉼은 아니죠. 무조건적이고 영원하게 쉬려고 하면 여기에 한 번 통해야 하고 체험을 해야 하는 것이지, 수행하는 길은 아니다…… 라는 것을 이 사람들도 알고 있었던 거예요.

그럼에도 불구하고 불교 공부하는 사람들은 입만 열면 수행이라는 말을 달고 살아요. 마치 수행이란 이름으로 매일 뭔가를 해야 되는 것처럼 여기지만, 그것은 잘못된 선입견이죠. 수행해서 깨닫는 게 아니라는 말을 아무도 하고 있지 않으니까. 참 기가 막힌 일인데, 이 사람들은 이렇게 말을 한단 말이에요. 수행 없는 길이 붓다의 길이다…… 뭔가 반복적으로 훈련을 해서 가는 길이 아니다…… 깨달음이라는 것은 관심을 가지고 계속 귀를 기울이고 목말라 하다가, 한순간에 이렇게 땅이 꺼져 버리듯이 확 뚫어지면 아무 일이 없는 거예요.

정말 한 번 자기가 앉아 있는 땅이 푹 꺼져 버려야 해요. 그때부터는 아무 일이 없어요. 그런 게 아니면 아무리 뭘 어떻게 하더라도 계속 뭔가가 걸리는 게 있습니다. 완전히 자유로울 수도 없고, 계속 짊어지고 있는 그런 문제가 있기 때문에 완전히 편해질 수가 없어요. 완전히 손을 놔 버리고 정말 앉아 있던 자리가 푹 꺼져서 공중에 떠 있다 할까? 그런 정도로 의지하는 것도 없고 아무 일이 없어야 해요. 그러면 그냥 '있는 이대로!' 언제나 발 딛고 있는 곳이 곧 진실이라고 하듯이, (손을 흔들며) 그냥 있는 이대로 이것이죠. 그냥 아무 일이 없는 거죠.

그러니까 공부하는 분들은 본인 스스로가 자기점검을 해서 공부를 철저하게 해야 하는데, 어쨌든 그게 마음이든 깨달음이든 진실이든 진리든 자기 본래면목이든 조금이라도 '이게 내 것이다' 하는 게 있으면, 백장 스님 말씀을 빌리자면 "아직 똥을 덜 치웠다"는 겁니다. 그러니까 냄새나는 게 아직 남아 있다는 말이에요. 이것은 뭐라고 할 게 전혀 없는 겁니다. 뭐라고 할 게 아무것도 없으면서도 온 천지가 다 똑같아요. (손을 흔들며) 그냥 이것이고 이 일이죠. 온 천지가 똑같이 이것이고, 이 하나입니다. 자기가 정말로 확 비워져서 아무 뭐라고 할 게 없느냐? 확 비어 있다는 이런 생각조차도 없어야 해요. 이게 참 묘한 거라. 사실 '있다, 없다'고 분별할 수도 없는 겁니다. 수행 없는 길이 붓다의 길이다…… 티베트 사람들도 이렇게 말한단 말이에요. 그런데도 불교계에서 수행을 어떻게 해야 한다는 소리를 부끄러운 줄도 모르고 하고 있으니, 참 기가 막힌 노릇입니다.

수행 없는 길이 붓다의 길이니, 이 길을 가는 사람은 깨달음에 이른다…… 공부는 뭘 연습하는 게 아닙니다. 연습이 아니고 (손가락을 세우며) 이것에 한 번 통하는 거죠. 이것에 한 번 통하면 저절로 일이 없어지고 저절로 쉽게 돼요. 쉴 때는 확실하게 완전히 쉬어서 미련을 남기지 말아야 합니다. 그래도 뭔가를 가지고 있어야 하지 않을까? 하는 이런 미련들이 습관적으로 남아 있을 수가 있는데, 그런 게 싹 사라져 버려야 해요.

불교식으로 말하면 아(我)와 아소(我所)라고 하는데, '나다, 내 것이다' 하는 게 다 사라져 버려야 하죠. 그런 게 티끌만큼도 없어야 하는 겁니다. 우리 육체를 말하는 게 아니고 마음을 말하는 겁니다. 마음속에서 '나다, 내 것이다' 하는 그런 게 완전히 사라져 버려야 해요. 그러면 아무 일이 없어요. 뭐가 문제 될 게 있습니까? 내가 없고 내 것이 없는데, 뭐가 문제될 게 있나요? 그냥 허공처럼 가면 가고, 오면 오고, 아무 상관이 없는 거죠. 그러니까 그렇게 가벼워지고 아무 일이 없는 겁니다. 이것이 대자유인데, 이것은 수행을 해서 얻는 것이 아니고, 이렇게 한 번 (법상을 치며) 계합이 되고 통하게 되면 저절로 그렇게 되는 거죠.

수행을 해야 된다, 수행을 한다…… 지금 여기 계신 분들이야 그런 생각을 하시는 분들이 없겠지만, 처음 인연이 되어 오는 분들은 절에 다니다 오신 분들이나 어떤 단체에 있다 오신 분들을 보면 십중팔구는 수행해야 한다고 알고 있어요. 매일 매일 수행해야 한다는 거기에 매달려 있는 거예요. 공부란 이름으로, 수행이란 이름으로, 하루에 한 시간이든 두 시간이든 십 분이든 뭔가를 하는 거기에 매달려서 그것을 하면 그날 하루는 뭔가 한 것처럼 느껴서 기분이 좋고, 그것을 안 하면 불안하고, 그런 식으로 공부를 해 온 사람들이 십중팔구예요. 그런 공부를 왜 합니까? 하루에 십 분이든 이십 분이든 하면 기분 좋고 안 하면 기분 나쁘고, 왜 거기에 매여 있나요? 매여 있을 이유가 없잖아요? 이 공부는 해방되려고 하는 공부인데 도리어 수행에 매여 있는 거잖아요? 그러니까 그런 식의 공부는 공부가 아닙니다. 자꾸 자기를 얽어매려고 하는 건데, 왜 그렇게 해요? 해방이 돼야지요. 참 간단한 것인데도 희한하게 굉장히 오해가 많습니다. 수행 없는 길이 붓다의 길이다…… 참 좋은 말입니다. 그런데 사람들이 잘 모르는 말이에요. 이 길을 가는 사람이 깨달음에 이른다……

16

꿈처럼 진실함이 없다

마하무드라의 노래 16번 게송입니다.

> 세속은 무상(無常)하여
> 환상이나 꿈처럼 진실함이 없다.
> 세속을 버리고, 가족을 버리고,
> 애욕과 증오의 끈을 끊고서
> 숲 속과 산 속에서 명상하라.

세속은 무상(無常)하여 환상이나 꿈처럼 진실함이 없다…… 이런 말을 자기가 느끼려면, 이것을 한번 체험해 봐야 이런 말을 알 수 있죠. 세속에서도 항상 이런 말을 하잖아요? 인생이라는 게 남가일몽이다, '덧없는 꿈과 같이 지나는 거다.' 말은 그렇게 하지만 다 얽매여 있습니다. 그러므로 사실은 이 말의 진실함을 알 수가 없는 것입니다. 여기에 통해 봐야 진실함이라는 것은 (손을 흔들며) '이것'을 가지고만 말할 수가 있는 것이고, 그 나머지에는 관심이 안 간다는 것을 알 수 있거든요. 뭔가 진실한 거라면 관심이 가고 신경이 쓰이고 해야 하는데, 관심이 안 가니까 진실함이 있는 게 아니죠. 뭔가 가치가 있는 거라면 관심이 가고 신경이 쓰이고 눈길이 가야 하는데, 여기에 한번 통달하고 나면 세속 일은 아무것도 눈길이 가는 것도 없고 신경 쓰이는 게 없어요. 그러니까 그냥 (손을 흔들며) '이것!' 하나만 있으면 다 만족이고 다른 것은 필요 없다, 이렇게 되어 버리니까 세속 일이라는 게 허망한 것이죠. 그러니까 말을 안 해도 저절로 그렇게 되어 버리는 거죠. 아이들이 평소에 가지고 놀던 장난감이 있는데 그것보다 훨씬 좋은 새 장난감을 사 주면 헌것은 내버리고 새것을 가지고 놀잖아요? 이게 사실은 그런 심리죠. 음식도 평소에 잘 먹다가 어느 날 다른 것을 먹어 보니 훨씬 더 맛있다면 그 다음부터는 예전에 먹던 것은 안 먹습니다. 인간의 심리라는 게 그런 거잖아요?

'이것!'이 훨씬 편하고 좋고 항상 관심이 가는 진실함입니다. 또 이것은 어떻게 할 수가 없어요. 진실함이라는 것은 왔다 갔다 하지 않거든요. 우리가 진실함이라는 말을 붙일 때는 몇 가지 이유가 있는데, 첫째로 왔다 갔다 하지 않는다, 항상 그 자리에 있고 늘 한결 같다는 것이고, 그 다음에는 아까 생명이라고 말했듯이 여기서 존재감을 느끼거든요. 어떤 살아 있음을 느낍니다. 그러니까 이것이 진실한 거죠. 의심할 수가 없고 의심이 안 생기거든요. 긍정, 부정을 할 수가 없는 거니까 이것이 진실한 거죠. 그에 비하면 세속적인 일이라는 것은 다 왔다 갔다 하는 거죠. 오기도 하고 가기도 하고, 근원적인 느낌이 없고 소유물일 뿐인 거죠. 그래서 진실하다고 할 수가 없는 겁니다. 진실함이라는 것은 (손을 흔들며) '이것!' 하나밖에 없단 말이에요.

여기서 세속은 무상하다 하는 것은 왔다 갔다 한다, 고정되지 않고 왔다 갔다 해서 환상이나 꿈처럼 진실함이 없다는 겁니다. '이것!' 하나를 얻어서 여기에 통하면 그때부터는 아무 일이 없어요. 매 순간순간 살아 있음의 즐거움을 느낄 수도 있습니다. 이것도 기분이겠지만, 우리가 직장에서 일에 치여 살다가 한 달 정도 휴가를 받으면 일이 없잖아요. 그러면 그때는 뭔가에 매달려 있지 않고 매 순간순간 자기 삶의 어떤 활력을 느낄 수가 있거든요. 뭔가 할 일이 눈앞에 산더미처럼 쌓여 있어서 일에 얽매여 있다가 문득 매여 있지 않은 상황이 되었을 때, 여유가 생겼을 때, 그때는 자기 삶을 느낄 수가 있잖아요? 세속에서도 우리가 그런 기분을 느낄 수가 있는데, '이것!'은 늘 휴가를 받고 있는 것처럼 늘 일이 없으니까, 이것에서 삶의 약동함이랄까 생생함이랄까 그런 느낌을 받기도 하고 그렇죠. 어쨌든 이겁니다. 아무것도 없지만 이것이 가장 근본이고 가장 진실한 밑바탕이죠. 하여튼 (손을 흔들며) 이것뿐입니다. 백 번 천 번을 말해도 이 일 하나지, 딴 것은 눈에 들어오는 것도 없고 관심이 가는 것도 없습니다.

환상이나 꿈처럼 진실함이 없다.
세속을 버리고, 가족을 버리고,

애욕과 증오의 끈을 끊고서
숲 속과 산 속에서 명상하라.

　이것은 출가하는 사람을 위해서 하는 말인데, 이렇게 할 수 있으면 이것도 좋죠. 세속을 버리고 가족을 버리고 애욕과 증오의 끈을 끊고 갈 수 있으면 홀가분하기도 하고 좋기는 한데, 이렇게 안 해도 공부를 할 수가 있습니다. 어느 정도 약간 성가시고 귀찮더라도 세속에서 공부의 절실함을 느낄 수도 있죠. 어떤 스님을 만나서 대화를 하다 보니 그런 말씀을 하시더라고요. 출가한 사람들은 성실함이 없다, 그런데 세속 사람들은 굉장히 성실하다, 그런 말씀을 하시던데, 그것은 결국 뭐겠어요? 출가한 사람들은 먹고살 걱정 안 하고 공부만 할 수 있으니까 어떤 절박함이나 성실함이 없는데, 세속에 있는 사람들은 항상 경계에 부딪치고 자기가 노력하여 먹고살아야 하니까 그만큼 성실해야 하고 절박한 순발력도 있어야 하는 거죠.
　그런 면에서 본다면 오히려 세속에 있으면서 공부를 하는 게 장점이 될 수도 있습니다. 출가해서 모든 것을 다 버리고 산 속의 동굴이나 초막 속에서 혼자 산다고 하면, 그런 사람이 공부에 더 성실할 수도 있겠지만, 또 반대로 다른 할 일이 없고 공부 하나에만 매달리다 보면 매너리즘에 빠질 수도 있어요. 그런 가능성도 있단 말이에요. 물론 발심의 정도에 따라서 자기의 공부가 얼마나 진지하고 성실하냐에 따라서 사람마다 다르겠지만…… 온실 속에서 자란 식물보다 노지에서 자란 식물이 도전을 받고 부대끼고 시달리면서 자라기 때문에 훨씬 더 힘이 좋습니다. 이 공부도 그런 측면이 있습니다. 혼자서 산 속에서 공부하는 것보다도, 세파에 시달리면서 공부에 더 열의를 내고 틈 날 때마다 열정을 쏟고 한다면 더 큰 힘을 얻는 그런 부분이 있죠.

제가 볼 때는 분명이 그런 점이 있습니다. 혼자 있으면서 뭔가 시달리는 게 없으면 기분이 좋거든요. 기분이 좋으면 그 기분 좋은 것에 매여 있을 수가 있습니다. 굉장히 위험한 건데, 반드시 그런 위험이 있습니다. 혼자 있을 때에는 모르다가 문득 방해받는 일이 생겼을 때에는 확 무너지죠. 큰 시련을 당하면, 평소에 늘 부대끼면서 시련 당하는 사람들은 쉽게 이겨내는데, 혼자 편히 있는 사람들은 극복하기가 오히려 더 힘들 수가 있습니다. 그런 말도 하잖아요? 잔병치레 많이 하는 사람은 큰 병 없다고. 그게 일리가 있는 말이거든요. 그러니까 우리가 세속에서 조금 시달리면서 공부하는 게 맷집을 기르는 데 좋다 이거예요. 오히려 공부를 확실하게 할 수가 있습니다.

그러므로 꼭 가족을 버리고 세속을 버리고 하지 않아도, 애욕과 증오의 끈을 끊을 수는 있다 이거예요. 세속에서 살면서 가족과 살면서도 애욕과 증오의 끈을 끊을 수가 있습니다. 그것은 자기 하기 나름이죠. 물론 끊기가 쉽지는 않습니다. 항상 같이 정서적으로 교류를 하고 영향을 주고받고 하는 입장이기 때문에 애욕과 증오의 끈을 끊기가 쉽지는 않지만, 자기가 이 법 속의 사람으로서 살려고 하는 뜻만 있으면 끊을 수 있습니다. 사람은 적응을 굉장히 잘해요. 거기에 적응을 하고 그 속에서 공부를 해서 자기가 이루고자 하는 것을 이루어 냅니다. 그런 점이 있어요. 그러니까 그것은 자기의 발심에 달린 것이지요. 꼭 좋은 조건을 굳이 만들어야 하는 것은 아닙니다. 지금 자기가 처한 위치에서 마음공부를 잘하는 것이 중요하죠.

물론 가끔 그런 생각이 들기는 해요. 귀찮다는 느낌도 들고, 사람에 대한 희망이랄까 인류에 대한 희망이랄까 그런 것은 없어져요. 앞으로 인류 사회가 잘되어 나가야 하니까 일조를 해야 되겠다 하는 생각도 없고. 이런 말을 들으면 세속 사람들은 이기주의자라고 하겠죠. 옛날 중국에 양주라는 사람이 유명한 이기주의 철학자인데, 무슨 얘기를 했냐 하면, "남을 위해서 나는 털끝 하나도 희생할 생각이 없다"고 했어요. 이기주의적 철학의 대표자죠. 그런데 그런 뜻이 아니고 희생할 수도 있고 베풀 수도 있는데, 인류가 앞으로 희망적인 미래를 가지고 잘되어 나가야 한다는 생각은 없다 이거예요. 인연 따라 흘러가는 거지, 그렇게 반드시 되어야 한다는 것도 아니고, 된다는 희망이 있는 것도 아니고, 인연 따라 흘러가겠죠.

우리 불법에서는 성주괴공(成住壞空)이라는 말을 합니다. 원래 세계는 이루어지고 유지되다가 결국 부서지는 것이다…… 다 그런 것이지, 어떻게 할 수도 없는 것이고, 하여튼 그런 집착 같은 건 없어요. 같이 사니까 자기가 할 도리를 다 하는 것이고, '내가 남을 위해서 뭘 어떻게 해야 되고 인류를 위해서 뭘 어떻게 해야지' 하는 생각은 안 일어납니다. 남이라거나 나라는 그런 생각도 별로 없죠. 법은 아무 일이 없는 겁니다. 물론 누구든지 '이것!'을 알아서 일이 없어지고 허공 속으로 돌아가서 애욕과 증오를 다 끊어 버리고 무심하게 다 살 수 있으면 좋겠죠. 그러나 그렇게 되리라는 희망은 전혀 가지지 않습니다. 그렇게 될 리가 없어요. 극소수가 이런 경험을 하고 해탈을 하겠지만, 대부분의 사람들에게는 그런 기대를 하지 않습니다.

　세속을 버리고 가족도 버리고, 애욕과 증오의 끈을 끊고서……
제 경험을 말씀드리면, 초창기에는 제가 사람들에게 이런 말씀을
드리고 공부를 같이 하자고 했을 때, 정말 뜻을 같이 해서 공부하는
사람들이 너무 좋아서 그때는 애정을 사실 듬뿍 가지고 있었어요.
그래서 하나라도 더 얘기를 해 주려 하고 조금이라도 더 신경 써 주
려고 했는데, 나중에 보니까 소용이 없더라고요. 그게 인연 따라 다
되는 거지, 신경 쓴다고 되는 것도 아니고 다 인연이 있어요. 전혀
신경도 안 썼는데 잘하는 사람이 있고, 신경을 열심히 썼는데 공부
가 제대로 안 되는 경우도 있고, 그렇더군요. 그러니까 '아, 내가 신
경 써서 될 게 아니구나.' '나 혼자 좋아서 하는 거구나.' 그 인연이
라는 게 묘한 거예요. 도반이라 하더라도 결국 자기 혼자 공부지, 옆
에 있는 사람 부축해서 "같이 이 길을 가자" 하면 방해만 될 거예요.
신경 안 써 주는 게 제일 좋아요. 신경 안 써 주고 각자 공부하자, 이
게 제일 좋아요. 잘해 주려고 하면 뜻은 훌륭할지 모르지만, 상대방
은 부담을 가져요. 제가 그런 경험을 많이 했습니다. 신경 써 주려고
하면 나중에는 부담스럽게 여기더라고요. 실제로 저 역시 그렇고,
누군가가 관심을 가지고 하나라도 챙겨 주려고 하면 부담스럽거든
요. "제발 신경 꺼 주세요" 합니다.

　무소의 뿔처럼 이것은 전적으로 자기 혼자의 일이죠. 부부나 형
제라도 공부에 관해서는 서로 신경을 끄는 게 제일 좋습니다. 그렇
지 않고 이래라 저래라 잘해 주려고 하는 게 결국 간섭이거든요. 그

러면 좋을 게 아무것도 없습니다. 항상 자기 공부만 잘하고 있으면 아무 일이 없는 겁니다. 옆 사람한테 이래라 저래라 하는 것은 그 사람한테는 간섭으로밖에는 와 닿지 않고, 공부에는 전혀 도움이 안 됩니다. 다 자기의 인연이 있는 겁니다. 그러니까 자기 공부를 열심히 해서 자기가 극복이 되고 안정이 되고 하면, 옆에 있는 사람에게 자랑도 하지 말고 하여튼 관심 갖지 말고 자기 공부만 하시다 보면, 거기에 알맞게 저절로 적응이 되고 또 각자 공부도 하는 겁니다.

그러나 이것은 제가 말씀드리는 것이고, 옛날부터 보면 간섭을 하는 경우가 많았죠. 특히 절 같은 경우에, 방장 스님이 대중들을 지도하는 데는 간섭을 안 할 수가 없으니까 그랬겠죠. 우리하고는 입장이 다릅니다. 같은 절에서 같이 생활하면서 같은 솥에 밥 먹고 사는 입장에서는, 방장 스님은 출가자를 공부시킬 의무가 있고 출가자는 공부해야 될 의무가 있으니까, 불러서 물어보고 지적하고 야단도 치고 하는 것이 출가 단체에서는 필요할 겁니다. 그런데 필요해서 그렇게 하더라도 한계가 있습니다. 누군가의 지적을 받아서 자기 공부가 달라지는 경우라 하더라도 그 지적을 받고 '내가 뭔가 문제가 있구나'라고 느끼는 것까지만입니다. 그 다음에 그 문제의 극복은 그 사람한테 의지해서 극복하는 게 아니고 자기가 해야 해요. 원래 공부가 그런 겁니다.

누가 꼭 지적을 안 해도 설법만 들어 봐도 '어, 저것은 나하고 뭔가 다른데' 이런 느낌이 있으면 지적받는 것과 똑같은 거거든요. 그랬을 때 자기 공부의 문제를 느낄 수 있단 말이죠. 그때 그 문제를 그 선지식이나 도반의 지도에 의해서 극복해 보겠다 하는 것은 잘못된 생각입니다. 이 공부는 오로지 자기 힘으로 해야 해요. 자기가 부족함을 느끼면 자기가 극복을 해야 하는 거죠. 그런 점이 분명히 있습니다. 어떤 문제점을 느끼도록 지도를 할 수는 있지만 그것을 극복하도록 해 줄 수는 없다…… 그것은 자기 힘으로 해야 하는 거예요.

실제로 우리가 같이 공부하는 입장에서 그런 경우들을 많이 보고 옛날 사례들도 항상 그렇죠. 그러니까 극복은 자기 몫이라는 것은 틀림없습니다. 이런 설법이라든지 대화를 통해서 '뭔가 문제가 있다'는 지적을 받고 자기 공부에서 향상의 계기로 삼는 것은 좋습니다. 우물 속 개구리 같은 상황에서 벗어날 수 있는 하나의 계기가 되기 때문에 그것은 필요하죠. 필요한데 극복은 반드시 자기 힘으로 해야 한다…… 우물 속에 있는 개구리가 남이 꺼내 주기를 바라면 안 되는 거예요. 자기 힘으로 나가야 하는 거죠. 공부는 어차피 자기 힘으로 해야 하는 겁니다.

숲 속과 산 속에서 명상(冥想)하라…… 출가자들을 위한 말인데, 우리 재가 입장에서는 숲 속이나 산 속에 들어갈 필요가 없고, 세속에 있더라도 숲 속이나 산 속에 있을 수가 있습니다. 왜? 세속에 신경 안 쓰고 공부에만 신경 쓰면 되는 거라. 저는 옛날에 초창기에 공부할 때 제일 공부하기 좋은 때가 언제냐 하면 두 경우였는데, 하나는 저녁에 혼자 산책할 때였고, 또 하나는 버스 타고 좌석에 앉아 있을 때였어요. 아무도 모르는 사람들이잖아요. 그러면 완전히 혼자 있는 거예요. 버스 타고 부산대학교에서 우리 집까지 한 시간 정도 걸렸는데, 그 시간이 혼자 있는 시간이에요. 그게 숲 속에 있는 것, 산 속에 있는 것하고 똑같은 겁니다. 그때가 공부가 제일 잘 됐어요. 버스 타고 서서 있으면 흔들려서 잘 안 되고, 편안히 앉아 있을 때, 또 아무도 아는 사람이 없는 길을 혼자서 산책할 때, 그럴 때는 바로 산 속이나 숲 속에 있는 것과 똑같습니다. 이 공부에 관심을 가지고 이 자리에 마음을 두고 있으면, 뜻이 있는 곳에 길이 있다고 이 자리도 더욱 가까워진다고 해야 되나? 그런 면이 있죠.

그런데 욕심이 지나치면 안 돼요. 지나치면 인위적으로 되어 버리기 때문에 조절을 잘 해야 해요. 그런 감이 있어야 되는 겁니다. 내가 이 법을 어떻게 해야 된다 하고 욕심이 지나치면, 법이라는 것을 자기 손에 쥐고자 하기 때문에 인위적으로 되는 거라. '이게 법이다' 하는 뭔가를 느끼려고 하고, 그래서는 안 되죠. 저절로 자연스럽게 딴 생각 안 하고 주변 경계에 신경 안 쓰게 되면, 저절로 이 자리에서 쉬게 되죠. 제가 버스 타는 것이나 산책이 그런 것이었거든요. 다른 것 신경 쓸 필요가 전혀 없고, 그러니까 혼자 있는 경우와 같아서 혼자 있으면 결국 이 자리에 젖어 드는 것 외에는 딴 게 없으니까, 힘들이지 않고 이 자리에 젖어들 수 있는 시간, 그것이죠. 그런데 욕심을 내서 좀 더 세게 좀 더 강하게 이 자리를 알아야 되겠다 하면, 조작이 일어나서 가짜가 되는 겁니다. 그것을 조심해야 해요. 항상 자기 힘만큼, 저절로 젖어들고, 저절로 안정이 되고, 저절로 느껴지고, 저절로 편안해지고, 저절로 통하고, 저절로 "이것뿐이다" 하는 게 와 닿아야 하는 겁니다. 힘들여서 하는 것은 아닌 겁니다.

그런 게 여기서 말하는 숲 속과 산 속에서 명상하라는 뜻이죠. 숲 속에 들어가고 산 속에 들어갈 게 아니라, 아무것에도 신경 쓸 필요가 없고 어떤 방해도 받지 않을 수 있는 혼자 있는 시간들, 그럴 때가 공부에는 좋은 시간입니다. 우리가 이 사회 속에서도 얼마든지 그런 시간을 낼 수 있습니다. 또 잠자기 직전이나 아침에 일어난 직후에, 이럴 때 잠시지만 그런 시간들이 있죠. 그런 것만 해도 충분해요. 평소에 일하고 왔다 갔다 할 때는 경계에 시달리지만 그래도 마음 한 구석에는 항상 이 자리에 있다고 하는 것, 늘 자기 마음은 이 자리에 있으니까, 그런 것을 가지고 생활하면 되는 거죠. 얼마든지 세속에서도 공부를 할 수가 있습니다. 그래서 자꾸 더 익숙해지고 깊어지고 일이 없어지고, 그러면 좀 더 생생해지고 자꾸 그렇게 하는 겁니다. 그런 시간입니다. 죽 그런 시간을 보내면 됩니다.

딱! 딱! 딱! (죽비 소리)

17
자연스럽게 편안히 쉬면

마하무드라의 노래 17번 게송입니다.

그대가 만약 노력 없이 자연스러운 상태에서
편안히 쉬고 있다면,
곧 그대는 마하무드라를 얻을 것이고,
얻을 것 없는 것을 얻을 것이다.

그대가 만약 노력 없이 자연스러운 상태에서 편안히 쉬고 있다면…… 이런 말들이 방편의 말인데, 방편의 말은 항상 함정이 있는 겁니다. 함정이 있다는 것은 말을 따라가면 안 된다는 겁니다. "편안히 쉬고 있다." 이런 말들이 일면 방편으로, "어떤 인위적인 노력을 하지 마라" 하는 그런 방편으로는 교훈이 되지만, 또 반대로 "편안히 쉬자" 하는 그런 노력을 할 수도 있게끔 하기 때문에 그것은 좋지 않은 거죠. 그러니까 어떤 의도적이고 인위적인 노력을 하지 마라 하는 것까지는 방편으로 받아들일 수 있지만, 편안히 쉬어라 하니까, 편안히 쉬려고 하는 그것도 역시 의도란 말이죠. 그런 의도에 말려들어 갈 가능성이 있기 때문에 방편이라는 것은 항상 함정이 있는 겁니다.

그렇기 때문에 선(禪)에서는 가능한 한 그런 방편을 쓰지 않으려고 합니다. 그래서 굉장히 애매모호한 얘기지만, (손을 흔들며) "이겁니다." 이렇게 하거든요. "이겁니다" 하는 것은 무슨 의도를 가지고 알 수가 있는 게 아니니까요. 이것이 한 번 와 닿으면 "이겁니다" 하는 여기에 감이 생기기 때문에, "이겁니다" 하면, 이런저런 분별, 이쪽저쪽 분별에 머물지 않고, 말하자면 눈이 머리에 있다가 가슴으로 내려온다는 식으로, "이겁니다" 하면 어떤 분별이나 헤아림이나 노력이나 생각함이 없이 '어~ 이 자리!' 하고 저절로 감이 오는 거죠.

감이 생겨서 여기에 한 번 초점이 맞는다 할까, 이 자리에 있게 되는 그런 힘이 생기는 거죠. 어쨌든 지금 (손을 흔들며) 이것이란 말이에요. "도가 뭡니까?" "이겁니다." 이렇게 여기에 한 번 계합이 되어 딱 들어맞아야 해요. 들어맞게 되면, 어떻게 하면 들어맞느냐 하는 공식이 생기는 것은 아니지만, 감이 생겨요. 그것은 머리로 헤아려서 '이렇게 하자', '저렇게 하자' 할 수도 없고, 말로써 "이렇게 해라", "저렇게 해라" 할 수도 없는 거거든요. 그러니까 "이겁니다" 하면 그냥 이것이죠.

비유적으로 표현하면, 눈이 머리에 있다가 가슴으로 발바닥으로 내려간다 할까요? 그렇게 해서 저절로 이렇게 "이겁니다" 하면 '아,

이것이지!' 하고 자기도 모르게 통해서 이 눈이 밝아진다 할까, 이 법이 밝아져야 하는 거죠. 이것이 밝아지면, 삼라만상에 달려 있는 눈이 밝아진다 해도 좋고, 허공에 달려 있는 눈이 밝아진다 해도 좋은데, 하여튼 이것이 밝아지고 이것이 확실해진다 할까요? 이것이 분명해지면 그냥 '이것!'이죠. 따지고 말할 게 없어요. "이겁니다" 하면 그것으로 끝인 거죠. 여기서 "뭐가 어떻게 되느냐? 쉬는 거냐? 일하는 거냐?" 그런 말을 하면 안 되죠. '일할 때도 이것이고 쉴 때도 이것이다' 이렇게 말할 수도 있고, '일하는 것도 아니고 쉬는 것도 아니다' 이렇게 말할 수도 있는 겁니다. 왜? 뭘 하든지 곧장 바로 이 일이기 때문에, 여기에 대한 감이 생기는 것 외에는 없기 때문이죠.

여기는 '쉰다'라는 말이 해당이 안 되는 겁니다. 사실은 안 맞아요. 쉰다고 할 수도 없고 일한다고 할 수도 없고, 뭘 하든지 (손을 흔들며) '이것뿐이지!' 하고 저절로 이 눈이 생기고 이 눈이 밝아져서, 항상 이 눈 하나가 열려 있다 해도 좋고, 이 밝음 하나가 있어서 그냥 이 일인 거죠. 매 순간순간 뭘 하든지, 쉰다, 일한다, 비어 있다, 차 있다, 밝다, 어둡다, 하는 이런 차별적인 말을 할 게 없어요. 밝다고 할 때도 이것이고, 어둡다고 할 때도 이것이고, 바쁘게 일한다고 할 때도 이것이고, 그냥 이것뿐인 거죠. 그래서 여기에 한 번 초점이 맞아 떨어진다 할까, 이게 이렇게 분명해지는 거지, 이게 분명해진다 하는 말도 결국 방편의 말이니까 좋은 말은 아닙니다. 왜냐면 이 법에 대해서는 "도가 뭐냐?" 하면, (법상을 치며) "이것이다" 하든지 "차 한 잔 하자" 하든지, 법에 관한 어떤 흔적을 남기지 않아야 해요.

법이 뭐냐? "이게 죽비다." 이러면 법에 관한 흔적이 남지 않죠. 어떤 게 법이냐? 어떤 게 마음이냐? 어떤 게 깨달음이냐? 이런 흔적을 남기지 않는 것이 제일 좋은 겁니다. 남기지 않으려면 이것이 딱 분명해야 하거든요.

이것이 딱 분명하면 흔적이 남지 않지만, 그렇지 않으면 '마음이라는 게 쉬는 것이다, 아무것도 없는 것이다, 편안한 것이다.' 이런 식의 흔적을 남기게 되거든요. 그렇게 방편으로 말을 할 수도 있지만, 그런 흔적이 자기한테 남아 있다면 망상입니다. 그런 흔적을 남김이 없이 (법상을 치며) '이것!'은 뭘 하든지, 죽비를 치든지, 볼펜으로 글씨를 쓰든지, 물을 마시든지, 말을 하든지, 지금 매 순간순간 뭘 하든지, 바로 여기에 이렇게 모든 게 분명합니다. 행동하는 이 자체로서 분명하고, 가만있으면 가만있는 자체로 분명하니까 여기에 무슨 말이 붙을 게 없단 말이에요. 어떻다 하는 느낌이 있는 것도 아니고, 말할 게 있는 것이 아니죠. 느낌을 말할 때는 '춥다, 덥다' 하는 것은 분별이죠. '편안하다, 불편하다'는 것도 분별이죠. '쉰다, 쉬지 않는다'는 것도 분별이죠. 말을 하면 분별이 되기 때문에 이것은 말할 게 없는 겁니다. 말할 게 없으니까 언제든지 지금 '이것!' 하나이고 따로 말할 게 없는 거죠. '춥다' 하면 춥다고 하는 데서 이것이 분명하고, '덥다' 하면 덥다고 하는 게 바로 이것이니까 (손을 흔들며) '이것!' 하나뿐인 거죠.

편안하게 쉬어라, 자연스럽게 쉬고 있는 게 마하무드라다…… 이런 말들은 방편의 말이지만 좋은 말은 아니에요. 세속에도 그런 말이 있잖아요. 말을 안 했는데 알아서 하면 제일 좋고, 한마디를 했을 때 하면 그 다음에 좋고, 두 마디 세 마디를 했을 때 겨우 하면 안 좋은 거다 하거든요. 선(禪)이 그런 거죠. 말 없이, 분별 없이 그냥 통해서 이것이 분명하면 제일 좋고, 뭔가 한마디를 해서 그런 방편에 의지해서 이것이 와 닿으면 그나마 괜찮은데, 두 마디 세 마디 했는데 겨우 된다 하면 그것은 형편없다는 말이거든요. 그러니까 공부라는 것은 어떤 방편에 의지를 하지도 않고, 곧장 방편이 필요하지 않은, (손가락을 세우며) "이것이다" 하는 것도 방편이지만, 이런 방편조차도 사실은 필요가 없어져야 하는 겁니다. 물론 쉽지는 않습니다. 두 마디 세 마디까지는 필요 없지만 "이것뿐이지!" 이런 한마디 정도는 방편으로 삼는 시간들이 꽤 필요할 겁니다. 그러나 언젠가는 그것조차도 필요가 없어지고, 그냥 무심코 하는 모든 일이 똑같아집니다. 이 일 하나뿐이다…… 말을 하자면 이렇게 되는 겁니다. 물론 결코 쉬운 것은 아니지만 공부라는 게 그런 식으로 흘러가는 겁니다.

그대가 만약 노력 없이 자연스러운 상태에서 편안히 쉬고 있다면, 곧 그대는 마하무드라를 얻을 것이고, 얻을 것 없는 것을 얻을 것이다…… 좋은 말은 아니에요. '얻을 것 없는 것을 얻는다' 이런 표현도 하는데, 왜 얻을 것 없는 거냐 하면 사실상 원래 갖추어져 있는 거니까, 원래 갖추어져 있는데 우리가 여기에 초점이 맞지 않고 여기에 계합을 못하니까, 결국은 생각으로 이것을 헤아리는 상황이 되기 때문에 이런 말을 하는 겁니다. 왜 얻을 게 없느냐? 본래 갖추어져 있으니까 얻을 게 없는 거죠. 원래 없는 거라면 얻어야 하는데, 원래부터 분명하게 갖추어져 있기 때문에 따로 얻을 게 없다고 하는 거죠. 그러니까 공부라는 것은, 원래 완전히 갖추어져 있는데 우리가 그동안 딴 생각을 하고 살았기 때문에 그것을 극복하는 과정입니다. 뭔가 새로운 것을 얻는 게 아니고, 망상에서 자유롭게 벗어나면 진실은 본래 갖추어져 있는 거거든요.

진실을 확실하게 한다는 것은 망상에서 자유로워지는 거죠. 진실이 없는 게 아니죠. 왜? 태어나서 죽을 때까지 어린애나 팔십 먹은 노인이나, 아직 공부를 만나기 전의 사람이나 깨달은 부처나 살아가는 것은 똑같습니다. 똑같은 것을 가지고 똑같이 사는 거예요. 아무도 특별한 사람이 없어요. 똑같은 것을 가지고 똑같이 사는데, '망상 없이 이것이 명백하냐?' 하는 문제거든요. 이것이 명백하면 부처라 하고, 비록 이것을 가지고 있어도 여기에 대해서는 어둡고 온갖 생각을 가지고 망상을 하면서 사는 사람이 중생이란 말이에요. 세속 일을 할 때도 그렇잖아요? 일을 잘하고 아주 능숙한 사람은 아무 생각 없이 그냥 그 일을 합니다. 그런데 그 일에 서툴고 아직까지 익숙하지 못한 사람은 그 일을 하는데 여러 가지 고민도 하고 생각도 해서 겨우 하잖아요? 그런 거와 같아요. 이 법이 분명하면 여러 가지 생각이 필요 없고, 신경 쓸 것도 없고, 고려할 것도 없고, 주저할 것도 없고, 그냥 항상 이것뿐인 거죠.

그런데 이 법이 아직 명확하지 못하면, 법의 힘은 약하고 마(魔)의 힘은 강하다고 하는데, 분별망상의 힘이 강한 입장에서는 그 수많은 분별망상을 헤쳐내고 겨우 이 법에 맞게 해야 하니까 힘이 들고, 뭔지 모르지만 굉장히 할 일이 많은 것 같다고 느껴지는 거죠. 그런 점이에요. 그러니까 여기에 익숙해진다는 의미가 그런 건데, 공부라는 것은 (손을 흔들며) 이것의 존재를 살짝이라도 맛을 보고 감지를 하고 경험을 했으면, 딴 곳 처다볼 것 없이 이것의 힘만 기르면 돼요. 여기에 익숙해지면 된다 이 말이에요. 이 힘이 아주 미약하고 작더라도 이것을 기르면서 여기에 익숙해져야 해요. 그러면 나중에는 눈감고도 한다고 하듯이 아주 능숙하고 익숙하게 저절로 그냥 "이것뿐!"이고 딴 게 없고, 이런 식으로 저절로 되는 거죠. 그런 면에서 본다면 우리가 '산만하냐, 안정이 되어 있느냐?' 이런 문제도 있죠. 학교 공부도 그렇잖아요? 집중해서 공부하다가 잠시 쉬고 또 집중할 때는 별로 힘이 안 듭니다. 그런데 하루 이틀 밖에 나가서 열심히 놀다가 집중이 흐트러진 뒤에 다시 집중을 하려면 상당히 힘이 들고 시간도 필요합니다. 그런 거와 비슷해요.

아직 힘이 약하더라도, 늘 이 공부에 마음이 있고 이 속에 젖어서 사는 그런 입장에서는 자꾸 힘이 강해지고 좀 더 쉽게 이 자리에 있게 되죠. 그러나 아직 공부 힘이 약한데, 이리저리 산만하게 온갖 잡다한 것에 관심이 많은 입장에서는, 공부를 하려면 잡다한 경계에 마음을 뺏기는 것을 이쪽으로 몰입하려니 힘이 들죠. 그런 거와 같아요. 그러니까 그런 면이 있기 때문에 공부에 특별한 비결이 있는 게 아니고, 항상 마음을 이 공부에 두고 있는 겁니다. 이 힘이 생긴다는 것은 여기에 초점이 맞는 경험을 하긴 해야 해요. 어떻게 초점이 맞는가 하는 감을 얻게 되기 때문에. 그러면 밖으로 눈길을 돌렸다가도 '아, 이게 아니지' 하고 다시 이쪽으로 돌아올 수 있는 힘이 있기 때문이죠. 그렇게 해서 자꾸 이 자리에 좀 더 분명해지고 확실해지고 더 안정이 되고 더 자신감이 생기고 더 익숙해지는 겁니다.

자연스러움이라는 것은 결국 익숙함인 겁니다. 익숙해질 때 자연스럽다고 말할 수 있는 거라. 익숙하지 못하면 자연스러울 수가 없고 힘들죠.

이 법은 힘이라고 말할 수 있는데, 부처님에게는 열 가지 힘이 있다고 말을 하잖아요? 왜 힘이라고 표현을 하느냐 하면, 이것을 경험을 해 보면 어떤 경계가 닥쳐와도 거기에 부서지지 않을 수 있는 강한 결속력이라고 할까 정신력이라고 할까, 마음이라는 게 그런 힘을 얻게 돼요. 망상이 많은 사람들은 정신력이 약해요. 정신적으로 허약한 사람들이죠. 허약하니까 마음이 산만해서 이리저리 흔들리게 되고 망상에 끄달리는 겁니다. 세속에서도 이런 말을 하잖아요? "흩어지면 죽고 뭉치면 산다." 이런 말처럼, 흩어져서 힘없이 끄달리다가 딱 초점이 맞는다는 것은 어떤 한 점에 모여서 강한 힘을 가지게 되는 측면이 있거든요. 그렇게 되면 정신적으로 굉장히 안정이 되고 주위 상황 파악도 맑고 깨끗하게 잘되죠. 자기 스스로 안정이 되어 있기 때문에 상황에 대한 파악이나 대처하는 능력도 향상이 되는데, 이런 것을 지혜라고 할 수가 있어요.

그러나 이런 말들은 다 방편의 말들이고, 어쨌든 공부하는 입장에서는 (손가락을 들며) '이것!'뿐인 거죠. 이것의 감을 가지는 데 있어서 어떤 묘한 점이 있느냐 하면, 지나쳐도 안 되고 부족해도 안 되는 측면이 있어요. 지나치게 된다고 하는 것은, 욕심을 부리게 되면 이것이 허깨비가 생겨요. '이런 게 법이다' 하는 무엇을 자기가 만들게 되거든요. 그렇게 되면 언뜻 보면 굉장히 힘이 있는 것 같지만 실질적으로 힘이 없는 겁니다. 욕심을 내고 지나치게 되면 일종의 허장성세(虛張聲勢)가 된다고요.

또 게으르고 소홀하게 되면 공부에 진전이 없어요. 계속 힘이 약한 상태로 있게 되죠. 그래서 이것에 초점이 딱 맞는 것에 대한 감을 갖춘다는 것은, 자기가 직접 경험적으로 익혀 나가야 될 문제입니다. 공부에 관한 경험은 자기가 직접 부딪치면서 경험적으로 익혀 나가야 될 그런 것들이지, 누가 알려 주고 설명해 주는 게 약간 자극이 되고 도움이 될 수도 있지만, 본질적으로는 자기가 직접 겪어 보고 부딪치면서 하나하나 극복해 나가야 하는 겁니다. 거기에는 시간이 필요하죠. 각자의 경험들이 동일하지 않기 때문에. 여기에 대한 감을 갖춘다는 것은 자기가 (손을 흔들며) '아, 이것이지' 하는 이런 감을 갖추는 거예요. 이것은 설명할 수가 없잖아요? 자기의 경험으로 직접 '아, 이것뿐이다' 하는 그런 감이 생겨야 하죠.

제 경우에 그런 감이 어떻게 갖추어졌느냐 하면, 제가 이것을 찾을 때에는, 내가 실제 있는 자리하고 내가 원하는 자리에 뭔가 간격이 있는 것 같았거든요. 아직 채워지지 않은 어떤 간격이 항상 있었던 같았어요. 그 문제 때문에 '뭔가 간격이 있구나' 하는 느낌이 항상 있었는데, 찾지도 않고 노력하지도 않고 무심코 지내면서 경계에 부딪치고 하는데, 어느 날 문득 경계에 끄달려 가는 게 아니라 변함없는 진실이랄까, 아무 노력도 없이 공부에 대한 의식도 하지 않고 있는데, 문득 그냥 '그렇지, 이거잖아' 하면서 저절로 나타나는 그런 감들이 오더라고요. '아, 그렇지 이것뿐이지' 하고 저절로 드러난다고 할까, 그렇게 해서 좀 더 확실해지고, 제 경험으로는 그랬거든요.

그러니까 '이게 법이다, 저게 법이다' 하는 어떤 의도적이고 의식적인 판단을 하는 게 아니고, '알아야 한다, 몰라야 한다' '이것이다, 저것이다' 그런 것을 다 잊어버리고, 지금 뭐가 있느냐? 뭐가 진실하냐? 했을 때는 (손가락을 올리며) 이것밖에 없는 거죠. 이것밖에 없다는 것은 결국 뭐냐면 (손을 흔들며) 지금 바로 '이것!'이거든요. 볼 때나 들을 때나 말할 때나 행동할 때나, 이것을 다른 말로 하면 이렇게 표현할 수도 있습니다. 모든 게 자기 일이다, 자기 자신이다…… 자기가 찾고자 했던 게 바로 자기 자신이라는 거죠. 지금 뭘 찾고자 했던 이것이 곧 자기 자신이다…… 이것도 하나의 표현인데, 이렇게 말할 수도 있어요.

그러니까 찾은 게 따로 있는 게 아니고 결국 항상 가지고 있던 거더라, 이 말이에요. 늘 가지고 있던 거더라 이거죠. 그전까지는 항상 뭔가를 찾았던 그게 바로 간격 같았거든요. 뭔지 모르지만 내가 가지고 있는 것으로는 부족한 것 같고, 뭔가 법이라는 게 요구되고, 항상 그런 얘기를 들어 왔고, 거기에 관한 관심을 가지고 있었기 때문에, 그것은 저쪽에 있고 나는 이쪽에 있는 것 같은 간격이 항상 있었는데, 어느 순간에 간격이 딱 사라졌다 하는 것은 결국 '지금 있는 이것이 전부 다구나' 하는 거죠. 지금 가지고 있는 '이것!' 외에는 없다는 겁니다. 지금 드러나 있는 것 이외에, 지금 있는 것 외에는 없다는 겁니다. '이것뿐이구나!' '이게 전부 다구나' 하는 감이 오더라는 겁니다.

그 다음부터는 어떻게 되느냐 하면 틈이 사라진 거예요. 따로 뭘 원할 게 없는 거죠. 왜냐? 지금 뭘 하든지 하는 이게 전부 다고, 지금 내가 뭘 하고 있든지 바로 '이것!'이니까. 지금 뭘 보고 있고, 뭘 듣고 있고, 뭘 하고 있든지 이게 바로 100%니까, 틈이라는 게 없죠. 이렇게 확인이 안 되면 자기가 딴 생각을 하고 있는 거죠.《능엄경》에 자기 머리를 찾는 사람이라는 비유가 좋은 거예요. 자기 머리 달고 있잖아요? 있는 그대로지 따로 찾을 게 없죠. 그런데 찾아서 다녔으니 망상이고 틈이 있는 거죠. 지금 있는 게 언제나 있는 것이죠. 그렇기 때문에 새로 생기는 것도 없고 사라지는 것도 없다는 겁니다. 불생불멸이라는 말이 그 말이거든요. 새로 생길 것도 없고 사라질 것도 없다는 거죠. 언제든지 그냥 (손을 흔들며) '이것!'이지, 이것뿐이죠.

그런데 그것을 생각으로 하라는 게 아닙니다. 말을 하다 보니 이런 말을 하는 것이고, 생각으로 그렇게 하면 안 되죠. 자기 스스로가 완전히 법에 계합을 해서 안팎이 없다면, 부족함도 지나침도 없고 언제든지 지금 있는 이대로가 100%다 이 말이에요. 그런 확신이 자기에게 들고 그런 감이 딱 자리를 잡게 됩니다. 그렇게 되면 지금 뭘 하든지, 어떤 감정을 가지고 있고, 어떤 생각을 하고, 어떤 느낌이 있고, 어떤 기분이 되어 있고, 춥든 덥든, 뭘 보고 있고 뭘 듣고 있든지 간에, 그런 것하고 관계없이 항상 100%인 거죠.

그러나 "슬픔을 느끼면 슬픔이 곧 너다" 이런 말을 하는 게 아닙니다. 슬픔을 느낀다고 하지만 슬픔을 느끼는 그게 나라고 하는 게 아니고, 슬픔을 느낄 때도 그냥 100%, 기쁨을 느낄 때도 100%……
기쁨이 곧 나라는 게 아니에요. 슬픔과 기쁨은 그냥 지나가는 거
고 허망한 경계죠. 그러니까 이 말과, "슬픔을 느끼면 슬픔을 느끼
는 그게 바로 너 자신이다" 하는 말은 분명히 다른 말입니다. 그것
을 혼동하면 안 되는 겁니다. 슬픔은 그냥 허깨비 같은 것이고, 슬픔
을 느낄 때도 (손을 흔들며) '이것!'은 슬픔이 아니거든요. 이것은 그냥
100%예요. 기쁨을 느낄 때도 기쁨이 아니라 이것이 100%죠. 이것
이 변함이 없는 것이지, "슬픔이 너 자신이다" 하면 평생 슬퍼하면
서 살아야 되나요? 그런 게 아니거든요.

그러니까 그 말이 상당히 미묘하게 차이가 있어요. 그런 것을 잘
봐야 하는 겁니다. 잘못하면 '슬픔이 나 자신이니까 슬픔을 받아들
이자'라고 오해할 수 있지만, 그런 말을 하는 게 아니에요. 슬픔도
받아들이고 기쁨도 받아들이고 모든 것을 수용하면서 살자고 하는
그런 체념적인 말을 하고 있는 게 아니라니까요. 그런 말은 아니에
요. 그런 혼동을 하면 안 되고, 슬플 때나 기쁠 때나, 기분이 좋을 때
나 나쁠 때나, 추울 때나 더울 때나 (손가락을 세우며) 이것!

항상 이것이 100%다…… 이것 외에 다른 것은 없다…… 어떤 경
계가 닥치든 간에 이것은 전혀 차이가 없기 때문에, 다양한 경계를
사례로 들었을 뿐입니다. 춥다, 덥다, 기쁘다, 슬프다 하는 것은 하
나의 스쳐 지나가는 경계들이죠. 그것이 곧 전부라는 것은 아니에
요. 경계에 매몰되어서는 안 되죠. 어떠한 경계에 사로잡혀서도 안
되고, 거기에 오염되어서도 안 되는 겁니다. 이것이라는 것은 기쁘
든 슬프든 그런 경계와는 아무런 상관이 없는 겁니다. 아무런 색깔

도 없고, 모양도 없고, 느낌도 없고, 감정도 없고, 허공과 같다고 하잖아요? 아무런 뭐가 없는 거거든요. 그런데 (손을 흔들며) 이것이 항상 100%란 말이에요. 하여튼 여기에 감이 분명해져서, 언제든지 뭘 하든지 간에 이것이 분명해야 하는 거죠. 이것 하나죠. 편안하게 쉰다고 하는 이런 표현들에 속을 것은 없습니다.

18

무명의 장막을 불태운다

마하무드라의 노래 18번 게송입니다.

> 나무의 뿌리를 잘라 버리면 잎이 시들듯이,
> 그대 분별심(分別心)의 뿌리를 잘라 버리면 윤회는 소멸한다.
> 램프의 불빛이 오랜 세월의 어둠을 순식간에 몰아내듯이,
> 마음의 강한 빛이 번쩍이기만 하면
> 무명(無明)의 장막을 불태울 것이다.

이 법이 돈오법이라는 것을 말하고 있습니다. 나무의 뿌리를 잘라 버리면 잎이 시들듯이, 그대 분별심(分別心)의 뿌리를 잘라 버리면 윤회는 소멸한다…… 윤회는 분별망상인 거죠. 이것은 불교 교리를 염두에 두고 하는 방편의 말인데, 분별심의 뿌리를 잘라 버린다는 것은 다르게 말하면 지금 (손을 흔들며) '이것'이 분명해진다는 말입니다. 램프의 불빛이 어둠을 순식간에 몰아낸다 하듯이, 이것이

이렇게 분명해지면 그냥 '이것!'이죠. 이것 하나이고 언제든지 이것이 있을 뿐이죠.

분별심의 뿌리를 잘라 버리면…… 이 말은 '이것이 이렇게 분명해지면'이라는 말이에요. 분별심의 뿌리를 자른다는 것은 분별을 안 한다는 말이 아니라는 것은 우리가 잘 알고 있는 거죠. 이것이 분명해지면 분별을 해도 분별이 아닌 겁니다. 분별이 있고 분별 아닌 게 있으면, 이것은 차별 경계입니다. 여기에 계합을 한다는 것은, 분별이 있고 분별 아닌 게 있고…… 그렇게 되는 게 아니고, 분별을 하면서 사는데도 분별이 아니고 지금 (손을 흔들며) '이것'이란 말이에요. 이 일 하나란 말이죠.

비유를 들면 펜을 가지고 글씨를 쓰면 온갖 글씨를 다 씁니다. 그런데 펜의 끝 자체는 어떠한 글씨도 아닙니다. 아무것도 아닌데, 거기서 모든 글씨가 다 나오잖아요? 그러니까 펜의 끝에 머물 수가 있으면 아무리 글씨를 써도 글씨를 쓰는 게 아니라, 항상 변함없이 그냥 그대로죠. 비유를 들면 그와 같은 거란 말이에요. 이 법이 이렇게 분명하면 아무리 생각해도 생각하는 게 아니에요. 그냥 이것이죠. 글씨 같은 것도 안 그렇습니까? 우리가 글씨를 쓰지만 글씨는 그냥 생기고 사라지는 거고, 펜은 항상 그대로 변함이 없잖아요? 언제든지 무슨 글씨든지 새롭게 쓸 수 있지만, 펜은 그냥 그대로죠.

그런 거와 마찬가지로 이것은 무슨 생각을 하고 무슨 말을 하고 뭘 어떻게 하더라도 (손가락을 올리며) '이것!'이잖아요? 이것은 항상 변함이 없는 거죠. 그러니까 여기에 초점이 맞아서 이 일이 이렇게 분명해진다는 것은, 우리가 글씨를 따라가지 않고 펜 끝에 눈길이 있는 거와 같다 이 말입니다. 그러면 아무리 글씨를 써도 글씨 쓰는 게 아니에요. 펜 끝에 눈길이 있으면 항상 똑같은 거죠. 비유를 하자면 그와 같은 겁니다.

이것이 분명하면 항상 이것뿐이면서도 못하는 일이 없고 뭐든지 다 할 수가 있죠. 뭐든지 다 하더라도 아무것도 달라지지 않는 (손을 흔들며) '이것!'이 있을 뿐인 거죠. 그래서 이것을 여여(如如)하다고 하는 거거든요. 분별의 뿌리를 잘라 버린다는 것은, 여기에 초점이 딱 맞아서 이것이 분명해진다는 겁니다. 그러면 아무리 분별을 해도 분별하는 게 아니에요. "분별을 해도 분별이 없다." 표현은 그렇게 하는 거죠. 여기에 초점이 맞아 있기 때문에 그런 거예요. 이 일이 분명하기 때문에 아무리 분별을 해도 분별이 진실한 게 아니고 이것이 진실한 거죠. 언제든지 이 일 하나가 있을 뿐인 거죠. 말을 해도 말이 진짜가 아니고, 마치 물 위에 글씨를 쓰는 거와 같아요. 말하고 생각하는 것은 그때뿐이잖아요? 말도 그렇고 생각도 그렇고 지나가 버리고 사라져 버리잖아요? 고정된 게 어디 있습니까? 그때뿐인 거죠. 단지 기억이라는 것을 가지고 망상을 부리고 있는 거죠. '아, 이런 생각을 하고 이런 말을 하고' 하면서. 기억은 허망한 것이에요. 기억에 사로잡혀 있는 사람들은 업장에 사로잡힌 겁니다.

그래서 법이 분명하면 항상 앞도 없고 뒤도 없습니다. 똑같이 이것뿐이에요. 그런데 기억 속에 있는 사람들은 과거·현재·미래가 있거든요. 그러니까 업장과 과보가 있는 거죠. 그런데 이 법이 분명하면 앞뒤가 없어요. 그냥 이것이죠. 그래서 이것은 타는 불꽃과 같다고 말씀을 드렸잖아요? 우리가 캠핑 갔을 때처럼 어둠 속에 횃불 하나를 들고 있다 하면, 횃불을 들고 있으니까 주위가 밝지만, 불꽃을 보면 가만있지를 않습니다. 끊임없이 타고 있잖아요? 새로운 불꽃이 타고 있는 거죠. 그런 거와 같단 말이에요. 그냥 지금 (손을 흔들며) 이것입니다. 항상 타는 불꽃처럼 늘 새롭고, 새롭지만 또 변함없이 밝고 분명한 거죠. 그러면서도 늘 새롭기 때문에 고정되어 있는 것은 아무것도 없죠. 어쨌든 지금 이것이 딱 분명해져야 하는 겁니다. 이것 하나뿐이지, 잡다한 소리 다 필요 없어요.

나무의 뿌리를 잘라 버리면 잎이 시들듯이, 그대 분별심(分別心)의 뿌리를 잘라 버리면 윤회는 소멸한다…… 방편의 말이므로 오해하지 않도록 조심해야 합니다. 어떻게 분별의 뿌리를 잘라 버리느냐 하는 게 그 다음에 나와요. 램프의 불빛이 오랜 세월의 어둠을 순식간에 몰아내듯이…… 그렇게 분별심의 뿌리를 잘라 버린다는 거예요. 램프의 불빛이 탁 켜진다는 것은 뭡니까? 여기에 딱 초점이 맞아서 이것이 분명해지는 거거든요. 이것이 한번 밝아지면 램프의 불빛이 켜지는 거와 같아서 항상 이 일 하나뿐인 거죠. 다른 일이 없는 거고, 언제든지 (손을 흔들며) '이것!'이 모든 것을 다 하는 거죠.

오랜 어둠이라는 것은 이런저런 분멸망상이죠. '이런 거다, 저런 거다' 하고 헤아리고 분별하는 것이 어둠입니다. 범부 중생은 헤아리고 분별하는 것을 밝다고 여기기 때문에, 어둠을 밝다고 여기죠. 그래서 전도중생이라고 그러는 겁니다. 그러나 이 법의 입장에서 보면 헤아리고 분별하는 것은 어둠입니다. 밝은 게 아니고 무명(無

明)이에요. (손가락을 들며) '이것!'이 밝음이죠. 헤아릴 필요도 없고 분별할 필요도 없이 항상 이렇게 분명하고 명백한 것, 이것이 밝음이죠. 하여튼 이것이 한번 분명해지고 이게 확실해져 버리면, 그냥 이것뿐인 거죠. 여러 가지 말이 필요 없어요. 이 일 하나뿐인 겁니다.

램프의 불빛이 오랜 세월의 어둠을 순식간에 몰아내듯이, 이것이 한번 딱 분명해지면 그냥 이것뿐인 거죠. (손을 흔들며) 이것뿐! 그런데 이것은 저절로 밝아지고 저절로 초점이 맞아서 저절로 힘이 생기고 저절로 명백해져야 하는 겁니다. 알음알이가 들어오면 안 됩니다. 알음알이가 들어오면 이 법이 쫓겨나 버려요. 알음알이가 안을 차지하니까 법이 밖에 있게 돼요. 알음알이가 들어오면 안 됩니다. 그러니까 안팎이 없어져야 한다는 말이 바로 그것 때문에 그러는 겁니다. 이것이 분명해지면 안팎이 없거든요. 왜? 분별이 없으니까. 안팎이라는 것은 분별했을 때 주관 · 객관, 이쪽 · 저쪽, 안팎이 있는 거지, 이것은 그런 게 없거든요. 경계선이 없죠. 그냥 (손을 흔들며) "이것뿐입니다." 하면 경계선이 없고 그냥 이것뿐인 거죠.

하여튼 이것 하나가 이렇게 분명해졌을 때 이게 생생해지죠. 또랑또랑해진다 할까, 이것이 생생해진단 말이에요. 힘을 가진다고 해도 좋고, 이 힘이 모든 곳에서 드러나고 확인되고 나타나는 겁니다. 이 하나의 힘이……. 그러면 아무것도 헷갈릴 것도 없고, 이래저래 분별할 것도 없는 것이고, 항상 이 일 하나뿐인 거죠. 이것이 한번 와 닿으면 결국 할 말이 없어지는 겁니다. 왜? 모든 게 다 이것이니까 아무 할 말이 없죠. 도(道)니 법이니 마음이니 하는 게 있는 게 아니고, 뭘 하든지 이 일 하나뿐이니까.

정말 이 우주는 법의 바다예요. 모든 일이 다 이 일이니까. 따로 '이게 법이다', '이게 도다' 그럴 것도 없고, 그야말로 하는 일마다 전부 똑같은 겁니다. 순간순간 하나하나에서 전부 '이것!' 하나만을 확인하고 이 일 하나밖에 없는 거죠. 그리되면 일상생활 하면서 무심코 만나는 인연, 무심코 나타나는 경계 위에서 항상 이 법 하나가 나타나고 드러나는 겁니다. 그러면 걸림 없고 자유롭죠. 이쪽저쪽이 없으니까. 이것이 램프의 불빛이 딱 밝아진다고 하는 거거든요.

램프의 불빛이 오랜 세월의 어둠을 순식간에 몰아내듯이, 마음의 강한 빛이 번쩍이기만 하면…… 이게 한 번 탁 밝아지기만 하면…… 무명(無明)의 장막은 불이 타서 다 사라져 버린다…… 이게 한 번 체험이 되고 계합이 되고 이렇게 분명해지기만 하면 그 다음부터는 뭘 하든지 다 이 일인데요. 하여튼 이 힘이 이렇게 분명해지는 겁니다. 분명해져서 흐트러짐이 없죠. 초점이 딱 들어맞아서 희미해지지 않는다고 말할 수도 있어요. 어쨌든 이것입니다. (손을 흔들며) '이것!' 하나. 이것이 이렇게 분명해지면 공부라는 게 자기가 공부하고자 해서 하는 게 아니고 저절로 순간순간의 삶이 곧 공부라. 왜냐면 순간순간 살아 있다고 하는 것은 이것이 드러나고 나타나는 것이기 때문에. 그러니까 순간순간 살아 있는 삶이 저절로 공부가 돼요. 순간순간 이 마음이 항상 나타나서 모든 것을 다 행하고 있으니까, 이것을 거듭 확인하고 자꾸 이게 더 분명해지는 거죠.

힘이 약할 때는 이런 말이 실감이 안 됩니다. 왜냐면 놓치기도 하고 다시 있는 것 같기도 하고, 힘이 약하고 희미하니까 이놈이 존재감이 없어서 있는지 없는지 그런 느낌이 들기도 하기 때문에, 힘이 약할 때는 이런 말들이 공감이 잘 안 되죠. 왜 저절로 모든 게 다 된다고 하는지, 왜 매 순간순간 모든 일에서 법이 생생하게 드러난다고 하는지 공감이 안 됩니다. 힘이 약하니까 그런 거예요. 힘이 약해서 램프의 불빛이 약할 때는 존재감이 없어요. 이것으로 살고 있지만, 어떨 때는 보였다가 안 보였다가 하죠. 우리 각자는 자기 램프의 불빛에 의지해서 살고 있는 겁니다.

제가 여기서 말씀드리는 것은, 제가 가지고 있는 램프의 불빛을 말하고 있기 때문에 듣는 분들과 동일할 수가 없어요. 이런 말을 들으면 힘이 약한 입장에서는 '아, 나는 아직까지 저렇게는 안 되는구나' 이런 걸 느끼고 자극이 돼서 또 공부를 하는 거죠. 시간이 많이 지나야 됩니다. 각자는 자기 살림살이를 가지고 공부를 해야 합니다. 우리가 세속적인 일을 배울 때도 그렇잖아요? 바둑을 이제 입문해서 18급 두는 사람이 5단 6단 두는 사람과 같이 바둑을 둘 수가 없잖아요? 자기는 18급에서 17급으로 진급하는 바둑을 두어야 할 것 아니에요? 그러나 강의를 들을 때는 프로 몇 단짜리 강의를 들으면 도움이 되죠. 그러나 갑자기 18급이 프로 5단이 되지는 않죠. 자기 힘이 닿는 만큼, 자기 살림살이를 가지고 공부를 해야 한다는 것을 잊어버리시면 안 됩니다. 세속 살림살이처럼 빚내지 말고 살아야 한다, 이 말이에요. 자기가 가지고 있는 돈만큼 살아야 걱정 없이 사는 거죠. 마음공부에서는 빚을 낼 수도 없어요. 자기 마음인데 남이 빌려 줄 수도 없는 거고, 자기 힘만큼 살 수밖에 없는 거죠.

그렇게 하다 보면 자꾸 공부가 성장하죠. 그러면 자기 힘도 커지고 이 법도 더 선명해지고 더 확실해지고 힘도 강해지고, 그렇게 되어 가는 겁니다. 제가 말씀드리는 얘기가 100% 다 소화가 안 된다고 걱정할 필요는 없어요. 때가 되면 다 되게 되어 있습니다. 금방 그렇게 100% 되는 건 아닙니다. 문제는 자기 살림살이가 정말로 있느냐? 그것은 자기를 한번 반성해 보면 돼요. '과연 나한테 정말로 뭐가 있느냐?'를 돌이켜보면 체험을 하신 분은 분명히 뭔가 있습니다. 자기가 의지할 수 있는 뭐가 있다고요. 자기에게만 있는 뭐가 있거든요. 그것이 중요한 거예요. 그것이 자기 통장 속에 들어 있는 자기 살림살이거든요. 그 돈을 자꾸 불려 나가야 해요. 그 살림살이를 가지고 공부를 해야 하는 거죠. 그러다 보면 점차 공부가 달라지죠. 제가 말씀드리는 것은 하나의 이정표 같은 게 될 수도 있고 자극이 될 수도 있습니다. 그런 것이지, 하루아침에 저처럼 되는 건 아닙니다.

마음의 강한 빛이 번쩍이기만 하면 무명(無明)의 장막을 불태울 것이다…… 이런 말도 물론 한순간의 경험으로 공감을 할 수 있지만, 또한 오랜 시간이 지나야 될 부분도 있는 겁니다. 사실 이것을 체험한 처음부터 태양이 하늘을 비출 만큼 강한 빛이 들어오는 경우는 잘 없어요. 대개 어둠 속에 조그마한 촛불 하나 켜 놓은 정도입니다. 주위는 밝지만 저 멀리까지 밝지는 않죠. 그러나 시간이 지나면서 촛불이 횃불이 되고 모닥불이 되고, 이런 식으로 자꾸 밝기가 더 세진다는 말이에요. 그렇게 공부를 하는 거죠. 언젠가는 태양

같이 될 수도 있는 거죠. 그렇기 때문에 자기의 힘만큼 공부를 한다는 것을 잊어버리시면 안 되는 겁니다. 어쨌든 의지할 수 있는 것은 자기 살림살이밖에 없어요. 그런 감은 분명히 있습니다. 체험을 한다는 것은 (손을 흔들며) '어, 이것!' 하는 감이 오거든요. 처음부터 확실하고 모든 게 다 뚜렷하게는 안 오지만, 뭔지 모르지만 '어, 이것!' 하는 게 있습니다. '이것!' 할 때는 아무 일이 없고 안정이 되고 자신 감이 생기고 하는 게 있거든요. 그것을 키워 나가야 되는 거예요. 그게 자기 살림살이거든요.

그것을 자꾸 키워 나가는 것은 시간이 필요한 거죠. 계속해서 관심을 가지고 자극을 받고, 시간이 지나면 점차 조금씩 자기도 모르게 달라지고, 그러다가 어느 순간에 갑자기 비약적으로 달라지는 경험을 하기도 합니다. 그러다 또 점차 조금씩 되기도 하고. 비약적으로 달라지는 느낌이 있어도 시간이 지나면 그런 느낌은 사라지니까 그 순간의 느낌에 매달릴 필요는 없어요. 그 순간 느낌은 강하게 오지만, 실제는 완전히 달라지는 큰 변화가 온다기보다도 시간이 지나고 보면, 옛날하고는 분명히 다르지만 대단한 일이 있는 건 아닙니다. 그런 식으로 변화를 겪어 가는 거죠. 어쨌든 공부하는 사람 입장에서는 눈앞이 밝아야 된다…… 지금 (손을 흔들며) '이것!' 아까 글씨를 쓸 때 펜 끝에 초점이 맞춰 있다 하듯이, 눈앞이 밝다는 것은 당장 이 자리 '이것!'이 이렇게 밝아져야 하는 겁니다. 이것이 밝아질수록 무명에서 벗어나고 자기 램프가 더 밝아질 수 있는 겁니다. 왜냐? 바로 지금 '이것!'만이 분별을 벗어난 것이기 때문에. 여기에 대한 감이 와서 좀 더 여기에 자리가 잡히고 더 분명하게 되는 거죠. 하여튼 지금 이것뿐인 겁니다. 딴 일이 있는 건 아니고, 이 일 하나뿐입니다.

　이것은 공부를 하건 안 하건 노력을 하건 안 하건 관계없이, 항상 공기처럼 또는 중력처럼 늘 생활 속에서 느끼면서 살아가고 있고, 또 그렇게 되어야 합니다. 공부할 때에는 뭐가 있는 것 같다가 안 하면 없는 것 같다면, 이것은 조금 욕심을 내고 있는 거고, 의도가 개입되어 있는 겁니다. 실제로 자기 살림살이라는 것은 공부할 때나 안 할 때나 차이가 없어요. 늘 공기나 중력처럼 항상 그 속에 살고 있는 겁니다. 거기에 대한 감이 생겨서 그것이 이렇게 좀 더 뚜렷해지는, 그게 공부가 좀 더 세밀해지고 더 깊어질 수 있는 길입니다. 그러니까 평소에 생활 속에서 문득문득 '어, 이것밖에 없네!' 하고, 자기가 느끼는 것들 속에서 자기 살림살이를 더 확인할 수 있죠.
　그러나 이러한 힘이 생기기 전까지는 법문이라든지 '이것이다!' 하는 방편에 의지를 하는 게 좋습니다. 의지를 안 하면 정처 없이 헤맬 수가 있기 때문에. 비유를 그렇게 들잖아요? 야생마를 잡아와서 길들일 때는 처음에는 묶어 놔야 되는 거라고요. 처음에는 우리 속 묶인 곳에서 왔다 갔다 하지만, 나중에 익숙해지고 길이 들면 묶어 놓을 필요가 없어져요. 풀어 놓아도 안 벗어나거든요. 그런 거와 같아요. 묶어 놓는 게 방편이죠. '이것이다!' 하는 방편이 일종의 묶어 놓는 역할을 해 주는 거니까. 아직 충분히 길들여지지 않았을 때에는 어쩔 수 없습니다. 목우(牧牛)라고 그러죠? 목우(牧牛)! 소를 키운다. 그런 방편을 통해서 자기가 (손을 흔들며) '아, 이것이다!' 하다 보면 언젠가는 '이것이다!' 할 필요도 없어지게 된단 말이에요. 그러면 저절로 순간순간의 모든 일이 법이고, 순간순간의 생명과 삶이 곧 법이고, 순간순간 보고 듣고 느끼고 아는 모든 일이 다 법이고, 이런 식으로 익숙해지고 좀 더 세밀해지게 됩니다. 꾸준히 하는 게 요령이죠.

딱! 딱! 딱! (죽비 소리)

19
분별심 너머의 진실

마하무드라의 노래 19번 게송입니다.

> 분별심에 매달려 있는 사람은
> 아무도 분별심 너머에 있는 진실을 보지 못한다.
> 애써 가르침을 수행(修行)하는 사람은
> 아무도 수행의 너머에 있는 진실을 보지 못한다.
> 분별심과 수행의 너머에 있는 것을 알고자 하면,
> 분별심의 뿌리까지 싹 잘라 버리고 맨눈으로 보아야 한다.
> 그렇게 모든 분별로부터 도망쳐서 편안하게 쉬어야 한다.

분별심에 매달려 있는 사람은 아무도 분별심 너머에 있는 진실을
보지 못한다…… 분별심이라는 것은 쉽게 말하면 생각이죠. 생각하
는 것, 의식하는 것, 헤아리는 것, 뭔가를 안다 하는 겁니다. 이렇게
말할 수 있는데, 분별심이라 하는 것은 실제 한 번 (손을 흔들며) '이

것'을 경험해서 분별심 너머, 즉 분별심이 극복된 상황이 어떤 상황인지 경험을 해 봐야 '아, 옛날에 그게 분별심이었구나' 하고 알지, 그전에는 잘 모르는 겁니다. 분별심 너머의 진실이다 하는 것은 '이것!' 하나인데, 이것을 가르칠 때는 항상 분별할 수 없는 것으로 가르쳐요. 마음이 뭐냐? (법상을 치며) "이것이다." 도가 뭐냐? (법상을 치며) "이것이다." 또 부처가 뭐냐? "똥막대기다." 이것은 분별할 수 있는 게 아니죠. 이런 것조차도 분별을 하게 되면 공부 방향이 전혀 맞지 않는 것이죠.

제 경험을 보면, 예전에 한때는 책을 많이 봤어요. 이것을 공부하기 전에는 선(禪) 관련, 명상 관련, 그 당시에 라즈니쉬, 마하리쉬, 크리슈나무르티, 이런 사람들로부터 시작해서, 또 중국의 선어록들, 《선의 황금시대》가 선어록의 입문서처럼 되고, 해인사에서 번역한 선어록이 수십 권이 있었죠. 이런 것들을 보고 '아, 이렇게 얘기를 하는구나' 이해하기도 하고, 또 어떤 말은 전혀 알 수가 없었죠. 그런데 '아, 이런 뜻이구나' 하고 이해를 하더라도, 이것은 내가 생각하고 이해한 것이기 때문에 내면에 있어서 나의 목마름이랄까 이것 자체는 전혀 변화가 없었던 거죠. 아무런 해갈이 안 되고, 가뭄에 단비가 내려야 되는데 '비가 오면 해갈이 되겠지' 하는 것을 알고만 있으니 아무 쓸데가 없는 거죠.

그래서 '아, 이것은 생각으로 되는 게 아니구나', '내 마음은 분명히 이렇게 내가 가지고 살고 있는 것인데도 불구하고, 생각으로는 도저히 알 수가 없는 거구나' 하는 벽에 부딪쳤다 할까요? 그런 것을 느끼고 '직접 스승을 만나서 공부를 해 봐야 되겠다' 하던 차에 스승님을 만났거든요. 처음에 공부하러 가니까 첫 시간부터 "부처가 뭐냐?" (법상을 치며) "이것이다." "마음이 뭐냐?" (법상을 치며) "이것이다." "다 끝났다. 더 이상 할 말 없다." 하시니까 굉장히 기대에 부응하더란 말이죠. 뭔가 설명을 해 줬으면 기대에 부응이 안 됐을 거예요. 설명을 해 주는 게 아니고 "부처가 뭐냐?" (법상을 치며) "이것이다." 설명 없이 바로 이렇게 뭔가가 들어오는데 저는 아직 전혀 모르죠. '아, 여기에 뭔가 있구나' 하고 공부를 해 보고자 하는 발심을 하게 되었죠.

분별심 너머의 일이라는 것은 생각으로 알 수 있는 게 아니라는 것을 공부하는 사람 본인이 명확하게 인식을 하고 있어야 해요. 도가 뭐냐? (법상을 치며) "이것이다." 생각이 아닌 실제에 접근이 되는 거죠. 생각으로 이해를 하는 게 아닙니다. 예컨대 과일을 먹고자 하면 그 과일에 대해서 사전을 찾아보는 게 아니고, 과일 가게에 직접 가서 사서 먹어 보고자 하는, 이 공부는 그런 자세만 갖추고 있으면 굉장히 쉽습니다. 그 다음부터는 시간과의 싸움이거든요. 분별심이 아니고 내 마음인데, (법상을 치며) "이것이다." 마음이라는 게 바로 이것이죠. 왜냐면 마음이라는 것은 매 순간순간 가지고 사는 것이고, 살아 있는 것이고, 활동하고 있는 것이지, 어딘가에 저장되어 있는 건 아니거든요. 어딘가 박스 안에 넣어 놓고 있는 게 아니란 말이죠. 공부 방향이라고 할 수도 있는데, 이런 방향이 잡혀야 해요.

우리 공부가 잘못된 방향으로 갈 가능성이 뭐냐면, 굉장히 설득력이 있는 말을 듣고서 '아, 그래, 그렇게 하는 게 맞지' 하는 것은 공부 방향이 잘못된 겁니다. 철학자들의 재치 있고 뭔가 지혜로운 그런 말들에 속는 것을 굉장히 경계해야 합니다. 실제 진실이라는 것은 어떤 그럴듯한 이치가 아니에요. 재치 있거나 지혜로운 어떤 무엇이 아니에요.

《장자》에 보면 도(道)를 통나무에 비유하거든요. "다듬지 않은 통나무." 박(朴)이라고 그럽니다. 우리 성씨 중에 박 씨 있잖아요. 그것이 원래 그런 뜻이거든요. (손을 흔들며) '이것!'은 그런 거예요. 마음이라는 것은 날 때부터 가지고 태어난 건데, 세련되게 다듬어진 게 아니란 말이에요. 아주 원초적이고 있는 그대로이고, 이것은 뭐라고 표현할 수가 없죠. 통나무를 다듬어 놓으면 기둥도 되고 배도 만들고 물레도 만들고 여러 가지를 만들 수 있는데, 통나무 자체는 아무 그런 게 없죠. 그런 것처럼 마음이 분별을 거치게 되면, 어떤 느낌이냐? 어떤 감정이냐? 어떤 욕망이냐? 어떤 생각이냐? 다양한 종류의 모양이 나타나지만, 이 자체는 통나무처럼 아무 모양이 없어요. 그냥 (손을 흔들며) '이것!'일 뿐이에요. 생생하게 살아 있고 이렇게 뚜렷할 뿐이고 진실할 뿐이지, 어떤 모양이라고 말할 수가 없어요.

분별을 했다는 것은 이미 세련되게 뭔가 그럴듯한 모습으로 다듬었다는 거거든요. 세속의 문명, 문화라는 게 그런 것들입니다. 철학자, 예술가, 종교가 등이 그럴듯한 모습으로 다듬어서 예쁘게 장식을 해 놓은 것은 가짜입니다. 진짜는 그런 게 없어요. 심지어 선악조차도 없다고 그러거든요. 여기에는 '선하다, 악하다, 옳다, 그르다, 진짜다, 가짜다'라는 것도 없고, 나아가 '있다, 없다'라고 말할 수도 없는 거죠. 아무런 다듬어진 형태가 없는 겁니다. 그냥 (손을 흔들며)

이것이죠. '이것!' 이것은 오로지 분별 없이, 도가 뭐냐? (법상을 치며) "이것이다." 마음이 뭐냐? (법상을 치며) "이것이다."

이것은 다듬어지지 않은, 원래 모습 그대로라고 해서 본성이라고 표현하는데, 본성은 본래 타고난 성품이라는 말이니까 다듬어지지 않은 거죠. 본성 그대로에 이렇게 통하게 되면 이것은 제멋대로거나 막무가내가 아니고 굉장히 조화롭고 자연스럽죠. 인위적인 조화를 넘어서는 조화로움이 있어요. 그래서 무위법(無爲法)이라고 하는 겁니다. 오히려 분별심을 가지고 다듬어 놓으면 그것은 반드시 그렇지 않은 경우가 생깁니다. "이렇다" 하면 "이렇지 않다" 하는 경우가 있어요. 그러니까 항상 갈등 상황 속에 있죠.

불법이라는 것은, 분별하고 판단하며 살아왔던 그러한 사고방식, 그러한 세상에 대한 자세를 확 뒤집어서 이 하나에 통달하는 겁니다. 이 하나에 통달했을 때, 모든 것이 조화롭게 되어 어느 쪽으로도 치우침이 없게 되는 것을 일러서 "팔만 사천 가지 법문이 이 하나의 법에 모두 갖추어져 있다"라고 표현하는 겁니다. 그런데 이 팔만 사천 가지 법문에 갖추어져 있다고 하지만 실제 눈앞에 드러나는 것은 아무것도 없어요. 아무것도 없는 것 같지만 갈등이 없고 조화를 이룬다고 말할 수 있는 겁니다. (손가락을 세우며) "이겁니다." (법상을 치며) "바로 이것이다" 하고 두드리는 여기에 주목할 필요는 없습니다. 그러나 내가 가지고 있는 문제의식, '내 마음이라는 것은 내가 알음알이로 알 수 있는 게 아니다' 하는 문제의식을 가지고 계시면 됩니다. 그럼 마음이 뭐냐? (법상을 치며) "이것이다" 하고 살아 있는 마음을 계속 가르쳐 드리는 거예요. 여기서 분별 없이 통밑이 쑥

250

빠져서 한번 확 뚫어지면 그냥 이 일이지, 딴 게 없습니다.

분별심에 매달려 있는 사람은 아무도 분별심 너머에 있는 진실을 보지 못한다⋯⋯ 당연하죠. 경험을 해 봐야 이 진실을 알 수가 있죠. 여기에 통하면 손을 놓고 세상을 산다는 표현을 할 수가 있습니다. 여기에 통하기 전에는 항상 생각에 손을 대 줘야 해요. 수동운전을 해야 하죠. 지금은 뭘 해야 하고 누구한테는 뭘 어떻게 해야 하고, 매 순간순간 해야 할 것들을 생각하잖아요? 모든 게 수동운전이에요. 그런데 그것이 만족스럽지가 않아요. 그렇게 하고 나서도 '아이고, 잘못된 거 아닌가?' 하고 후회도 되고, 끊임없이 분별에 손을 대는 그런 삶이 번뇌의 삶이죠.

그런데 여기에 확 뚫어지고 나면 생각의 손을 놔 버려요. 그냥 아무것도 안 해요. 아무것도 안 하는데, 저절로 순간순간 할 일도 해지고 뭐든지 저절로 다 해지고, 뭘 하고 나서 '잘했나? 못했나?' 그런 생각도 없고, '앞으로 뭘 해야 하는데' 하는 부담도 없고, 아무 그런 게 없어요. 과거를 돌아보고 후회도 안 하고, 다가올 미래에 대한 부담도 없고, 아무 그런 게 없어요. 손을 놓고 그냥 이 자리에 있는 거죠. 그러니까 이것은 무위이무불위(無爲而無不爲)라고, "아무것도 하지 않는데 못하는 게 없다" 하듯이 그런 희한한 일인 겁니다.

하여튼 (손가락을 세우며) '이것!'이죠. 이것에 대해서는 알 수가 없습니다. 그런데 이것을 분별하여 알려고 하는 유혹이나 욕구는 굉장히 잘 안 없어집니다. 왜? 너무 오랫동안 우리가 그렇게 살았기 때문에, 끊임없이 "이것은 뭐다" 하려는 버릇이 남아 있어요. 저를 돌이켜 보면 십수 년간 그런 욕구들이 계속 남아 있었던 것 같아요. 이것을 보다 더 명확하고 정확하게 어떤 결론을 내리려고 하는, 그렇게 하다가 결국 나온 결론이 뭐냐면, "아무런 결론을 내리지 않을 때 모든 결론이 내려져 있다"는 겁니다. 이것이 제가 지금 도달한 건데, 이것이 바로 "매 순간순간에 팔만 사천 가지 법문이 다 갖추어져 있다"라고 하는 거죠. 우리가 "이것이다"라고 자기가 어떤 결론을 내릴 필요가 없어질 때, 그때 모든 것은 거기에 저절로 갖추어져 있는 겁니다. 공부가 이렇게 "좀 더 정밀해진다"고 말할 수 있습니다. 지금은 '이게 뭐다' 하는 결론을 내리고자 하는 욕구가 없어요. 그냥 그야말로 티끌 하나, 한순간 속에 이미 모든 것이 다 갖추어져 있다는 것을 머리로는 모르지만 저절로 분명한 거라.

육체를 비유로 들면, 육체를 분별해서 건강을 말하면, 손은 어떤 상황이고 머리는 어떤 상황이고 배는 어떤 상황이고 다리는 어떤 상황이고, 이런 걸 다 종합해서 결론적으로 "이게 건강이다" 이런 결론을 내리고 싶어 하죠. 그러나 실제 건강한 사람은 아무 생각이 없어요. 어떤 결론도 없고 다만 아무 장애 없이 그냥 사는 거죠. 장애 없이 살면서 본인이 손발과 팔다리와 머리라는 게 정상적으로 항상 작동하고 있다는 것은 잘 알고 있어요. 그런 거와 비슷해요. 마음이라는 것도 그런 거와 비슷한 측면이 있는 겁니다.

그래서 《화엄경》에 나오듯이, "털구멍 속에 우주가 다 들어 있다" 하는 표현들이 다 그런 겁니다. (손가락을 세우며) 여기에 모든 법문이 다 있는 거예요. '뭐가 어떻다' 할 이유가 없는 거죠. 그런데도 불구하고 이런 결론이 나오기까지는 계속 뭔가 머리에서 '아, 이게 결국 뭐냐?' 하는 탐구심이 발동을 해요. 이게 인간의 심리라. '결국 이것이다' 하는 식으로 자기가 결론을 내리려고 하지만, 끝내 결론이 나지는 않습니다. 본래 이 우주 자체가, 본래 이 마음 자체가 완전하게 모든 지혜를 갖추고 있기 때문에 머리를 가지고 '이것이다'라고 말할 필요는 없는 겁니다.

분별심에 매달려 있는 사람은 아무도 분별심 너머에 있는 진실을 보지 못한다…… (손을 흔들며) '이것!'이 바로 분별심 너머에 있는 진실이에요. 애써 가르침을 수행(修行)하는 사람은 아무도 수행의 너머에 있는 진실을 보지 못한다…… 수행은 영어로는 'Practice'라고 하는데, 일종의 수련, 훈련이죠. 수행이라는 것은 어떤 행동을 지속적으로 하는 거죠. 수행하는 사람들이 그동안 많이 찾아왔는데 그분들 얘기를 들어 보면, 특히 예를 들어서 남방의 소승에는 수행의 지침서인 《청정도론》이란 책이 있어요. 어떻게 수행하면 어떤 현상이 나타나고, 그 다음에 어떻게 수행하면 또 어떤 현상이 나타나고, 이렇게 단계적으로 모든 게 설명이 되어 있습니다. 또 실제 수행을 하면 그런 결과들을 경험한다고 하더라고요. 거기서 오랫동안 수행해도 불만족하니까 저를 찾아왔겠지만, 그분들의 불만족은 뭐냐 하면 그래도 뭔가 부족하다는 거예요. 뭔가 다는 아닌 것 같은 거죠.
그런 사람들의 공통된 특징은 이 법계의 실상을 보는 안목이 없다는 거예요. 오로지 어떤 수행을 통해서 어떤 경계를 맛보는 것밖에 모르는 거라. 법계의 실상을 보는 안목, 관자재보살이라 그러잖아요? 세계의 실상을 볼 줄 알아야 하는 겁니다. 그런 안목이 생겨야 되는 거거든요. 그런 안목이 생긴 것을 두고 반야라 하고 "팔만 사천 가지 법문을 갖추고 있다"라고 하는 겁니다. 그런데 그런 안목은 전혀 없고, 그냥 어떻게 하니까 어떤 경계가 있다는, 그것은 마치 태권도 선수가 품세를 계속 익히듯 하는 거죠. 그러니까 결국 끝이 나지도 않고 계속 뭔가가 부족한 겁니다. 뭔지 모르지만 이게 다가 아닌 것 같은 거죠. 그래서 포기하고 여기로 오기도 하는데, 포기까지 안 간 사람은 여전히 거기에 매달려 있는 겁니다. 수행이라는 것을 통해서 깨달음을 얻을 수는 없습니다.

저는 수행을 별로 해 본 적은 없지만, 초창기에 화두를 든다, 진언을 외운다, 좌선을 한다, 이런 것을 잠깐 시도하려고 했었는데, 5분도 안 되어 어떤 생각이 드느냐 하면 '이것은 내가 어떤 훈련을 통해서 뭔가를 만들어 내는 것 아니냐?' 그런 생각이 들었어요. '내가 타고난 본래의 모습이라는 것은 이렇게 훈련을 통해서 만들어져서 될 일은 아닐 거 아닌가?' 하는 판단이 서더라고요. 그러니까 저는 수행해 본 적이 없습니다.

타고난 것이라는 것은 본래 누구든지 갖추고 있는 거잖아요? 그 때 물론 철학 공부만 한 게 아니고 《대승기신론》이라든지 불교 경전이나 선사들의 어록을 봐도 "본래 다 갖추어져 있다", "본래 다 깨달아 있다", "평소에 그 마음이 도다" 이런 말들이 나와 있기 때문에, 이것은 수행해서 되는 게 아니라고 생각했죠. 그리고 그 당시에도 수행하는 사람들을 보면, 한 시간이든 두 시간이든 수행이라는 이름으로 뭘 하고 있어요. 심지어 잠도 안 자고 밤새 앉아 있는 사람도 봤어요. 제가 볼 때는 '저렇게 불편해서 어떻게 사나?', '자유를

얻으려고 하는데 거기에 매달려 있어서 거기에 무슨 자유가 있나?'
이런 생각도 들었죠.

우리 조사선(祖師禪)은 말 한마디 끝에 몰록 깨치는 거니까, 어찌
보면 게으른 사람의 공부입니다. 부지런한 사람은 뭘 자꾸 하는데,
우리처럼 게으른 사람들은 시켜도 하지도 않고, 게으른 사람들의
공부법이에요. (웃음) 사실은 이게 부작용 없이 진실에 접근하기가
좋은 거죠. 어쨌든 "수행해서 깨닫는다"라고 하는 것은 이치에 맞지
않는 말입니다. 내 마음이라는 것은 날 때부터 가지고 있는 거고, 우
리가 본성을 깨닫는다 해서 견성성불(見性成佛)이라고 하는데, 본성
이라는 것은 날 때부터 가지고 있는 건데, 수행을 해서 노력을 해서
갈고 닦아서 성취한다는 것은 말이 안 되는 소리입니다.

애써 가르침을 수행(修行)하는 사람은 아무도 수행의 너머에 있
는 진실을 보지 못한다…… 수행하지 않고 선(禪)을 이론적으로 풀
이해 놓은 책들이 있어요. 처음으로 쓴 사람이 규봉종밀이라는 중
국 스님인데, 이분은 옛날 당나라 사람이죠. 그분이 쓴《선원제전집
도서》라는 책이 있어요. 조계종 강원에서 필수과목으로 배우는 4집
중에 하나입니다. 그것은 선(禪)에 대한 이론적인 서적입니다. 선을
《기신론》과 '화엄학'을 바탕으로 해서 이론화한 책인데, 거기 보면
수행과 깨달음, 수(修)와 오(悟)에 대한 얘기들이 나와요. '수(修)해서
오(悟)하느냐? 오(悟)한 뒤에 수(修)하느냐?' 말하자면, '수행해서 깨
닫느냐? 깨달은 뒤에 수행하느냐?' 이런 문제도 다루고 있고, 그 다
음에 수행도, '점차적인 수행이냐? 즉각적인 수행이냐?' 깨달음도,

'점차적인 깨달음이냐? 즉각적인 깨달음이냐?' 이런 것을 체계적으로 논의해 놓고 있습니다. 거기에서 종밀 스님이 그 당시 당나라 때 중국의 선종은 어디에 해당이 되는가에 대하여 "돈오점수가 현재 선의 모습이다" 하는 결론을 나름대로 내리고 있습니다. 먼저 몰록 깨치고 그 뒤에 점차적으로 그 깨침에 익숙해져 간다는 내용이죠. 그러니까 수행이 먼저가 아니에요. 수행해서 깨닫는 게 아니고 깨침이 먼저예요.

거기에 비하면, 소승은 수행하고 또 수행해서 수많은 단계를 거쳐 마지막 단계에서 깨닫는다고 얘기를 합니다. 그러니까 공부하는 자세가 전혀 다르죠. 소승은 해도 해도 끝이 안 나고, 아무리 해도 마지막 깨달음의 목표가 저쪽 앞에 있는 거예요. 그러면 대승인 선(禪)은 뭐냐? 《선원제전집도서》라는 책은 종밀 스님이 제멋대로 쓴 게 아닙니다. 이분은 화엄종의 6대 조사입니다. 《대승기신론》과 '화엄학'이라는 대승불교의 교리적인 바탕 하에서 이 책을 정립한 겁니다.

대승불교는 깨달음이 먼저라는 거예요. 그러니까 "한마디 말끝에 몰록 깨친다." 이거거든요. 몰록 깨치면 허공을 정처 없이 떠다니다가 단단한 땅에 발을 딛는 것과 같아요. 왜? 그냥 (손을 흔들며) '이것!'밖에 없으니까요. 딴 게 있는 게 아니거든요. 그러나 땅에 발을 디뎠지만 아직 이쪽의 삶이 익숙하지 못하고 서툴죠. 서툴기 때문에 좀 더 이쪽에 익숙해지고 가까워지고 이 속의 사람으로서 살아갈 그럴 필요는 있죠. 그것이 깨달음 뒤의 공부라고 하는 거거든요.

그것을 수행이라고 할 수도 있지만, 사실 수행이라는 이름이 알맞지 않은 게, 단계적으로 뭔가를 해 나가는 게 아니기 때문입니다. 이미 땅바닥에 발을 디뎠던 말이에요.

비유를 하자면, 감옥에 있던 사람이 이미 출소를 한 거예요. 감옥에서 태어나서 스무 살까지 자랐던 사람은 감옥 안의 생활에 익숙한데, 이 사람이 갑자기 출소를 했어요. 어떤 계기가 되어 자유시민이 된 거예요. 비록 감옥 안에서는 자유시민이 되고자 원했지만, 막상 감옥을 나오고 보니 뭘 어떻게 해서 먹고살고 뭘 어떻게 할지를 모르는 거예요. 왜냐? 살아 본 적이 없는 세계니까. 이 새로운 세상에 익숙해져야 될 거 아니에요? 그렇다고 또 다른 세계가 있는 것은 아니에요. 하여튼 공부 자체가 이런 거라. 처음에는 감옥 밖에 나와서 익숙하지 못해서 헤매기도 하고 감옥 속의 버릇이 남아 있어서 망상도 하고 하지만, 이쪽에서 자꾸 살다 보면, 감옥에서 20년 살았으니 밖에서도 20년쯤 살다 보면 이쪽 세계의 사람이 되는 거죠. 《법화경》에 보면 60년을 얘기합니다. 법화경의 '장자의 아들' 비유를 보면, 어릴 때 집을 나가서 거지 생활하다가 자기 집에 돌아와서 그 집에 아들로 인정받기까지 60년이 걸리죠. 그런데 우리 선에서는 30년 얘기하거든요. 60년, 30년 자체가 의미가 있다기보다도 그만큼 망상하던 세계에 익숙해 있고 이 세계는 아직 서툴다는 겁니다. 이 안에 들어와서 자유인의 세계에서 이제는 익숙해져야 하는 거죠.

대승 경전의 내용을 보면 '몰록 깨치고, 그 다음에 여기에 어떻게 익숙해지느냐?' 하는 문제를 말하고 있죠. 그런데 '감옥에서 나온 것은 해오(解悟)고, 나중에 이삼십 년 살다가 비로소 자유인이 된 것은 증오(證悟)다' 이런 식으로 분별하는 것은 안 맞아요. 깨달음이 여러 가지가 있는 게 아니거든요. 감옥을 나오는 것은 단번에 나오는 거고, 나온 뒤에 여기에 익숙해지면서 문득문득 자기가 '아, 이 세계가 이렇구나' 하고 익혀 가는 그 과정에서는 여러 가지 경험들이 있을 수가 있죠. 그러니까 해오(解悟)니 증오(證悟)니 이런 소리를 하면 안 돼요. 해오(解悟)라는 것은 알음알이로 깨닫는다는 말인데 알음알이에는 오(悟)라는 말을 붙이면 안 되는 겁니다. 이해가 어떻게 깨달음입니까? 말이 안 되는 소리죠.

그런 말들은 누가 하느냐? 선교(禪敎)일치론자들. 이론적으로는 신해행증(信解行證), "믿고, 이해하고, 수행해서, 깨닫는다." 이렇게 되기 때문에 교리적으로 맞추다 보니까, 불교 교리를 이해하게 된 것을 깨달음이라 두고, 다시 수행을 해서 깨닫는 게 증오(證悟)다 이런 식으로 말을 하는데 실질적으로는 그렇지 않습니다. 이해를 하는 게 아니에요. 오히려 이해가 꽉 막혀서 분별심이 작동하지 않는 거기서 한번 확 뚫어지는 것이고, 그런 뒤에 자기가 겪어 가면서 이 세계에 익숙해지는 거죠. 그런 안목들은 자기가 경험해 보면 알아요. '아, 저게 전부 이론적인 말이구나' 아니면 '실제 자기가 체험을 해서 진실한 얘기를 하고 있구나' 하는 것은 경험을 해 보면 알 수가 있는 거라.

애써 가르침을 수행(修行)하는 사람은 아무도 수행의 너머에 있는 진실을 보지 못한다…… 수행해서 되는 게 아니다…… 수행한다는 생각은 할 필요가 없습니다. 이 공부는 (법상을 치며) "이것뿐이다." 법이 뭐냐? (법상을 치며) "이것이다." "오로지 이것 하나뿐이다." 여기에만 관심을 가지고, 관심이라는 것도 우습지만, 자기가 그런 문제의식을 가지고 있어야 해요. '내가 마음을 깨닫고 싶은데 이해하는 것으로는 깨달음이라고 할 수 없다. 실제 경험을 해 보자' 하는 정도의 문제의식만 가지고 있으면 돼요. "마음이 뭐냐?" 하면 (법상을 치며) "이것이다" 하고 가르쳐 드리잖아요? 여기서 어쨌든 결판이 나는 겁니다. 여기서 결판이 나는 거지 딴 건 없어요.

분별심과 수행의 너머에 있는 것을 알고자 하면, 분별심의 뿌리까지 싹 잘라 버리고 맨눈으로 보아야 한다…… 그러니까 뭘 이해하고 분별하고 알고 하는 것하고는 아무 상관이 없다…… 분별심의 뿌리까지 싹 잘라 버린다는 것은 (법상을 치며) '이것!'을 한 번 체험하는 겁니다. 저 같은 경우를 돌이켜 보면, 학문 중에서 제일 많이 따지는 게 철학이거든요. 그래서 저는 굉장히 따지는 것에 능숙했습니다. 철학의 기초과목이 논리학이거든요. 논리학은 논리적으로 잘 따지는 방법이에요. 그런데 따져서 될 게 아니더라고요. 그래서 스승님한테 가서 공부하다가 (법상을 치며) '이것!'이 한 번 쑥 뚫어졌는데, 머리로는 아무것도 알 수 없고 뭔가 꽉 막혀 있던 것이 뚫어져서 넓은 세계로 나가는 그런 느낌이 들었죠.

그런데 그 넓은 세계에 대해서는 아직 익숙하지 못하고 아무것도 모르죠. 그 넓은 세계가 기분이 좋고 포근하고 편안하고 살아 있는 느낌도 드는데, 뭔지는 모르죠. 그런 경험 속에서 머리로 알려고 하면 벌써 브레이크가 딱 걸려서 알 수가 없는 거고. (법상을 치며) 이것이 뭔지 모르지만, 이렇게 기분 좋고 편안하고 뭔가 드넓은 어딘가로 뚫어져 있는 것 같은 느낌들은 좋았죠. 그러니까 저도 모르게 여기에 익숙해져 가는, 내면적으로 그렇게 하게 되더란 말이죠. 결국 머리로 할 수 있는 일은 별로 없었어요. 나중에 경전이나 선사들의 말씀이나 이런 것들을 보면서 소화되는 것은 소화시키고, 소화 안 되는 것은 보류해 놓고 했는데, 소화된다는 것은 공감을 느끼는 거고, 자기가 경험적인 이해를 할 수 있는 거죠. 또 재미있는 게, 초기에 '아, 그렇구나' 한 것이 몇 년 뒤에 보니까 잘못 알았더라고요. 자기 안목만큼 보는 거죠. 안목이라는 것은 시간이 흐를수록 자꾸 달라지는 겁니다.

법계에 대한 안목이 생겨야 됩니다. 그것은 이 경험을 통해서 상당 부분, 근본적으로는 공부라든지 깨달음이라든지 법계에 대한 안목은 저절로 형성이 된다고 말씀을 드릴 수가 있습니다. 배워서 아는 게 아닙니다. 물론 어느 정도 배우는 부분도 없지 않아 있습니다. 그것은 어떤 부분이냐 하면, 방편의 말에 대해서, 말은 배워야 되는 거거든요. 자기 내면의 경험은 배울 필요가 없지만 말을 어떻게 쓰느냐 하는 것은 배워야 되는 거예요. 그것에 대해서는 제가 《대혜어록》을 번역하면서 거기서 다 배웠어요. 대혜 선사가 불법에 대한 안목을 잘 갖추고 있고 거기에 대한 얘기를 충실하게 해 주고 있으니까. 그런 방편의 말을 어떻게 쓰느냐 하는 부분, 방편에 대한 안목을 갖추는 것은 약간은 배울 필요가 있지 않나 합니다. 그것을 배우는 것도 어떤 면이 있느냐 하면, 그전에 '아마도 이런 게 아닐까?'라고 내가 막연하게 여겨 왔던 것들을 다시 확인하는 과정이라 할 수가 있습니다. 그러니까 어렵지 않게 확인해서 알 수 있었던 거죠. 방편에 대한 안목을 갖춘 사람은 만나기가 굉장히 힘듭니다. 대부분의 사람들을 보면 경계에 매여 있고 방편에 대한 안목이 없어요.

그렇게 모든 분별로부터 도망쳐서 편안하게 쉬어야 한다…… 방편에 대한 안목은 제가 많이 얘기를 했습니다. 이것은 방편이니까 그렇게 보셔야 된다고. 그러나 결국 안목이란 자기가 그런 눈이 생겨야 됩니다. 방편이라는 게 일률적인 법칙이 있는 게 아니거든요. 다양하기 때문에 자기가 그것을 보는 안목이 생겨야 '아, 이것은 어떤 방편이다' 하는 게 저절로 파악이 되고 볼 수가 있습니다. 그렇지 않으면 생각이 자꾸 우리를 속이려 하기 때문에, 끝까지 조심해야 될 것은 생각입니다. 끝까지 생각은 우리를 속이려 하는 노력을 포기하지 않아요. 계속 생각이라는 놈이 '이런 게 아니냐? 저런 게 아니냐?' 하며 나름대로 자꾸 판단을 하려고 합니다. 이것은 속이는 거거든요. 그래서 털끝 하나 위에 팔만 사천 가지 법문이 갖추어져 있다는 반야의 안목을 갖추려면 생각에 속지를 말아야 합니다.

그게 여기서 분별심의 뿌리까지 싹 잘라 버린다는 것인데, 재미있는 표현이 맨 눈으로 봐야 된다고 했어요. 우리가 세상을 바라볼 때는 항상 뭔가 배운 것을 안경 삼아 그것을 통해서 보죠. 배워서 이해한 것을 안경 삼아서 그것을 통해 보는 것인데, 그것이 세계관, 인생관, 가치관이라 하는 거고, 전부 다 배운 겁니다. 그런 안경 없이 실제 있는 그대로를 보는 안목이죠. 불법이라는 것은 배워서 이

뤄진 것은 하나도 없고, 본래 다 갖추고 있는 지혜라 할까 (손가락을 세우며) '이것!'이 이렇게 분명해지는 겁니다. 그래서 이런 얘기를 하는 거죠.

분별심의 뿌리까지 싹 잘라 버리고 맨눈으로 본다…… 사람들 얘기하는 것 들어 보면 다 어디서 보고 듣고 배운 것을 바탕으로 얘기하거든요. 100% 다 그렇죠. 교육받고 훈련된 대로. 이것만이 유일하게 그런 게 없는, 말 그대로 전혀 훈련될 수 없는 거거든요. 훈련될 수 없고 교육받을 수 없는, 항상 새롭고 고정되지 않는 것이란 말이에요. 순간순간 새로우면서 순간순간 똑같다고 말할 수 있는데…… 그래서 어떤 식으로도 고정된 관념에 묶여 있거나 그런 관념을 짊어지고 있지 않습니다. 적어도 이 법에 관한 한은 그렇게 되어야 합니다.

그러니까 "불법이 뭐냐?" 하고 물으면 할 말이 없어요. 불법이라는 것은 방편으로 붙인 이름일 뿐이지, 불법이란 이름으로 정해진 것은 어떤 것도 없습니다. 이름은 방편이에요. 불법, 진여, 반야, 보리, 견성, 불성, 부처, 중생 등등 온갖 이름들이 있는데, 그런 이름에 해당되는 뭔가가 있는 게 아닙니다. 다 방편으로 만들어 놓은 가짜 이름들일 뿐입니다. 진실은 우리 각자에게 태어나서 죽을 때까지 항상 늘 변함없이 갖추어져 있는 (손을 흔들며) 이 일 하나입니다. 이 일 하나.

육체와 비교를 해 보면, 타고난 건강 상태에 대해서는 어떤 규정이라는 게 없는 거와 같습니다. 규정을 한다면, 예를 들어서 머리가 안 아프고 팔다리가 안 아프고 피가 잘 돌고 이런 말을 할 수 있는데, 그것은 머리 아픈 사람에 대해서 상대적으로 붙인 이름이고, 팔다리가 아픈 사람에 대해서 상대적으로 하는 말이죠. 병에 대해서 약으로 이름을 붙인 것일 뿐이지, 실제 이 건강 자체에 대해서는 '건강'이라 이름하지만 이것은 굉장히 애매모호한 것이고, 사실 아무런 이름이 있을 수가 없는 것이죠. 아무 이해도 있을 수 없는 것이고. 만약에 건강이란 이런 것이라는 정해진 어떤 틀이 있어서 매일 거기에 맞춰서, 예를 들어, 팔은 몇 킬로를 들어야 하고, 발은 몇 발자국을 걸어야 하고, 맥박은 몇 번을 뛰어야 하고, 그런 어떤 기준을 만들어 놓고 계속 맞추려고 한다면, 그것 때문에 오히려 아플 거예요. 그것은 건강한 게 아니거든요. 스트레스를 계속 받고 번뇌가 되죠. 건강이라는 것은 아무 기준이 없습니다.

그와 같이 깨달음이라는 것은 아무런 정해진 게 없습니다. 다만 아무런 불편함을 못 느끼는 거죠. 그래서 《반야심경》에서 뭐라고 했습니까? "장애가 없다"라고 하였죠. "불편함이 없다"라는 거예요. 불편함을 못 느끼는 거죠. 복잡하게 "공이 색이고, 색이 공이고" 하며 한참 얘기하지만, 마지막에 가서 "장애가 없다" 이런 얘기를 해 버리거든요. 사실은 그런 게 다 장애예요. 그런 것들은 "팔만 사천 가지 법문이 갖추어져 있다" 하는 지혜 속에 다 포함이 되어서, 그렇게 말할 수 있는 이유는 있죠. 색이라는 것은 있는 거고 공이라는 것은 없는 건데, 우리는 있음과 없음 양쪽을 자꾸 왔다 갔다 하기 때문에, '양쪽이 똑같은 거다' 하고 어느 한쪽에 치우치지 못하도록 하는 여러 가지 목적이 있고 이유가 있습니다.

아무 생각 없이 (법상을 치며) "이것이다!" 이러면 아무 일이 없고 편안하고 아무 문제가 없어요. 뭘 따져서 어떻게 해야 되고, '색 · 수 · 상 · 행 · 식' 그렇잖아요? 육체는 어떻게 해야 되고, 느낌은 어떻게 해야 되고, 생각은 어떻게 해야 되고…… 예를 들어 《반야심경》을 잘못 이해하면, 색도 공이 돼야 하고, 수도 공이 돼야 하고, 상도 공이 돼야 하고…… 그렇게 할 수도 있잖아요? 그렇게 하면 안 됩니다. 정말 스트레스 받는 일이죠. 공부 뭐하러 합니까? 그렇게 안 하는 거예요. 그냥 도가 뭐요? (법상을 치며) "이겁니다" 하면 아무 일이 없고 장애가 없어요. 아무런 문제가 없고 번뇌를 못 느끼는 거죠.

어쨌든 이것이 확실해지기 전에는, 머리라는 놈이 계속해서 '법이라는 게 뭐냐?' 하고 계속 뭔가 결론을 내리려고 하는 장난을 합니다. 제 느낌으로는 한 십수 년 정도는 그랬던 것 같아요. 물론 저는 속도가 느리니까, 여러분은 더 빠르게 할 수도 있겠죠? 공부하는 사람은 아주 단순한 겁니다. 도가 뭐냐? (법상을 치며) "이것이다." 그냥 아무 일이 없어요. 불교가 뭔지 도가 뭔지 아무것도 몰라요. 그런데 아무런 불편함을 못 느껴요. 어딘가 끄달리고 장애가 되고, 그런 불편함을 전혀 못 느낀다고요. 공부하는 것은 아주 단순한 겁니다. 하나도 복잡할 게 없고, 그야말로 통나무처럼 (법상을 치며) '이것!' 하면 끝이 나 버리는 거죠. 그냥 이것밖에 없는 겁니다.

분별심의 뿌리까지 싹 잘라 버리고 맨눈으로 보아야 한다.
그렇게 모든 분별로부터 도망쳐서 편안하게 쉬어야 한다.

머리가 하는 것은 전부 우리를 속이는 것이니, 모든 분별로부터 도망을 쳐라…… 이런 부분도 있습니다. 제가 옛날에 공부할 때, 도반들이 여남은 명쯤 되었는데, 우리끼리 만나서 얘기를 주고받고 하다 보면, 스승님의 사생활이라든지, 설법을 할 때 하신 말씀에 대해서 왈가왈부하는 분들이 있거든요. 그런데 제 스스로는 어떤 자세를 가지고 있었느냐 하면, '설법을 들으러 가는 것은 법을 만나러 가는 것이지, 사람을 만나러 가는 게 아니다.' 항상 그렇게 생각을 했어요. 그분이 어떤 사람이든 상관하지 않았습니다. 그 사람을 만나러 가는 게 아니고, 그냥 법을 만나서 살아 있는 법을 확인하려고 하는 것이기 때문에, 무슨 말씀을 하시는가에 대해서는 전혀 개의치 않았습니다. 제가 그 당시에 어떤 생각이 들었느냐 하면 '저 사람은 왜 쓸데없는 데 관심을 가지나? 공부를 하러 왔으면 법에 목을 매고 자기 법을 분명하게 해야 하지, 왜 엉뚱한 것에 신경을 쓰나?' 이런 생각이 들었죠. 이런 자세는 공부의 집중도나 몰입도를 위해서 사실 좀 필요한 겁니다. 엉뚱한 것을 보면 안 되죠. 세속적인 측면에서 그 사람의 행동이나 사생활이나 말씨 하나하나를 보면 완벽한 사람이 없습니다. 다 시빗거리가 되죠.

법회라는 것은 사람이 사라지고 법 하나 딱 있는 거거든요. 결국에는 '인무아(人無我) 법무아(法無我)'라고 그러듯이, 사람도 사라지고 법도 사라져서 완전히 아무 일이 없고 장애가 없는 것이 공부의 목적이기 때문에, 법 외에 다른 것에는 관심을 안 가지는 게 제일 좋습니다. 우리 스승님은 굉장히 깔끔하신 분이셨기 때문에, 남한테 책잡힐 일은 정말 안 하신 분이기도 했어요. 너무 깔끔해서 그게 오히려 부담스러울 정도로. 그런데도 이런저런 얘기들이 나오더라고요. 저는 하여튼 '사람 보러 온 게 아니다. 저분의 법을 완전히 100% 흡수를 해야 되겠다, 내 살림살이를 만들어야 되겠다' 하는 생각밖에 없었어요. 그런 자세가 공부에 있어서는 집중도나 몰입도를 높여 가고 공부를 더 깊이 들어가게 하는 좋은 자세입니다. 그렇게 하시는 게 좋습니다. 물론 제가 잘못한 게 있으면 지적해 주십시오.

그렇게 모든 분별로부터 도망쳐서 편안하게 쉬어야 한다…… 우리는 장애 없이 편안하게 쉬는 게 목적이니까. 목적이라면 좀 우습지만 편안한 게 좋은 거죠. 그냥 (손을 흔들며) 이 일 하나입니다. 이 일 하나. 이리저리 따질 게 아무것도 없습니다. 다만 '이것!' 하나입니다. (법상을 치며) 단지 이 일 하나뿐입니다.

딱! 딱! 딱! (죽비 소리)

20
버리지도 취하지도 말고

마하무드라의 노래 20번 게송입니다.

버리지도 말고 취하지도 말고 그대로 있어라.
왜냐하면 마하무드라는 모든 수용과 거부를
넘어서 있기 때문이다.
의식은 본래 생겨난 것이 아니기 때문에
아무도 그것을 가로막거나 더럽힐 수 없다.
무위(無爲)의 영역에 머물러 있으면,
모든 현상들은 진실 속으로 녹아들어 가고,
아상(我相)과 아만(我慢)은 사라져 없어질 것이다.

버리지도 말고 취하지도 말고 그대로 있어라…… 여기서 "버리지
도 말고 취하지도 마라" 이런 말은 많이 하는데, "그대로 있어라" 이
말은 별로 좋은 말이 아닙니다. 버리지도 말고 취하지도 마라……

이것은 양쪽으로 분별하는 것을 막아 주는 방편의 말인데, "그대로 있어라" 이것은 방편의 말이라고 할 수도 없고, 좋지 못한 말입니다. 그대로 가만히 있다고 여법해지는 것은 아니거든요. 취하거나 버리거나 하는 것은 분별이니까 당연히 해당이 안 되는 것이죠. "취하지도 말고 버리지도 말고, 좋아하지도 말고 싫어하지도 말고, 진짜라 가짜라 시비하지도 말고, 맞니 틀리니 따지지도 마라." 이런 말은 얼마든지 방편으로 할 수가 있죠.

그런데 "그대로 있어라" 한다든지, "쉬어라" 한다든지, 이런 명령조의 말들은 어디에 머물러 있으라는 말이잖아요? 이런 말은 방편에 해당이 안 돼요. 이것은 머물러 있을 수 있는 게 아니거든요. 어딘가에 머물러 있는 그런 법이 아니란 말이에요. 왜냐? (손을 흔들며) '이것!'이니까. 이것은 머물러 있는 것도 아니고, 왔다 갔다 하는 것도 아니에요. 이것은 고요한 것도 아니고 시끄러운 것도 아니고, 어떤 경우에도 침해받음이 없고 더럽혀짐이 없이 항상 이렇게 분명한데, 여기에 대해서 '어떻다', '어떻게 해라' 이런 말은 할 수가 없는 겁니다. 그러니까 공부하는 사람들도 이 점을 굉장히 조심해야 합니다. 우리가 세속적 사고방식으로는 '어떻다'라고 알고 싶어 해요. '이것은 어떤 것이다'라고 판단을 해 버리려고 하는 거죠. 굉장히 조심해야 해요. 이것은 전혀 그런 게 아닙니다. 어떤 식으로든지 결정이 되는 게 아니거든요. 결정할 수도 없고 결정이 될 수도 없고, 그렇게 하면 전부 분별이죠.

이것에 대하여 방편의 말을 하면 주로 양쪽 부정으로 합니다. 또어떤 경우에는 "공이 색이고, 색이 공이다" 하는 식으로, 이것도 일종의 양쪽 부정형인데, "이것이 저것이고, 저것이 이것이다" 하는 식이니까 이것과 저것이라는 것을 따로 두지 않기 때문에 이것도 일종의 양쪽 부정형이죠. 그렇게밖에는 말하지 못하는 겁니다. 중도(中道)를 말할 때에는 "이쪽도 아니고 저쪽도 아니다." 이렇게밖에는 말을 못하죠. "이쪽과 저쪽의 가운데 어느 지점이다"라고 말하지는 못하는 겁니다. 이쪽도 아니고 저쪽이 아니어서, 이쪽저쪽이 없을 때 중도가 저절로 되는 거죠. 그래서 중도는 항상 무위법(無爲法)이죠. 그런데 중도는 말로 표현할 수 없기 때문에 중도에 관해 말을 하고 나면 '어, 뭔가 부족한데' 하고 또 다른 말을 하게 되고, 자꾸 그렇게 돼요. 그러니까 선(禪)에서는 이러쿵저러쿵 말하지 않고 단지 (손가락을 세우며) "이것이다" 할 뿐이죠. "잣나무다", "똥막대기다"라고 할 뿐인 게, 이것은 뭐라고 말할 수가 없는 거니까.

이것은 "잣나무다", "똥막대기다" 하든지, (손가락을 세우며) "이것이다" 하든지, (법상을 치며) "이것이다" 하든지, 여기서 바로 곧장 딱 들어맞아서 '어, 그냥 이것뿐이지' 하고 자기 스스로가 다른 일이 없어야 하는 거예요. 그러면 되는 거예요. 아무리 봐도 이것은 어떻게 표현할 수가 없어요. 왜? 아무것도 없고 아무 문제가 없는데 여기에 대해서 '이렇다, 저렇다' 할 수가 없는 거죠. 상당히 유사한 비유를 육체를 가지고 들 수가 있는데, 몸이 어디가 아플 때에는 '내가 어디가 아프다' 이렇게 말을 할 수 있잖아요? 그런데 아무 데도 아픈 곳이 없는데 "당신 몸이 어때요?" 하면 할 말이 없잖아요? 굳이 말을 하자면 "아무 데도 아픈 곳이 없는데"라고 부정적인 말밖에는 할 수가 없지요. 그게 건강한 거거든요. '몸이 어떻기 때문에 건강하다'라는 말은 무언가 어색한 거죠. 그런 비슷한 측면이 있는 겁니다.

우리가 육체가 건강하다 하는 것을 말할 때에는 '아무 데도 아픈 곳이 없다'라고 부정적으로밖에는 말할 수 없을지 모르지만, 또한 몸이 건강할 때는 일단 기분이 좋잖아요. 활기가 차고 뭐든지 하는 데 두려움이 없고, 그렇게 느끼듯이 이 마음도 이 법이 분명하면 거리낌이 없고, 주저함이 없고, 어떤 문제점을 못 느끼는 거죠. 그리고 우리가 건강한 몸의 어떤 기쁨을 느낄 수 있듯이, 이것도 생생하고 온 천지에 밝게 살아 있다는 느낌이 들거든요. 이것은 명백한 일이니까요. 하여튼 (손을 흔들며) '이것!'이 분명하게 되는 겁니다.

버리지도 말고 취하지도 마라…… 여기까지는 좋은데, 그대로 있어라…… 이것은 좋지 않은 거예요. 번역은 '그대로 있어라' 했는데, 영어로는 'Remain natural'이니까 '자연 그대로'라는 뜻이거든요. '자연 그대로 손대지 말고 내버려둬라.' 이런 정도의 말입니다. 물론 방편으로 이런 말을 할 수 있는 경우가 있습니다. 어떤 경우냐 하면, 우리는 공부라는 이름으로 뭘 어떻게 하려고 하잖아요? 공부라는 것을 하려고 하고, 법이라는 것을 알려고 하고, 법을 잡고 있으려고 하고, 법의 느낌을 느끼려고 하고, 이렇게 가만있지를 못하고 뭘 하려고 해요. 그런데 실제로 여기에 계합을 해서 통달이 됐을 경우에는 지금까지와는 공부에 대한 자세가 달라지는 거죠. 그래도 뭔지 모르지만 애를 쓰고 찾으려고 하고 잡으려고 하는 그런 면이 있다면, 이제는 애를 쓰면 도리어 보이질 않고, 그냥 내버려두고 아무것도 안 하고 있으면 도리어 나타나는, 이런 식으로 바뀌게 돼요.

우리가 법의 생생함을 많이 느낄 때가 언제냐 하면 잠을 푹 자고 아침에 상쾌하게 일어났을 때죠. 뭔가 애를 쓰고 있고 힘들어할 때에도 물론 이것을 느낄 수가 있지만, 자기가 의도적으로 뭘 어떻게 하려고 하는 동안에는 거기에 이것이 가려 버리거든요. 자기 공부가 여기 이 자리에 통했는지 아닌지를 확인해 보려면, 공부를 안 하고 이것을 찾지 않는 겁니다. 하루나 이틀 동안 아무것도 안 하고 일상생활을 되는 대로 해 보는 거죠. 그랬을 때, 자기의 바탕이 있으면 반드시 이것이 나타납니다. 이것이 나타나서 느낄 수가 있어요. 아무것도 안 했을 때, 망상이 쉬어져서 안정이 되고 일이 없는 자리가 딱 나타나요. 그러니까 공부란 이름으로 뭔가를 하는 것에 의지하지 않는, 그런 감을 잡아야 하는 겁니다. 그것을 무위법이라고 하는 거거든요. 반드시 그런 게 있습니다.

　그래야 진짜로 여기에 뚫어진 거지, 공부란 이름으로 뭔가를 할 때에는 법이 있고, 안 하면 법을 잃어버린다면, 아직 제대로 뚫어졌다고 할 수 없어요. 그것은 아직까지 제대로 쉬고 있지 못하는 거잖아요? 공부를 하고 있으니까. 정말로 뚫어지면 완전히 쉬어져야 되고 할 일이 없어져야 합니다. 제대로 뚫어져서 정말 할 일이 없어졌을 때, 자기 마음의 무장을 다 해제하고 완전히 발가벗겨서 할 수 있는 일이 없을 때, 그때 진정으로 쉬어져야 되고, 안정이 되어야 하고, 자신감을 얻어야 되고, 제자리에 당도했다는 것을 느껴야 된단 말이죠. 하여튼 그렇게 쉬어지는 겁니다. 열반이라는 것은 다 쉬어진다는 거거든요. 쉬어져서 할 일이 없는 건데, 그런 것을 못 느끼면 안 되죠.

물론 습관이라는 게 있으므로, 쉬고 있어도 옛날 습관이 발동을 해서 '이것을 해 볼까?', '저것을 해 볼까?' 하고 나오거든요. 자기가 진짜로 쉬어지면, 그런 습관이 나오더라도 맥을 못 춰요. 저절로 일이 없고 쉬어지게 되는 겁니다. 습관이 안 나온다고 할 수는 없는데, 나오더라도 그게 맥을 못 추는 거라. 그게 법의 힘이라고 하는 거거든요. 법의 힘이 있으면 '이것을 해 볼까?', '저것을 해 볼까?' 하고 마음이 들뜨더라도, 그게 힘을 가지고 계속 들떠 있는 게 아니고 금방 가라앉아 버리고 다시 일이 없는 거죠. 저절로 그런 식으로 되는 겁니다. 그러니까 "뭘 해라" 이렇게 하는 것은 좋은 말이 아닙니다.

왜냐하면 마하무드라는 모든 수용과 거부를 넘어서 있기 때문이다…… 수용과 거부라는 것은 분별이죠. 분별이라는 것은 우리가 의도해서 뭘 하는 겁니다. 유위법(有爲法)이죠. 그러니까 마하무드라는 무위법(無爲法), (손을 흔들며) '이것!'을 가리키는 거니까, 의도적으로 뭘 하는 거와는 관계가 없죠. 그렇다고 해서 의도적으로 뭘 안 하는 것도 역시 아닙니다. 그것도 의도거든요. 뭔가를 의도적으로 하는 것, 또 아무것도 안 하려는 것, 그것도 역시 의도니까 그런 것하고 관계가 없다는 거죠. 공부라는 이름의 어떤 행동을 하든 아무것도 안 하고 가만히 있든, 다 의도가 개입되어 있는 거죠. 그래서 명령문은 안 좋다는 겁니다.

가만히 쉬고 있어라 그러면 의도적으로 하는 거잖아요? 실제로 (손가락을 세우며) '이것!'이 이렇게 분명해지면 그런 생각이 전혀 없습니다. '뭘 어떻게 한다'는 그런 욕구가 전혀 안 일어나죠. 어떤 경우에도 다른 일이 없고 그냥 이거죠. 모든 경우에 그저 이 일뿐인데, 뭘 어떻게 해라, 하지 마라, 어떻게 해야 한다, 이런 생각들은 전혀 일어나지 않는 거죠. 그냥 모든 경우에 '이 일이다'라는 게 너무나 분명한 일이고, "이것이다" 할 때는 양쪽이 없거든요. 불이법이라고 하듯이 양쪽이 없으니까, '어떻다'라고 말할 수가 없고 '어떻게 해야 된다'라는 말을 할 수가 없습니다.

우리가 '이것을 체험하면 어떻게 된다'라는 말을 가끔씩 하는데, 그것도 자기의 일시적인 느낌을 말하는 것이지, 항상 어떤 상태로 있는 건 아니에요. 그러니까 이것을 체험하면 마음이 쉬어진다, 아무 일이 없어진다, 인연을 만나고 경계를 만났을 때 끄달림이 없다…… 이런 것도 그 순간의 자기 느낌을 말하는 것이지, 그런 상태가 항상 여법한 상태로 지속된다고 말할 수는 없어요. 말이 나온다는 것은 생각을 했다는 거거든요. 생각을 했다는 것은 그 순간의 일시적인 자기 느낌이고, 그런 것을 표현한 거죠. 실제 이 법이라고 하는 고정되어 있는 것은 아무것도 없습니다. 단지 이렇게 생생하게 항상 살아 있고, 정말 떠날 수가 없어요. 앞뒤가 없다는 말은 뭐냐 하면, 이것을 벗어나서 앞으로 나아갈 수도 없고, 이것을 피해서 뒤로 물러설 수도 없다 이겁니다. 이것은 어쨌든 분명한 일이에요. 이런 말을 할 수가 있죠. '앞뒤가 뚝 끊어져 버렸다'라는 말은 뭐냐면 이것을 기준으로 삼아서 앞으로 나아갈 수도 없고 뒤로 물러설 수도 없다 이거예요. 항상 (손을 흔들며) '이것!'이란 말이죠. 항상 '이것!'이어서 분명하다는 거죠. 자기가 체험했으면 이런 말은 할 수가 있어야 되는 거예요.

늘 여법하다, 여여하다 하는 말이 그런 말인데, 이 자리에서 벗어남이 없다고도 할 수가 있겠죠. 그런데 '이 자리' 이러면 뭔가 고정된 자리가 있는 것 같으니까 오해를 할 수가 있는데, 고정된 자리라는 것은 없습니다. 정해진 자리는 없어요. 왜냐면 어디를 가든지, 뭘 만나고 무슨 생각을 하든지 어떤 경우에도 언제든지 앞뒤가 없는 바로 이 일이기 때문에……. 앞뒤가 있는데 앞도 아니고 뒤도 아닌 이 자리다, 이런 뜻이 아니에요. 애초에 앞뒤가 없다는 말이에요. 그러니까 언제든지 (손을 흔들며) '이것!'이죠. 중도에서 벗어난 앞도 있고 뒤도 있는데 앞뒤로 벗어나지 않고 중도에 있다는 뜻이 아니고, 애초에 앞뒤가 없다는 거예요.

여기서 벗어나고 싶어도 벗어날 곳이 없다, 이 말입니다. 벗어나고 싶어도 벗어날 데가 없고, 앞으로 가도 다만 이것이고, 뒤로 가도 이것이란 말이에요. 애초에 벗어날 데가 없이 항상 이것 하나뿐이다…… 하여튼 이런 말이 무슨 말인지 실감이 되어야 해요. 그런데 뭔가 여법한 자리가 있고, 또 벗어난 자리가 있고, 자꾸 틈이 있어 왔다 갔다 하는 것 같다고 하면, 계합이 아직 정밀하지가 못하고 뭔가 틈이 있다고 할 수가 있습니다. 그런데 정말 정밀하게 계합이 되면 완전히 이것이 한 덩어리가 되어서 앞으로 가도 이것이고 뒤로 가도 이것이고, 앞뒤가 없어요.

뭔가를 수용하거나 거부한다는 것은 세간의 일이죠. 그러니까 취한다 버린다, 수용한다 거부한다, 옳다 그르다, 있다 없다, 맞다 틀리다, 진짜다 가짜다, 이것은 전부 세간의 일들에 대해서 분별하는 겁니다. 다르게 말하면, 분별하는 일이 곧 세간의 일이다, 이 말이에요. 세간과 출세간을 말한다면, 출세간에는 전혀 분별할 게 없습니다. 분별되는 건 전부 세간이에요. 이것이 세간과 출세간을 가르는 기준입니다. 세간과 출세간도 방편으로 세운 말인데, 이러한 면이 있기 때문에 이런 방편을 쓰는 거죠. 당연히 이것은 자기 내면의 문제이기 때문에 겉으로 드러난 사물을 가지고 말하는 것은 아닙니다. 자기 내면에서 전혀 양쪽이 없는, 분별이 없는, 분별할 게 전혀 없는, 그래서 앞뒤가 없이 언제든지 한 덩어리로, 앞으로 가도 이것이고 뒤로 가도 이거라면 바로 (손을 흔들며) '이것!'이 출세간이거든요. 양쪽이 없고 항상 이것이죠.

분별을 해서 깨달음이 있고 미혹함이 있고, 맞는 게 있고 틀린 게 있고, 이러면 아무리 자기 마음을 말한다 하더라도 그것은 세간의 얘기입니다. 출세간 얘기는 아니에요. 그러니까 자기가 지금 불이법인 둘이 아닌 자리에 있느냐? 아니면 분별하는 입장에 있느냐? 그것이 세간과 출세간을 구분하는 기준이 되는 겁니다. 세간과 출세간이라고 하는 것은 자기 안목의 문제인 거지, 어떤 객관적인 사실은 아니에요. 자기가 지금 (손을 흔들며) '이 자리'에 있어서 '이 법'이 항상 분명하면 출세간이라고 하는 거고, 또 여기서 '컵은 컵이고, 마이크는 마이크고, 죽비는 죽비다' 하고 분별을 하면 세간의 일이에요.

사물을 분별하지만 여전히 '이것!'은 둘이 없고 하나거든요. 그러니까 세간과 출세간은 따로 있는 게 아니에요. 항상 하나죠. "이것은 컵이다" 할 때도 (손을 흔들며) '이것!'은 변함이 없으니까요. "이것은 마이크고, 이것은 죽비다" 하고 세간사를 말할 때에도 항상 출세간

275

속에서 말하고 있는 겁니다. 《유마경》에도 나왔잖아요. "온갖 것을 분별하면서도 첫 번째 자리에서 항상 어긋남이 없다." 그러니까 세간과 출세간은 하나예요. 자기가 이것이 분명하면 저절로 스스로에게서 밝혀지는 거지, 경전의 말씀이라고 하는 게 무슨 객관적인 기준이 있는 게 아닙니다. 자기에게서 드러나고 밝혀지는 거죠.

의식은 본래 생겨난 것이 아니기 때문에 아무도 그것을 가로막거나 더럽힐 수 없다…… 의식이라는 게 뭡니까? 분별하는 세계, 보고 듣고 느끼고 아는 세계가 다 의식세계죠. 말하자면 이 사바세계, 삼라만상, 우주가 의식세계죠. 의식은 본래 생겨난 것이 아니기 때문에 아무도 그것을 가로막거나 더럽힐 수 없다…… 세계를 분별하면 해가 떴다가 지고, 바람이 불었다가 잠잠해지고, 꽃이 피었다가 지고…… 분별을 하면 다 생겨나고 사라지는 세계입니다. 감정도 생겼다 사라지고, 생각도 생겼다 사라지고, 느낌도 생겼다 사라지고, 보고 듣는 것도 나타났다 사라지고, 분별을 해 보면 전부가 생겼다 사라지는 세계거든요. 그런데 그 모습을 분별하지 않으면, 비유를 들면, 영화관에 영화 장면은 계속 변하는데 영사기에서 나오는 빛은 그대로잖아요.

느낌이 생기고 사라지고, 감정이 생기고 사라지고, 욕망이 생기고 사라지고, 생각이 생기고 사라지고, 말도 하는 순간에 다 사라지고…… 그렇지만 '이것!'은 항상 그대로예요. "영사기에서 나오는 빛이 꺼지지 않고 영화는 계속 상영되고 있다." 이렇게 말하는 게 적당한 비유 같아요. 영화의 내용은 계속 변하지만 영화는 영원히 끝

나지 않는다…… 영사기에서 나오는 빛은 물리적인 파장을 가진 가
시광선이라는 빛이지만, 이것은 그런 게 아니고, 그냥 (손을 흔들며)
'이것!'이라고밖에 할 수가 없는 거죠. 이것은 물리적인 빛이 아니라
이렇게 바로 (손을 흔들며) '이것!'이니까 사실 여기에 붙일 말은 없죠.
그냥 "이겁니다"라고밖에는 말할 수가 없는 거죠. "이겁니다" 함으
로써 자기 스스로가 확실하게 확인하고 있는 거니까 여기에 대해서
이름을 붙일 필요가 없는 거죠. 이름을 붙인다는 것은 주관이 될 객
관으로 봤을 때 '이것은 이거고 저것은 저거다' 하고 분별하여 이름
을 붙이는 것이지, 이것은 주관도 아니고 객관도 아니고 분별할 수
있는 것도 아닌데, 이것을 어떻게 이름을 붙입니까? 그냥 (손을 흔들
며) '이것!'이죠. 이렇게 생생할 뿐인 거고, 확실한 거고, 분명할 뿐인
거지, 이것에 이름을 붙일 수는 없는 거죠.

그러니까 여기에 방편으로 가짜 이름을 붙일 수는 있겠지만, 그
외에는 이것은 불가사의한 거죠. 불가사의하다고 해서 모르는 게
아니고, 이렇게 생생하고 분명하니까 불가사의한 겁니다. 불가사의
하다고 해서 알 수가 없다 하면 그것은 무명(無明)이죠. 깜깜하고 어
두운 거잖아요? 그런데 이것은 어두운 게 아니고, 알 수는 없지만
이렇게 확실하고 분명한 거죠. 무명은 아닙니다. '이것!'이 불가사의
한 겁니다. 불가사의하다고 해서 '아무것도 모른다', '알 수 없는 것
이다' 이런 소리를 하면 안 되고, 이렇게 확실한 건데 불가사의해요.
왜? 어떻게 표현할 수가 없으니까요. 뭐라고 해 버리면 여기에 안
맞는 거죠. 그러니까 이 법을 불가사의하고 묘하다고 하는 것을 무
조건 '모른다' 하면 안 되는 겁니다.

의식은 본래 생겨난 것이 아니기 때문에 아무도 그것을 가로막거나 더럽힐 수 없다…… 이것을 가로막고 더럽히는 것은 자기 스스로죠. 자기 스스로가 생각을 일으키고 분별을 일으켜서 그것을 따라가 버리면, 흔한 비유로 물결을 보는 순간에 물을 보지 못하게 되는 거지만, 사실은 물을 보고 있는 겁니다. 그런데 물결을 분별하고 있는 동안에는 물결이라는 모양만 보이기 때문에 물을 보면서도 못 보는 거죠. 그것을 우리가 망상이라고 하는 거거든요. 자기가 생각을 일으켜서 분별을 하고 '이것은 어떤 것이다', '마음은 어떤 것이다', '도는 어떤 것이다', '깨달음은 어떤 것이다' 이렇게 하면 물속에서 물을 따로 찾게 되는 그런 꼴이 되니까 자기 손으로 자기 눈을 가려 버리는 거죠. 결국 중생의 무명이라는 것은 자기 생각에 자기가 속는 거예요.

허공꽃이라는 표현도 그렇기 때문에 하는 겁니다. 허공꽃이라는 게 허공에 꽃이 핀 게 아니고, 자기 눈 안에 티끌이 들어가서 눈병이 난 것이죠. 허공꽃을 안중화(眼中華)라는 표현도 하는데, 눈 속에 백내장 같은 게 생겨서 눈 속에 있는 꽃인데, 보이기는 허공 속에 꽃이 있는 것처럼 보이는 거죠. 그래서 허공 속에 꽃이 있다고 착각을 하는 거죠. 문제는 자기가 일으켰는데, 마치 그런 뭔가가 객관적으로 따로 있는 것처럼 착각을 한단 말이죠. 그것을 전도중생(顚倒衆生)이라고 하는 겁니다. 모든 것은 자기에게서 비롯되는데 바깥에 자기와 관계없는 객관적인 뭔가가 따로 있는 것처럼 착각을 하는, 그래서 전도(顚倒)라는 표현을 쓰는데, 전도라는 것은 뒤집어져 있다는 말입니다. 허깨비를 허깨비가 아닌 실제라고 착각을 해서 본다, 이게 전도라는 뜻이거든요. 그러니까 모든 장애는 자기가 일으키는 겁니다.

말은 이렇게 쉬워도, 실제로 조복이 되어서 '모든 문제가 나로 말미암는구나' 하고, 문제를 안 일으키게 되는 것은 쉽지가 않아요. 자꾸 밖에서 탓을 찾는 게 너무나 버릇이 되어서 뭔가 밖에 이유가 있는 것처럼 찾아서 헤매게 되죠. 사실상 모든 문제는 자기에게서 말미암는 것입니다. 그것은 자기가 해 보면 알 수가 있습니다. 그러니까 자기가 뭔가 내면적으로 끄달림을 느낀다든지, 불쾌함을 느낀다, 불만족스럽다, 신경이 쓰인다, 이러면 그 원인이 밖에 있는 것처럼 항상 탓을 합니다. 물론 견물생심(見物生心)이라고 하듯이, 밖의 인연들이 그런 문제를 일으키는 하나의 간접적인 원인은 될 수가 있습니다. 그러나 그게 반드시 필연적인 요소는 아니에요. 필요충분조건이라고 하는데, 밖의 원인이 필요조건은 될 수 있지만 충분조건은 자기예요. 세속에서도 그런 경우가 있잖아요? 어떤 사물이 있는데 어떨 때는 그것이 신경이 쓰이고 어떨 때는 아무렇지도 않을 때도 있잖아요? 그러니까 문제는 사물이 아니고 자기가 문제인 것이죠. 똑같아요.

육조 스님이 "모든 허물은 자기에게서 비롯되니까 항상 자기에게서 해결되어야 된다"라고 하신 말씀이 딱 맞아요. 자기 마음에서 어떤 끄달림, 불안감, 신경 쓰임, 그런 게 느껴졌을 때에는 밖을 탓할 것이 아니라, '아, 내가 아직 공부가 부족해서 그렇구나' 또는 '정밀하지 못해서 그렇구나' 하고 자기에게서 문제를 해결해야 합니다. 물론 아주 힘이 없어서 너무나 심하게 끄달릴 때에는, 자기가 자기를 도저히 이겨낼 수 있는 힘이 전혀 없으면, 원인 제공을 하는 바깥의 환경을 피하는 것도 하나의 방법이죠. 그러나 궁극적으로는 자기가 힘이 있어서 어떤 경우에도 거기에 끄달리지 않을 수 있어야 하는 겁니다. 그렇게 되는 것은 사실 쉽지가 않고, 아직 그런 힘이 없을 때에는 끄달리는 환경을 피해야죠. 견물생심(見物生心)이라는 말처럼, 뭔가 그런 게 눈에 보이고 귀에 들리고 하니까 자꾸 마음이 일어나는 거죠. 견물(見物), 그것을 피해 버리는 게 우선 하나의 방법입니다. 힘이 없을 때에는 어쩔 수 없죠.

견물생심이라는 말은 많이 하는 말이잖아요? 사물을 보면 거기에 끄달려서 마음이 일어난다는 말이거든요. 교육도 그런 겁니다. '맹모삼천지교'라는 말이 거기서 나온 말이잖아요. 보고 배우고 따라 하는 거죠. 시장 바닥에서 아이를 키우면 장사꾼 흉내를 내고, 묘지 옆에서 아이를 키우니까 상여꾼들 흉내를 내고, 서당 옆에서 아이를 키우니 훈장 흉내를 내고, 그게 견물생심이죠. 어른도 마찬가지예요. 어른들도 그런 면이 없다고 할 수가 없죠, 애들보다는 자기 통제력이 있으니까 조금 낫기는 해도. 그래서 공부가 필요한 부분도 있기는 있습니다. 늘 공부를 접하고 공부하는 사람들과 교류하고 공부에 항상 관심이 있으면 공부 쪽으로 훈습이 될 거니까 그런 면이 있죠. 그러니까 뭔가 공부를 열심히 해서 조금 맛을 보고 조금 자신감이 생겼다고 해서 공부를 내팽개치고 다시 세속 일에 빠져들면 공부는 그 수준에서 딱 멈춰 버려요. 다시 세속에 물이 들어 버리는 거라. 그러면 공부에 진전이 없는 거죠.

견물생심이라는 이 말은 알고 보면 무서운 말이에요. 불교에서는 훈습된다고 말하거든요. 훈습이라는 게 아주 무서운 거예요. 물이 들어 버린다는 말이거든요. 물든다는 말이 아주 무서운 말인데, 쉽게 말하면 공부도 결국 이 반야에 물이 드는 거거든요. 반야에 물이 드는 것은, 반야는 깨끗한 것이기 때문에 물이 들어도 더럽혀지지가 않아요. 아주 자유롭고 아무 데도 물들지 않는 자리에 물이 드는 거니까, 깨끗하고 아무 문제가 없는 거죠. 이 반야를 제외하고 세속적인 일에 물이 들면 더럽혀지죠. 반야가 깨끗하고 순수한 물이라면 세속적인 것은 전부다 잉크예요. 다 색깔이 들어 버려요. 그게 다른 거죠. 그러니까 반야에 물이 드는 건 대자유고, 어떤 물도 들지 않고 깨끗해서 허공과 같다고 하는 겁니다. 공부란 어떤 색깔에도 물이 들면 안 돼요. 공부라는 이름의 어떤 색깔에 물이 들면 안 되고, 아무 색깔도 없는 것에 익숙해져야 된단 말이에요.

어찌 보면 그 점이 우리에게는 극복해야 할 과제일 수도 있습니다. 왜냐면 세속에서는 항상 어떤 색깔에 물드는 것을 좋아하거든요. '나는 누구다' 하는 것은 색깔에 물들어 있는 거죠. 반야라고 하는 것은 아무 색깔에도 물이 들지 않는 거예요. 그러니까 '나'라고 하는 색깔이 없는 거죠. '나는 누구다' 하고 내세울 색깔이 전혀 없는 겁니다. 그러니까 허공과 같다고 그러는 거고, '나'라고 할 게 없다는 표현을 할 수가 있는 거죠. 아무것도 가지고 있지 않다, 본래 한 물건도 없다, 하는 말들이 다 여기에 해당이 되는 거예요. '나'라고 할 게 없고 아무 데도 물들지 않고, 자기라는 생각 자체가 일어나지 않아요. '나는 어떤 사람이다' 이런 것은 두 번째고, '나다'라는 단어 자체도 생각되지도 않고 일어나지도 않아요. 머무는 데도 없고, 뭔가를 가지고 있는 것도 아니고, 어떤 색깔에 물이 들어 있는 것도 아니고, 아무 그런 게 없는, 그야말로 대자유라고 하는 거예요. 반야라는 게 이런 겁니다.

아무도 그것을 가로막거나 더럽힐 수 없다…… 아무것에도 물들 수가 없다…… 이것은 물들 수 없는 것이다…… 아상·인상·중생상·수자상 하는 것은 물이 들었다는 뜻입니다. 나는 이런 거다, 사람은 이런 거다, 중생은 이런 거다, 이것은 물들어 있는 거거든요. 물들어 있다는 것은 상(相)을 가지고 있는 것이고, 개념을 가지고 있는 것이고, 견해가 있다는 겁니다. 그래서 이 공부 하는 분들은 평소에 세상일에 대해서도 좀 무관심해야 하고, 특히 이 공부, 마음이라든지 자기 자신에 대해서는 상을 전혀 안 가지고 있어야 합니다. 그래서 어떤 사람들은 "무조건 모르는 상태가 되어야 한다" 이런 말도 하는데, 모르는 상태가 된다는 것은 아무런 상을 가지고 있지 않다는 거죠. 아무런 고정된 상을 가지고 있지 않은 것. 세속 사람들을 보면 나이가 들고 세상 경험이 많은 사람일수록 수많은 상을 가지고 있어서 누구를 만나거나 어떤 일이 생기면 자기가 기존에 가지고 있는 데이터 속에서 '아, 이것은 뭐다' 하고 탁 분별하는 거예요. 그래서 '저 사람은 저런 사람이고, 이 일은 어떤 거고' 하는 게 세속이거든요. 수많은 상을 가지고 있는 거죠. 마치 경찰청에 있는 슈퍼컴퓨터처럼 그 사람 지문만 넣어도 그 사람에게 대한 이력이 다 나오듯이 그런 식으로 상을 가지고 있는 거죠.

그런데 공부하는 입장에서는 그런 것은 바람직하지 않습니다. 왜? 반야라는 것은 고정된 게 아무것도 없거든요. 고정된 상이나 모습이 전혀 없는 겁니다. 아무 그런 게 없는 거예요. 그래서 세속에 대해서는 비록 자기가 그런 상이나 데이터를 가지고 있어서 세속일을 할 때는 그것을 쓴다고 하더라도, 자기 내면에 있어서는, 자기 존재에 있어서는, 자기 삶에 있어서는 절대 그런 데이터가 있어서는 안 되는 거라. 아무것도 없는 거죠. 그냥 (손을 흔들며) 이것! 절대 고정되지 않고 머물러 있지 않는 이것! 이것 하나가 이렇게 분명할 뿐인 거죠. 이것을 반야라고 하는 거예요. 반야는 아무런 상이 없는 거니까요.

무위(無爲)의 영역에 머물러 있으면…… 무위의 반대말은 유위죠. 유위는 분별하고 마음을 내서 상을 만드는 겁니다. 무위는 그런 게 아니고 그냥 '이것!'이죠. 그런 분별을 안 하는 거죠. 출세간법을 무위법이라 하고, 세간법을 유위법이라고 하거든요. 세간법은 자기가 분별을 해서 상을 만드는 거니까 유위법이고, 출세간법은 그런 상을 만들지 않는 거니까 무위법이라고 하는 거죠. 그래서 무위법은 상을 만들지 않으니까 오염되지 않고 물들지 않고 깨끗하고 밝고 분명하고 생생하고 항상 살아 있습니다. 어떤 상에 물들어 있으면 죽은 거라. 아무 상에도 물들지 않아야 실제로 살아 있는 삶인 겁니다. 생각이 어떤 고정관념에 물들어 있으면 죽은 거예요.
어린아이나 나이 든 사람도 그렇잖아요? 어린아이는 새로운 새 생명이라서 아무런 상이 없지만, 나이가 들어 죽음에 가까이 온 사람은 온갖 복잡한 상을 다 가지고 있는 거예요. 정신적으로 그렇게 벌써 죽음에 다가가는 겁니다. 육체는 비록 생로병사 할지라도, 우리 정신은 항상 갓 태어난 어린아이처럼 아무 상이 없을 수 있습니다. 아무 상에 물들지 않고 아무것도 없이 깨끗할 수 있죠.

《노자》에도 그런 말이 나오거든요. "도(道)는 생명 그 자체로서 굉장히 부드럽고, 죽음에 가까워 가면 딱딱하다"라고. 동서고금을 막론하고 이 공부를 해 본 사람은 다 말할 수가 있는 거죠. 이것은 아무런 고정된 게 없어요. 이것이 분명하면 항상 생명의 근원 그 자체로서 활기찬 삶이 되는 것이고, 이것이 분명하지 못하면 상(相)에 오염이 되어 죽어 있는 삶이죠. 도를 물에도 비유하는데, 물도 그렇잖아요? 깨끗한 물은 살아 있는 물이고, 오염 물질이 흘러 들어가서 탁해지면 죽은 물이 되어 버리거든요. 이런 유사한 비유를 얼마든지 들 수가 있는데, 그런 것처럼 아무런 상이 없고 아무 데도 오염됨이 없고 항상 생생하게 살아 있는 거거든요. 그래서 (손을 흔들며) '이것!'이 좋은 거죠.

그래서 자기 자신의 존재라 할까? (손을 흔들며) '이것!' 자체에 대해서는 어떻게도 물드는 것이 없어야 하는 겁니다. 이것이 진짜 분명하면 물들 수가 없어요. 그냥 '이것!'인데 무슨 물이 들어요? 물든다고 하면 밖에서 물감이 들어오는 것이 아니고, 자기의 생각에 물이 드는 겁니다. 그게 물드는 거거든요. '마음은 이런 거다', '도는 이런 거다' 하는 생각에 물드는 거예요. 물듦이 없어야 하므로 제가 항상 "법 하나만 분명하면 되고 다른 건 아무것도 고려할 게 없다"라고 하는 겁니다. 이 법은 바로 '이것!'입니다. 전혀 물들지 않고 아무

분별 없이 생생하고 분명한 것, (손을 흔들며) '이것!' 하나를 가리키
는 거거든요. 이것만 분명하면 돼요. 여기에 대해서 아무런 생각이
나 알음알이는 필요 없는 거라. 그것은 다 이것을 더럽히는 오염 물
질인 겁니다. 이것 하나만 분명하면, 항상 아무 걸림이 없고 장애가
없고, 항상 생생하게 살아 있고, 항상 깨어 있습니다. 여기에 생각이
조금이라도 개입을 하면 물들어서 오염되어 탁해지고 더러워지는
겁니다. 망상이죠.

무위(無爲)의 영역에 머물러 있으면, 모든 현상들은 진실 속으로
녹아들어 가고…… 만법이 이 하나로 돌아간다고 하듯이, 삼라만상
이 전부 여기서 벗어나는 게 없습니다. 어떤 현상이 나타나든지 그
게 장애가 되지 않는다는 말이에요. 아상(我相)과 아만(我慢)은 사라
져 없어질 것이다…… 아상이든 아만이든 '나'라고 하는 것 때문에
생기는 현상들인데, '나'라고 할 게 없어져 버리죠. '나'라고 할 게 있
는 게 아니고 '이것!'이 있을 뿐입니다. "내가 이 법을 안다." 이렇게
하면 절대 안 됩니다. 그러면 여기에 계합을 못한 거라. '나'라는 게
없고, '법'이라는 게 없고, 그냥 '이것!'일 뿐. "내가 법을 안다"라고
하는 것은 습관적으로 물들어 있는 사고방식이거든요. 반드시 그게
조복이 되어야 합니다. 그게 조복이 안 되면 끝까지 이법(二法)에서
못 벗어나요. 불이법(不二法)이 안 됩니다. 내가 있고 법이 있으니,
불이법이 될 수 없는 거예요. 내가 있는 게 아니고 법이 있는 게 아
니고, 그냥 (손가락을 세우며) '이것!' 하나.
  '이것!' 하나가 생생하면 여기에는 아무것도 없으니까 '주관, 객

관', '나다, 법이다' 하는 그런 게 없고, 그냥 '이것!'뿐이거든요. 그냥 '이것!'뿐이다…… '이것!' 하나를 분명하게 해야 해요. "그냥 이것뿐이다." 여기에는 아무것도 없어요. '나'라고 하는 알 수 없는 뭔가가 남아 있다면 반드시 사라져야 하고 모조리 조복이 되어야 해요. 그게 망상이거든요. 모든 망상의 시작은 '나'라고 하는 그 망상으로부터 시작하는 겁니다. 모든 번뇌의 시작도 거기서 시작하는 거고요. 그래서 《유식》에서 변계소집성이라고 해요. 변계소집성을 일으키는 근본이 바로 제7식 말라식이라고 하는데, 그게 '나'라고 하는 망상이거든요.

　하여튼 (법상을 치며) 이겁니다. 이것뿐, 안팎이 없고, 이쪽저쪽이 없고, '나'라고 하는 말도 여기서 하는 말이고, '법'이라는 말도 여기서 하는 말이고, 그냥 (손을 흔들며) 이것뿐! 이렇게 이것이 분명해져야 해요. 그래야만 비로소 자유를 느낄 수 있습니다. '나'라고 하는 것을 짊어지고 다니면 자유로울 수가 없어요. 계속 나와 남을 비교하게 되고, 눈치를 보게 되고, 이처럼 '나'라는 게 있으면 자유로울 수가 없어요. 반드시 '나'라고 하는 오염 물질이 다 정화가 돼서 사라져야 해요. 그러려면 아무것도 따지지 말고 (법상을 치며) 이것뿐! 이것을 확실하게 해야 해요. 그러면 다 정화가 되어 버립니다. 이것을 반야바라밀이라고 하는 거거든요. 다만 이것뿐이다…… 이것이 분명하면 여기에는 정말 아무것도 없어요. 아무 분별되는 것이 없고 그냥 생생하고 확실할 뿐이지, 아무것도 없어요.

　생생하고 확실한 이것을 불광(佛光)이라고 해요. 부처님의 빛이라고 그러죠. 부처님의 빛이 모든 것을 비추어서 삼라만상의 차별이 싹 다 사라진다고 경전에서 말하잖아요? 이게 반야바라밀의 힘이란 말이에요. (법상을 치며) 이것뿐! 여기서 분명하면 아무것도 없어요. 그냥 '이것!'뿐인 거죠. 이 힘으로 번뇌망상을 모두 청소하고 정화하고 세탁할 수 있는 겁니다. 그래서 자꾸 "이것뿐이다" 하고 이것만 가리켜 드리는 거예요. 모든 비결이 여기에 다 있기 때문에……. 하여튼 이것이 분명해져야 해요. "이것뿐!" 여기에 온 우주가 온 세상이 다 살아 있고, 이 힘으로 우주가 나타난다고 할 수가 있습니다. 하여튼 '이것!'뿐입니다. 여기에서 어긋나게 되면 '나'라는 게 생기고 머리가 돌아가기 시작하고 장난을 칩니다. 그러니까 "이것뿐!" 이 힘을 반드시 얻어야 합니다. 이것을 금강보검이라고 하는 것이고 금강저라고 하는 겁니다. 다이아몬드는 이것을 가리키는 거죠. "이것뿐이다." 이 힘을 가지면 이것은 정화 물질이에요. 물질은 아니지만 하여튼 여기서 모든 게 다 없어져 버리고, 모든 게 사라져 버리고, 이것 하나만 분명한 겁니다.

그래서 선사들이 이것을 가르쳐 주려고 온갖 방편을 다 쓴 겁니다. 이것을 자기 살림살이라고도 하죠. 하여튼 이것이 분명함으로 해서 모든 번뇌망상은 여기서 다 사라져 버리고 맥을 못 추는 겁니다. 이게 분명하고 확실해야 합니다. 이 힘을 확실하게 얻어야 이 힘을 가지고 자기를 조복시킬 수가 있어요. 그 망상하는 버릇을 조복시킬 수가 있죠. 그리되면 "쉬어라", "어떻게 해라" 이런 말은 필요가 없어요. "이것뿐!"이면 모든 게 다 끝이 나고 아무 일이 없기 때문에. 이것을 견성이라고 하는 것이고, 이름을 그렇게 방편으로 붙이는 겁니다. "이것뿐!"이면 아무것도 할 일이 없어요. 여기에는 아무것도 없으니까요. '이것!' 하나가 확실해져야 하는 겁니다. 확실하고 뚜렷하면 온 우주가 여기서 나타나죠. 바로 지금 (손을 흔들며) '이것!'이 확실하죠? 이것은 불확실할 수가 없는 거예요. 이것이 분명해져야 하는 거죠.

'뚜렷하다' 하는 것은 (손을 흔들며) '이것!'을 가리키는 거거든요. 보고 듣고 분별하여 뚜렷하다는 말이 아니에요. 그것을 오해하면 안 되죠. 눈에 뚜렷하게 보이느냐? 귀에 뚜렷하게 들리느냐? 몸으로 뚜렷하게 느끼느냐? 그런 뜻이 아니거든요. (법상을 치며) '이것!'이 법이 이렇게 뚜렷해서 모든 것이 다 사라져 버리고, 아무 일이 없고, '이것!'만 생생한 '이것!'을 뚜렷하다고 하는 거죠. 이것이 선(禪)입니다. 이것을 얻지 못하면 아무리 앞뒤가 딱딱 맞는 말을 그럴듯하게 해 봤자 생명력이 없어요. 진실함이 없어요. 이치만 딱딱 맞을 뿐 아무 힘이 없습니다. (손을 흔들며) 이것이 분명해야 한다니까요. (법상을 치며) '이것!'이 딱 분명해야 해요. 그러면 아무 일이 없으면서 분명한 거죠. 선(禪)은 이런 힘을 얻어야 하는 거예요.

딱! 딱! 딱! (죽비 소리)

21
마침내 마음은 바다처럼

마하무드라의 노래 21번 게송입니다.

> 최고의 지식은 이것이니 저것이니 하는 모든 분별을 넘어서 있다.
> 최고의 행위는 모든 것을 애착 없이 껴안고 있다.
> 최고의 성취는 바라는 바 없이 보편적 진리를 깨닫는 것이다.
> 처음에 수행자는 자기 마음이 폭포수처럼 세차게 흐름을 본다.
> 공부가 진행되면 마음은 갠지스 강처럼 부드럽고 천천히 흐른다.
> 마침내 마음은 큰 바다와 같이 되고,
> 그곳에서 아들과 어머니는 하나가 된다.

최고의 지식은 이것이니 저것이니 하는 모든 분별을 넘어서 있다…… 이것은 지식이라고 이름을 붙일 수가 없는데, 어쨌든 표현을 그렇게 했습니다. 이것이니 저것이니 분별을 다 넘어서 있는 거라면 지식으로 아는 게 아니고 그냥 (손을 흔들며) '이것!'을 가리키는 것이죠. '이것!'은 지식으로 아는 거와 관계없죠. 그냥 언제든지 이렇게 있을 뿐이고, 어떻게 손을 댈 수 없이 항상 이 자리고 '이것!'이니까. 여기에 대해서는 알 수 있는 것이 없고, 입을 열어서 말을 하게 되면 전부 방편이라는 임기응변이 되는 겁니다. 방편이라면 아픈 사람에게 약을 쓴다는 용도나 쓸모에 따른 하나의 임기응변이지, 실질적으로 '이런 법이 있다' 이렇게 말할 수는 없죠. 왜냐하면 이것이 온 우주 온 세계의 근본 바탕인데, 근본 바탕 위에서 이러쿵저러쿵 하는 말이 나오는 거지, 근본 바탕 자체에 대해서는 생각할 수도 말할 수도 없는 겁니다.

마치 땅에서 여러 가지 풀이 자라고 꽃이 자라고 나무가 자라고 곡식이 자라니까 '어떤 풀이냐, 어떤 곡식이냐, 어떤 나무냐' 하고 말할 뿐, 땅이야 어디를 가든지 다 똑같으므로 땅에 대해서는 말할 필요가 없는 것과 같아요. 이것 자체는 그냥 (손을 흔들며) '이것!'이죠. '이것!'에 대해서는 할 말이 없는 거죠. '이것!'에 대해서 말하면 쓸데없는 소리가 되는 거죠. 어떤 말도 쓸데없는 소리인 (손을 흔들며) 이것! '이것!'에 대한 감각이랄까, 아니면 이 자리에 발을 딛고 있다 할까, 여기에 안정이 되었다 할까, 이것이 확실해져야 하는 거고, 딴 것은 없습니다. 이것이 확실하면 "모든 분별을 넘어서 있다" 하는 말을 알 수 있는 거죠. '이것!' 이외에는 다 분별되는 겁니다. '이것!' 외에는 다 분별하는 것이지만, '이것!'은 분별할 수 있는 것이 아니거든요.

그러니까 분별을 넘어선 자리, 여기 이 자리, '이것!'이 마음공부의 본질입니다. 분별을 해서 '이런 게 있다' 하는 것은 생각이고, 본질적인 것은 말할 수도 없고 분별할 수도 없습니다. 그렇지만 늘 있는 것이고, 그냥 (손을 흔들며) '이것!'이죠. 결국 "이렇게 있잖아?" "이렇게 살아 있잖아?" 억지로 이렇게 말할 수 있을까요? 그런데 "살아 있다" 하면 또 '아, 살아 있는 것이로구나' 하고 생각을 해 버리니까 사실은 안 맞는 겁니다. 그러므로 뭐라고 말할 수가 없는 거예요. 그래서 억지로 (손을 흔들며) "이것이다." 이렇게 하는 겁니다. 하여튼 '이것!'만 분명하면 돼요. 그러면 아무 문제가 없는 겁니다. 이것은 그야말로 허공처럼 생멸하는 게 아니고, 이리저리 흔들리는 게 아니고, 완전히 안정이 되어 있는 것이기 때문에, 이 자리만 분명하면 항상 아무 일이 없죠.

우리는 '이것!'은 잊어버리고, 이 위에서 일어나는 온갖 일들, 생멸법이라고 하는 건데, 느낌, 생각, 감정, 기분 등에 휩쓸려 있으니까 언제나 허망한 망상 속에서 살죠. 그러니까 뭔지 모르지만 늘 불안하고, 뭔지 모르지만 다른 무엇이 있는 것 같고, 뭔가 부족한 것 같고, 늘 갈증을 느낄 수밖에 없어요. 물고기가 물속에 있으면 갈증이 일어날 일이 없지만 물 밖에 있으면 갈증이 일어나듯이, 이 속에 있으면, 이 자리에 있으면 아무런 불만족이나 부족함을 못 느끼거든요. 아무 문제가 없어요. 그러니까 '여기 (손을 흔들며) 이 속에 있느냐? 아니면 이것을 잊어버리고 또 경계를 좇아다니고 있느냐?' 이 공부는 결국 그 문제일 뿐입니다. 그 문제뿐이에요. 다른 것은 없어요. '이 속에 있다.' 여기에 확실히 발을 딛지 못하면, 허망한 망상 속에서 뭔가 진실을 찾아 헤매는 그런 짓을 할 수밖에 없죠. 그것은 꿈속에서 보물을 찾는 사람하고 똑같아요. 꿈속에서 보물을 찾을 수도 있겠지만, 어떤 보물을 찾아도 꿈일 뿐입니다. 그런 어리석은 일을 하는 겁니다. 그것은 여기에 발을 딛지 못했기 때문에 그런 겁니다.

공부하는 사람들 가운데에는 자기만이 아는 비밀이 있는 것처럼 말하는 사람들이 있는데, 바로 꿈속에서 보물 찾는 사람이에요. 자기도 모르니까 착각을 하는 거예요. 실질적으로 이 자리에 딱 자리가 잡히면 아무 할 말이 없어요. 아무런 특별한 게 없고 아무 일이 없죠. 아무 구속감을 못 느끼니까 헐떡거림이라는 게 없어요. 중생의 삶이라는 게 항상 헐떡거리면서 뭘 찾는 삶이거든요. 뭔가 항상 부족한 것 같고, 그게 중생의 삶이죠.

그런데 여기에 딱 자리가 잡히면 그런 현상이 싹 없어져 버려요. 그러니까 아무 일이 없고 가볍죠. 어떤 즐거운 감정을 좇아다니지도 않고, '난 법을 안다' 하는 생각은 추호도 없는 거죠. 그런 생각은 눈곱만큼도 없습니다. 딱 안정이 돼서 아무 일이 없죠. (손을 흔들며) '이것!'입니다. '이 자리에 있느냐? 아니면 여기서 벗어나서 뭔가 갈증을 느끼느냐?' 이 자리에서는 갈증을 못 느낍니다. 어떠한 갈증도 느낄 수가 없어요. 결국 공부라는 것은 이것뿐입니다. '정말 자리가 제대로 잡혀 안정이 되어 있느냐? 아니면 헐떡거리면서 뭘 찾느냐?' 자기 공부를 돌이켜볼 때 그런 것을 보셔야 합니다.

최고의 지식은…… 표현은 이렇지만, 여기에 대해서는 말할 수 없는 것이기 때문에 올바른 표현이 없어 억지로 하는 말들입니다. 영어로는 'Supreme understanding'인데 '최고의 이해'라고 하죠. 번

292

역은 '최고의 지식'이라 했지만, 이것은 이해도 아니고 지식도 아니고, 머리로 알 수 있는 것은 없어요. 이해하는 게 아니에요. 이해라고 하면 완전히 엉터리가 되고 어긋나는 겁니다. 그냥 아무 일이 없는 거예요. 이런 방편의 말도 잘 선택해서 써야 하는데, 이것을 '지극한 이해다', '최고의 지식이다' 이런 식으로 표현한 것은 좋지 못한 표현입니다. 절대로 이해가 아닙니다. 어떠한 이해도 아니고, 존재 자체가 아주 밑바닥 근본자리에 딱 자리를 잡는 것이지, 머리로 이해하는 게 아니란 말이에요. 그것을 착각하면 안 되는 겁니다. 그런 사람들이 있거든요. '그러니까 결국 그것을 알아야 될 것 아니냐?'라고 착각하는 거죠. 꿈속에서 꿈을 깨는 경험이 없는 사람들이에요. 꿈속에서 올바른 도리나 이치를 알아서 '이것이 가장 알맞은 것이다'라고 하더라도 꿈을 못 벗어난 겁니다. 그러니까 그런 것을 매우 조심하셔야 합니다. 내가 이해할 때는 '이것이 가장 맞는 말이다', '가장 맞는 이치다' 이런 식의 유혹을 많이 느끼거든요. 그것은 전부 망상입니다. 아무 이해할 것이 없고, 아무 도리가 없어요.

최고의 지식은 이것이니 저것이니…… 지식이라는 말은 방편으로 한 말이니까 내버려두고, 의미를 따라갈 필요가 없습니다. 최고의 지식은 이것이니 저것이니 하는 모든 분별을 넘어서 있다…… 분별을 넘어선 자리는 (손을 흔들며) 이 자리밖에 없습니다. 이것뿐입니다. 이것은 분별을 넘어서 있기 때문에 머리로 이해하는 게 아니라, 마음의 눈이 열려서 통해야 한다고 표현하기도 하는데, '이것!'은 사실 뭐라고 표현할 수가 없습니다. 스스로 직접 이 자리에 통해서 경험을 해 보는 수밖에 없는 거죠.

최고의 행위는 모든 것을 애착 없이 껴안고 있다…… 버리지도 않고 취하지도 않습니다. '껴안고 있다'는 것은 품고 있다는 거죠. 버리지도 않고 취하지도 않고, 애착 없이 품고 있다고 하잖아요? 애착이 없다는 것은 억지로 껴안고 있는 게 아니라는 거죠. 그렇다고 뭘 버리는 것도 아니고. 이 자리에 통해 있으면 취사선택하지 않습니다. 취사선택하는 게 전혀 없습니다. 모든 게 다 똑같아요. 그냥 하고 싶은 대로 하는 거예요. 인연 따라서 응하는 거고 하고 싶은 대로 하는데도, 늘 이쪽저쪽이 없어요. 양쪽이 없으니까 취사선택할 일이 없는 거예요. 반드시 그렇게 되어야 합니다. 양쪽이 있으면 아직 계합이라는 게 뭔지를 모르는 거예요. 아직 경험이 안 된 겁니다. 제대로 계합을 하면 양쪽이 없어요. 그냥 뭐든지 하는데 항상 아무 일이 없어요. '아무 일이 없다'라는 결론을 말하는 게 아닙니다. '있고, 없고' 하는 양쪽이 없어요. 그러니까 뭐든지 다 있고, 뭐든지 다 하고, 버릴 것도 없고, 그냥 하는데도, 항상 아무것도 없어요. 그러니까 '있다', '없다'라고 하는 것이 양쪽의 일이 아니에요. 똑같은 하나의 일입니다.

세상에 어떤 일이 있느냐 없느냐, 그런 판단을 하지 않아요. 이 세계의 실상을 보는 눈이라고 하는 것은 뭐가 있느냐 없느냐는 그런 판단을 하지 않고 이 세상을 보는 것이고, 그때 제대로 보는 겁니다. 그러니까 어떤 일이 허망한 것이다, 없는 것이다, 헛된 것이다, 진실한 것이다, 이런 식으로 세상을 보는 것은, 방편으로는 그렇게 말을 할 수 있지만, 실제로 자기가 그런 견해를 가지고 있다면 그것은 잘못된 겁니다. 그것은 이법(二法)에서 아직 못 벗어난 거예요. 여기에는 허망함과 진실함이라는 게 없습니다. 방편으로는, 뭔가에 진실하다고 집착하는 사람에게는 허망하다고 말해 주는 것이고, 모든 게 꿈과 같이 허망하다는 견해를 가진 사람에게는 진실함도 있다고 말을 해 주는 거예요. 방편으로 하는 소리지 실제로는 허망함과 진실함이라는 양면이 있지 않습니다. 양쪽이 있지 않고 그냥 하나예요. 하나기 때문에 "만법이 평등하다"는 말도 하는 건데, 하여튼 (손을 흔들며) '이것!' 하나입니다.

그러니까 이게 그런 표현이라고 보여요. 모든 것을 껴안고 있는데 애착이 없다…… 다 수용하고 품고 있는데 전혀 애착이 없으니까 전혀 아무것도 안 가지고 있는 거와 똑같다는 표현 같아요. 최고의 행위는 모든 것을 애착 없이 껴안고 있다…… 그렇기 때문에 어떤 기준이라는 게 없어요. 정법, 바른 법, 여법함이라는 어떤 그런 기준선이라는 게 없습니다. 둘이 없는데 어디에 기준을 둘 겁니까? 그런 기준은 없어요. 병이라는 것은 항상 양쪽을 나누고 거기서 바르고 틀리고를 따지는 게 병이고 망상이거든요. 바른 법에 통달이 되면 양쪽이 없기 때문에 기준선이라는 것은 없습니다. 불이중도(不二中道)라는 것은 중도라는 그런 어떤 지점이 없다 이겁니다. 정해진 지점이 없어요. 만법이 평등할 때, 이쪽저쪽이 없을 때, 그게 중도예요. 그러니까 (법상을 치며) 여기는 중도인데, 여기를 벗어나면 중도가 아니다, 이런 식의 판단이 선다면 완전히 엉터리예요. 그것은 분별 속에서 중도를 따로 찾는 거니까 그렇게 해서는 안 되죠.

불이중도라고 말할 수 있는 게 바로 이겁니다. 모든 것을 다 품고 있는데 전혀 애착이 없다, 이런 표현인데 나름 잘 표현을 한 겁니다.

말하자면 취사선택함이 없다, 양쪽이 없다, 이 말입니다. 실질적으로 이 법에 제대로 계합이 된 입장에서는 이쪽저쪽이 없어요. 여법함과 여법하지 못함, 이런 게 없습니다. 아무 일이 없죠. 그런데 양쪽이 있는 일이 생기면 그것은 양쪽이 있어서 그런 게 아니고, 자기가 그런 망상을 하고 있는 거거든요. 자기 스스로가 분별을 일으켜서 거기에 끄달리는 거죠. 그것은 병이죠. 건강해지면 양쪽이 없는 겁니다.

최고의 성취는 바라는 바 없이 보편적 진리를 깨닫는 것이다……
바라는 바가 없다는 것은 뭡니까? 의도적이지 않은, 말하자면 무위법이란 말이에요. 아무런 의도함 없이 진실이 항상 이렇게 밝게 드러나 있다, 이런 말이거든요. 그렇죠? (손을 흔들며) '이것!'은 내가 의도적으로 방향을 잡고 "이것이다" 하고 있을 때는 아직 제대로 계합한 게 아니에요. 아무런 의도 없이 아무런 방향을 잡지 않고 가만히 있으면 그냥 이 자리예요. 그런 표현이 있잖아요? "찾으면 없는데, 찾지 않으면 눈앞에 있다"는 게 딱 이 표현이거든요. 찾는다는 것은 의도한다는 거고, 방향을 잡는다는 거거든요. 그러면 없어요. "찾지 않으면 항상 눈앞에 있다." 이것은 자기 공부를 한번 테스트해 보는 그런 구절입니다. 자기가 법을 찾으면 법이 있는데 안 찾으면 없다, 이러면 공부가 잘못된 거예요. 반대가 되어야 해요. 법을 찾으려 하면 이것은 내가 의도하는 거고 의식하는 거고, 아무 생각 없이 그냥 지내면 늘 변함없는 자리가 알게 모르게 항상 자리가 잡혀 있는 것 같고, 이러면 이 자리에 자기가 어느 정도 발을 딛고 있다고 볼 수 있거든요. 그런 것들이 우리가 자기 공부를 시험해 볼 수 있는 하나의 시금석이라 하나, 리트머스 시험지라 할까, 그런 부분이 있는 겁니다.

최고의 성취는 바라는 바 없이 보편적 진리를 깨닫는 것이다······ 보편적 진리가 의도함이 없이 이렇게 항상 드러나 있는 것이다······ 이 자리라는 것은 저절로 지금 이 순간, 이 세계가 서 있는 바탕이라고 할까? 그렇게 항상 딱 고정되어 변함이 없거든요. 세상의 모든 일은 이 바탕 위에서 다 일어나고 있고, (손을 흔들며) '이것!'은 항상 변함없이 딱 고정되어 있죠. '이것!'은 어떻게 될 수가 없는, 손댈 수가 없는 그런 근본바탕으로서 항상 있는 거죠. "근본으로 돌아간다" 하는 표현도 이렇기 때문에 할 수 있는 겁니다. 근본으로 돌아간다는 표현이 가능한 이유는 다른 것은 다 생겨나고 사라지는데, '이것!'은 그게 아니란 말이에요. 그러니까 이것을 근본이라 하는 거죠. 이것은 생겨날 수도 없고 사라질 수도 없고, 항상 아무 일이 없고 항상 변함이 없죠. 아무 일이 없기 때문에 '고요하다'고도 하고, 그러면서도 모든 것의 근본바탕이 되는 겁니다. 어쨌든 '이것!'이 분명해져야 하고 '이것!'이 확실해져야 하는 겁니다. 결국에는 (손을 흔들며) '이것!'밖에 없어요.

느낀다, 안다, 본다, 듣는다는 것은 생멸법입니다. 그 순간에는 그런 것 같은데 지나고 나면 사라져 버리니까 생멸법이에요. 그것은 믿을 수 없습니다. 그러니까 우리가 의식적으로 보고 있다, 알고 있다, 느끼고 있다 하는 것은 하나도 믿을 게 없습니다. 전부 생멸법이고 허망한 겁니다. 그런데 (법상을 치며) 이것은 전혀 그런 게 아니거든요. 보고, 듣고, 느끼고, 아는 일이 있든 없든 아무 상관이 없는 거니까요. 이것이 확실해져야 비로소 어떻게 물결이 일더라도 결코 달라짐이 없는 근본이 딱 안정이 된다 할까요? 그렇게 되는 거죠.

제가 지금까지 공부를 해 오면서 여러 가지 경험을 많이 했죠. 그런 경험들은 결국 어떤 것들이냐 하면, 처음에 경험했을 때는 모든 게 불확실해요. 알 수가 없습니다. 불확실하고 여러 가지 종류의 느낌들이 있기 때문에 알 수가 없죠. 우리는 경험 뒤에 공부를 해 가면서 자기의 경험을 확실하게 하려고 합니다. 그런데 무엇에 의지를 하느냐 하면, 전부 경전이나 조사의 말씀에 의지를 하려고 해요. 과거 분들의 공부를 참고로 삼아서 내 공부를 확립해 나가는 거죠. 그분들의 말씀이 남아 있는 거잖아요? 그 말들을 보고서 어떤 것이 소화가 되고 공감이 되면 '아, 나도 그렇다' 하고, 공감이 안 되는 부분은 '아, 내가 아직 이게 안 되는구나' 하고, 또 시간이 지나면서 소화가 되면 '이제는 되는구나' 하고 이런 식이거든요. 그래서 불교의 교리라든지 조사의 여러 가지 공안이라든지 이런 것을 소화를 시키는 세월인데, 그런데 죽 소화를 시켜 놓고 보면 그런 것들은 전부 다 방편의 말들이에요. 하나도 진실한 게 없어요.

결국 마지막 진실함이라는 것은 우리가 이해할 수 없고, 손댈 수 없고, 어떻게 할 수 없지만 항상 있는 근본바탕입니다. 보통 사람들은 생각이 활동을 하고 있기 때문에, 늘 그 자리에 있으면서도 불구하고, 이것에 대해서는 모르죠. 뭐랄까? 이것은 본래 있는 거니까 애초에 이것에 관심을 안 가지는 것 같기도 해요. 그런데 지나고 보면 경전의 말씀이나 조사의 말씀이나, 여러 가지 도리가 어떻고, 공부 과정에서 병과 치료가 어떻고 하는 온갖 방편들은 결국 허망한 것으로 끝이 나 버리고, 결국 남는 것은 근본바탕인 (법상을 치며) '이 것!'밖에 없어요. 그런 식으로 공부가 되어 가는 거죠. 우리는 구경의 깨달음이다, 무상정등각이다, 해서 굉장한 진리가 있는 것처럼 탐구를 하기도 하지만, 결국 방편의 말이거든요. 하나도 진실한 게 없습니다. 결국 진실한 것은 본래 있는 것, (손을 흔들며) '이것!'이에요. 원래부터 있고, 어떻게도 손을 댈 수가 없고, 항상 변함없이 있는 것, '이것!'밖에 없는 거예요. 근본적으로 '이것!' 하나만 진실한 거죠.

불교의 교리, 조사의 말씀을 보고서 '아, 보니까 대충 알겠다' 하면 넘어가는 거잖아요? 그런 말씀에 무슨 진리가 있는 것은 아니에요. 진리라는 것은 원래부터 우리가 공부하기 이전부터 갖추고 있는 것이고, 항상 갖추고 있어서 절대 변하지 않는 근본바탕, (손가락을 세우며) '이것!' 하나인 거죠. 결론은 딱 '이곳!'으로 돌아오는 겁니다. '원래 이것밖에 없다'라는 거죠. '이것!'만 분명하면 나머지 세상일이라는 것은 어떻게 살아도 그야말로 물결처럼, 온갖 물결이 일어나지만 다 지나가는 것처럼 지나가죠. 세상일에는 진실함이 있고 허망함이 있고 좋은 게 있고 나쁜 게 있지만, 변함없는 것은 항상 (법상을 치며) 이 일 하나거든요. 이 일 하나. 하여튼 시간이 죽 지나면서 결국은 "이것뿐이구나" 하는 게 자명해지죠. 그러나 이것은 말을 할 수가 없습니다. 항상 늘 있는 것이 있을 뿐이다, 늘 있는 것이 지금도 있고 항상 있을 뿐이다, 억지로 그런 말을 할 수가 있겠죠.

보편적 진리, 보편적 진리라는 건 바로 '이것!'을 가리키는 거죠. 보편적이라는 게 뭡니까? 때와 장소를 불문하고 변함이 없다는 거죠. 보편성이라는 것도 물론 방편으로 하는 말이지만. 우리가 보고 · 듣고 · 느끼고 · 알고, 감정 · 욕망 · 생각 · 느낌 · 색깔 · 소리 같은 것들은 전부 순간 지나가는 헛것들입니다. 근본적으로 진실은 오는 것도 아니고 가는 것도 아닌, (손가락을 세우며) '이것!'밖에 없습니다. 이것이 점차 뚜렷해지고 이것이 확실해지고 여기서 힘을 얻고, 시간이 지나면서 모든 근본 바탕이 이것이다, 모든 것은 여기서 말미암는다, 하는 게 좀 더 확실해지는 거죠. '이것!' 자체는 사실은 모든 사람이 다 갖추고 있는 것이고, 우리는 여기에 뿌리를 박고 살고 있는 겁니다. 여기에 발을 딛고 사는 겁니다.

비유를 하자면 이렇게 말을 할 수도 있겠죠. 보물을 찾아 길을 떠나서 산에도 가 보고 숲에도 가 보고 온 곳을 다 돌아다녀 봤는데 모두 다 취하고 버리고 왔다 가는 헛것이고, 결국은 오지도 않고 가지는 않는 마지막 보물이 하나 남아 있다면 (손을 흔들며) '이것!'을 가리키는 거죠. 본래부터 가지고 있었고 올 수도 없고 갈 수도 없는 것, '이것!' 하나죠. 이렇게 말할 수가 있습니다. 공부를 처음 시작할 때는 이것을 모르죠. 그래서 자꾸 밖을 향해서 찾는 거죠. 찾고 찾다 보니까 찾아서 얻는 것은 헛것이더라 하는 것을 깨닫게 되고, 원래 있는 이것이야말로 진짜 보물이다. 이런 결론이 나온다 할까? 이렇게 말할 수도 있습니다. 원래 있는 이것을 모르고 있다가 이것을 깨

300

달아서 확실하게 안다 할까, 분명해진다 할까, 이렇게 말할 수 있는 거죠.

그런데 우리는 희한하게도 자기한테 본래부터 있는 것은 귀하게 여기질 않아요. 속성이 그렇게 되어 있어요. 남의 떡이 커 보인다고 밖으로 다른 것을 찾아 다녀요. 누가 시켜서 그런 게 아니고 날 때부터 누구나 그런 성향을 가지고 있어요. 그래 가지고 이리저리 헤매고 다니다가 결국 마지막에 '아, 밖에서 찾을 건 없구나, 원래 가지고 있는 이것이 가장 소중한 거구나' 하게 돼요. 결국 사실은 원래 있고 항상 있어서 소중한 줄 모르는 것, 그게 어리석음인 것 같아요. 늘 변함없이 있는 '이것!'을 소중하게 여기질 않아요. '이것!'에는 신경도 안 쓰고, 뭔가 자기한테 없는 것만 찾아서 헤매 다녀요. 왜 그런지 모르지만 누구나 그러고 있는 것 같아요. 그렇게 살다가 결국 '아, 다 쓸데없는 거다' 하고, 원래 있는 '이것!'이 가장 소중한 것이고 가장 근본이라는 것을 깨닫죠. 결국 여기로 돌아와야 구원이라는 게 가능한 겁니다. 깨달으면 욕심이 없어진다고 하는데, 욕심도 결국 본래부터 가지고 있는 '이것!'이 가장 근본이고 가장 소중한 것이고, '이것!' 외에 다른 것들은 다 허망하다는 것을 자기가 한 번 깨달아야 진짜 욕심이 다 사라지죠. 그러지 않으면 안 되죠. 계속 뭔가 찾고 싶은데 욕심이 사라지질 않죠.

처음에 수행자는 자기 마음이 폭포수처럼 세차게 흐름을 본다…… 이것이 무슨 뜻입니까? 뭔가를 막 찾아서 헤맨다는 말이에요. 처음에 공부할 때에는 뭘 찾아서 헤맬 수밖에 없어요. 그러나 저의 경험을 돌이켜 보면, 공부를 하고 아직 체험이 뭔지를 모를 때에도 밖으로 찾아 헤매지는 않았던 것 같아요. 깨달음이라는 것은 자기 본성을 찾는다는 것인데, 본성은 원래부터 내가 가지고 있는 것 아니냐? 내가 항상 가지고 있는데도 그것을 확인하지 못하고 있기 때문에 이렇게 항상 목이 마르고 힘든 것 아닌가? 막연하지만 그런 생각이 들더라고요. 왜냐면 어쨌든 '이것!'을 표현하기를 본성이니 마음이니 하고 표현하잖아요? 그러면 마음이나 본성은 내가 가지고 있는 거죠. 그러니까 처음에 부처, 깨달음, 정등각, 진여, 불성, 중도, 불이, 이러니까 나한테 없는 것 같은 느낌이 드는데, '마음', '본성' 이러면 나한테 있는 거잖아요. 말 자체가 그렇잖아요?

그러니까 선에서 본성이나 마음이라는 말을 부처라는 말 대신에 쓰는 것은 굉장히 잘한 겁니다. 방편으로 굉장히 잘한 거죠. 왜냐면 '불성' 이러면 뭔가 나한테는 없는 부처에게만 있는 것 같은 착각을 일으킨단 말이에요. 그러니까 그건 좋은 방편이 아니에요. 그런데 '마음', '본성' 이러면 나한테 있는 거잖아요. 일단은 안심이 되잖아요? 내가 가지고 있는 것이니까 언젠가는 이것은 내가 반드시 확인할 수 있다 하는 그런 희망도 생기고 안심도 되고 느긋해질 수가 있습니다. 본래 나한테 있는 거고 도망가지 않는 거니까 관심을 가지고 공부를 하다 보면 언젠가는 확인할 때가 있겠지, 하고 느긋해집니다. 공부는 느긋해져야 해요. 조급증을 내서 하는 것은 좋지 않습니다. 좀 느긋하게 하는 게 좋습니다. 느긋하게 되는 것은 마음이니 본성이니 이런 말을 들으니까 가능한 거예요. 나한테 언제나 있는 거니까요.

그런데 불성, 진여, 중도불이, 이러면 나한테 없는 것 같은 느낌이 들고, 뭔가 열심히 노력해야 할 것 같은, 그런 느낌이 들 수 있거든요. 사실은 열심히 할 게 없습니다. 열심히 부지런히 한순간도 게으름 부리지 않고 그렇게 한다면 그것은 유위법이 되어서 모두 조작이 됩니다. 그렇게 공부하는 분위기가 우리 교단에 형성되어 있는 것은 불행한 일이에요. 물론 스님들에게는 명색이 출가 수행자인데 빨리 공부해야 한다는 부담감이 있겠죠. 그럼 열심히 해야죠. 오히려 그런 부담감이 공부에 방해가 되는 겁니다. 그러니까 어떤 길을 어디로 가야 할지도 모르면서 무조건 열심히 뛰는 거예요. 잠도 자지 않고, 말도 하지 않고, 앉아서 눕지도 않고, 죽자 사자 애를 쓰죠. 지금 그런 현상이에요. 안내자가 있어서 이끄는 대로 따라가면, 열심히 뛸 필요 없이 느긋하게 슬슬 걸어도 갈 수 있는 길인데, 안내자도 없고 어디로 가야 될지도 모르는 입장에서는 오로지 열심히 해야 되겠다는 부담만 있으니 열심히 뛰는 거예요. 이런 식으로 수행하는 것은 불행한 일이죠. 이 공부는 열심히 할 것이 아니라, 좋은 안내자를 만나서 안심하고 따라가다 보면 저절로 되는 그런 공부입니다. 힘든 공부가 아니죠.

처음에 수행자는 자기 마음이 폭포수처럼 세차게 흐름을 본다…… 막 뭔가를 찾아서 헤매는 것을 보는데, 공부가 진행되면 마음은 갠지스 강처럼 부드럽고 천천히 흐른다…… 느긋해진단 말이에요. 애를 쓰지도 않고 노력하지도 않고 저절로 공부가 되지요. 물론 '이것!'을 경험하여 맛을 봐야 그렇게 저절로 되는 거지요. 사실

303

아직 맛을 보기 전에는 노력을 하려고 해도 어떻게 할지를 모르니까, 길이 어딘지를 모르니까, 뛸 수도 없어요. 어디로 갈지도 모르고 어정쩡하고 당황스러운 상황인데, 그냥 가르침을 믿고 계속 귀를 기울일 수밖에 없는 거죠. 그래도 마음은 갑갑하죠. 뭔지 모르지만 항상 그리워하고만 있을 뿐, 만나지는 못하는 그런 상황이니까, 아무래도 마음에 그런 갈증이 있죠.

그런데 (법상을 치며) 이것을 한 번 경험하게 되면 '아, 이 길이구나' 하고 느긋해지기도 하고, 일단 안심이 되죠. 느긋해지기도 하지만 어떤 점이 있느냐 하면 '이 길인데 내가 아직 서툴다' 또 '이 길에 대해서 아직 확실하게 내 것을 만들지 못했다' 하는 그런 점이 있기 때문에, 약간의 조급증도 있기는 있습니다. 익숙해져서 완전히 이 자리에 밝아져야 된다는 그런 부담감이 있으니까 그런 정도의 조급증은 있지만, 느긋하게 하는 게 좋아요. 왜냐면 조급하게 한다고 공부가 빨리 진행되는 건 아니거든요. 이 공부는, (법상을 치며) 이 자리를 경험한 것은 마치 어린애가 태어나거나 나무에 싹이 나오는 거와 같습니다. 그 싹이 자라서 큰 나무가 되고 어린애가 자라서 어른이 되는 것은 때가 되어야 해요. 욕심낸다고 되는 게 아니에요. 시간이 필요하고 때가 되어야 하는 거죠. 싹이 나왔다고 빨리 자라라고 거름 주고 물주고 하더라도 결국은 자기의 DNA대로 자라요. 약간의 차이는 있을 수가 있겠지만 큰 차이는 없습니다.

늘 이 공부에 마음이 있고 '이 자리에 좀 더 확실해져야 되겠다' 하는 그런 바람만 마음속에 있으면 저절로 되는 거죠. 그런데 아직 뿌리가 제대로 내리질 못하고 틈이 있고 계합이 제대로 정밀하게 되지 못한 입장에서는, 머리로는 이것이 뭔지 모르겠지만 속에서는 항상 뭔지 모르지만 뭔가 부족함이 있는 그런 느낌이 들 수밖에 없어요. 그러니까 이것은 마음으로 하는 공부지 머리로 하는 공부는 아니에요. 마치 몸에 상처가 났다가 겉으로는 멀쩡하게 아물었는데 뭔지 모르지만 개운하지 않으면, 안에는 아직 제대로 아물지 않은 뭐가 있다는 거거든요. 그런 식으로 자기 마음속에 그런 것들이 항상 있습니다. 시간이 필요해요. 시간이 필요한데 시행착오도 많이 겪습니다. 이것인가 싶어서 이래도 해 보고, 저것인가 싶어서 저래도 해 보는데, 하다 보면 이게 아닌 것 같고, 그런 식으로 시행착오를 겪고 겪다 보면 결국 이 근본, (손을 흔들며) '이것!'이 마지막에 남아 있는 거예요.

이것을 《대혜어록》에 보면 대혜 스님이 뭐라고 비유를 하고 있느냐 하면, 전단나무라는 향나무에 비유를 합니다. 전단나무라는 본질을 찾기 위해서, 잎이 본질인 줄 알았다가 잎을 버리고, 가지가 본질인 줄 알았다가 가지도 버리고, 줄기도 버리고, 뿌리도 버리고, 전단나무에 달려 있는 모든 것을 다 버리고 나니까 결국 전단나무의 본질 하나가 남더라는, 이런 식으로 말을 하거든요. 이 비유가 그럴듯합니다. 우리는 결국 마음이라는 게, 본성이라는 게, 깨달음이라는 게 이것인가? 저것인가? 하고 자꾸 찾아요. 그런데 찾아보니까 이것이 아닌 것 같아요. 금방 찾았을 때는 '어, 이것이지' 하다가도 좀 지나고 보면 아니거든요. 이것도 아닌 것 같고 저것도 아닌 것 같고, 이런 시행착오를 겪습니다. 그래서 결국 다 내버리고 나면 지금까지 찾았던 것은 다 헛것이고, 찾을 필요 없이 본래 있던 (손을 흔들며) '이것!' 하나가 남게 돼요. 찾을 필요가 없었던 것, '이것!' 하나가 남게 되고 이것이 딱 드러나게 됩니다. '이것!'은 이것이다 저것이다 분별되는 게 아니고, 깨달음이니 뭐니 이름 붙일 게 아니거든요. 깨달음이다, 불이법이다, 이런 말이 해당이 안 돼요. 어떤 말도 해당이 안 되는 거예요. '이것!' 하나만 결국 남는 거예요.

그것을 '전단나무의 본질을 찾는다'고 비유적으로 표현했는데, 나무의 근본이 뭐냐? 잎이냐? 가지냐? 줄기냐? 뿌리냐? 사실 어느 것도 아니거든요. 그러면 그게 다 달려 있는 거냐? 이렇게 해도 안 돼요. 그런 생각을 하는 게 아니에요. 이것을 체험하고 이 자리에 뚫어져서 뭔가 좀 안심이 된다 해도 머리는 끊임없이 그런 분별을 하고 있습니다. '이것인가? 저것인가?' 자꾸 이렇게 하고 있어요. 그런 세월들이 지나면서 결국 '이런 건 아니구나' 하게 되었을 때, 그때 근본자리 하나가 딱 남는다니까요. 그런 시간이 필요한 거예요. 시행착오를 겪는 시간들이 필요한 겁니다. 그러면 결국은 (법상을 치며) '이것!' 하나가 남는 거예요.

공부가 진행되면 마음은 갠지스 강처럼 부드럽고 천천히 흐른다…… 자연스럽게 된다, 전혀 억지를 부리지 않고 무위적으로 된다, 그래서 마침내 마지막에는 그 강이 바다로 흘러들어 가는 것과 같이, 마침내 마음은 큰 바다와 같이 되고, 그곳에서 아들과 어머니는 하나가 된다…… 이것은 뭡니까? 찾고 있는 이 분별심하고, 분별되지 않는 본래 마음이 하나가 된다 이 말이에요. 아들은 이 분별심,

파도, 물결이고, 어머니는 본래부터 있는 이 마음, 물이죠. 보고 · 느끼고 · 듣고 · 생각하는 것들은 이 근본바탕에서 일어나는 물결 같은 거예요. 허망한 거죠. 근본은 (손을 흔들며) '이것!'뿐이에요. 이것 하나. 그래서 비유적으로 "물이 물결이고 물결이 물이다" 하는 말은 우리가 쉽게 이해가 되고 그런 말을 많이 하는데, 그것은 역시 한 개의 방편의 말이기 때문에 그런 사실이 있는 건 아닙니다. 그런 말 조차도 결국 헛된 말이고, 하여튼 이것은 아무 할 말이 없어요. 그럴 듯한 말들은 결국 헛된 겁니다. 그런 그럴듯한 말들이 세상에 넘쳐 흘러요. 그러나 다 헛된 말들이에요. 뭔가 그럴듯한 것을 찾는 사람들이 나름대로 '아, 결국 이것이구나' 하고 찾은 결과를 내놓고 있으니까 그럴듯한 말들이 홍수를 이루는 거라. 다 헛된 거예요.

그런 말들이 다 사라지고 결국 아무 일이 없고 "이것뿐이다" 하는 것이 저절로 확실해질 때, 그때 비로소 진짜 일이 없어지는 거고, 할 말이 없어지는 거죠. 아들과 어머니가 큰 바다에서 하나가 된다는 것이 바로 이런 말이거든요. 아들과 어머니가 하나가 되니까 아들도 없고 어머니도 없는 겁니다. 그것을 좀 쉽게 말하면, 찾고 분별하고 아는 것이 아들이고 물결과 같은 거죠. 그러면 근본은 뭐냐 하면 늘 변함없이 있는 물이라고 말할 수 있는 거거든요. 물결은 어떤 진실함도 없듯이, 그렇게 자꾸 우리가 마음을 일으켜서 망상을 했던 것뿐인 겁니다. 그러니까 결국 도, 부처, 깨달음, 법, 불이, 중도, 이런 말들도 다 망상이에요. 다 망상이고 근원적으로 (손을 흔들며) '이것!' 하나밖에 없는 거예요.

시간이 지나면서 저절로 그렇게 '뭐가 올바른 진리이고 법인가?'

하고 찾는 일이 다 쉬어져 버리고, '아무 일이 없고 원래 있었던 일이 항상 있을 뿐이구나' 하는 것이 저절로 확실해지죠. (손을 흔들며) 그냥 이것! 아무 할 말이 없는 거죠. 그리되면 그야말로 밑바닥에 발을 딱 딛게 되고, 정말 안정이 되죠. 아무런 근심 걱정이 없습니다. 이 마음이라는 게 딱 안정이 되면 힘이 있고 생명력이 있습니다. 항상 생동감이 있고, 들떠 있지 않단 말이에요. 마음에 헐떡거림이 없다는 말이 이해가 되는 거죠. 마음이 들떠서 헐떡거리면서 이거냐? 저거냐? 하고 찾는 것은 물결에 휩쓸린 겁니다. 그런 게 아니고 아무 일이 없어지고, 그냥 (법상을 치며) '이것!'뿐이에요. 태산같이 딱 안정이 되어 버리죠. 육조 스님의 "내면에서 헐떡거림이 없고 밖으로 경계에 끄달림이 없다"라는 말을 알 수가 있는 거예요. 태산같이 딱 안정이 되어 아무 일이 없는 거예요.

마침내 마음은 큰 바다와 같이 되고…… 강처럼 막 흘러 다니지 않고 큰 바다와 같이 딱 안정이 되고, 그곳에서 아들과 어머니는 하나가 된다…… 둘이 없다, 근본으로 돌아와서 분리감을 못 느낀다…… 분리감을 못 느끼는 것은, 결국 이 근본으로 완전히 돌아와서 근본과 하나가 되어야 분리감을 못 느끼는 겁니다. 오해가 있을 수도 있는데, 근본인 '이것!'은 모르고, 생각으로 이치를 따져서 원래 살고 있는 이대로가 완전한 것이니 따로 뭘 찾을 건 없다고 하면 안 됩니다. 따로 찾는 것이 분리감을 느끼는 거고, 원래 살고 있는 이대로가 분리가 없는 진실이다, 이런 식의 얘기는 생각으로 하는 소리입니다. 반드시 근본으로 돌아가서 근본과 하나가 되어야 헐떡거림이 없고 끄달림이 없는 겁니다.

이치적으로 '그냥 원래 살던 그대로가 늘 중생의 삶이고 부처의 삶이니까 그대로 살면 된다'는 그런 이치를 이해한다고 하더라도 헐떡거림과 끄달림이라는 게 안 사라져요. 자기위안만 삼는 거죠. 헐떡거림도 본래 내 모습이고 끄달림도 본래 내 모습이다, 이런 식의 위안을 삼게 됩니다. 그렇게 되면 공부를 완전히 엉터리로 한 거예요. 절대 그렇게 하면 안 됩니다. 반드시 근원으로 돌아가야 완전히 안정이 됩니다. 그것은 모르고 그냥 생각으로만, '끄달리는 것도 본래 우리 모습이고, 헐떡거리는 것도 본래 마음이다' 하는 것은 엉터리예요. 절대 그렇게 하면 안 돼요. 그러면 무엇 때문에 열반을 얘기하고 해탈을 얘기합니까? 그럴 필요 없잖아요? 그냥 있는 그대로 살면 그만이죠. 그런 식의 말을 하면 안 되는 겁니다. 그렇게 공부를 하는 게 아니에요. 반드시 근본으로 돌아가서, 저절로 그런 마음의 헐떡거림이 없고, 뭔가를 추구하지 않게 되고, 일이 없어져서, 항상 자기 근본자리에서 흔들림이 없이 딱 안정이 되는, 반드시 (손을 흔들며) '이것!'이 있습니다. 이것이 확실하지 않으면 공부라는 게 결국 다 헛소리에 불과한 겁니다.

하여튼 이 근본자리에 돌아와서 안정이 딱 되고, 그 다음에는 생각을 하든 뭘 하든, 안 한다는 게 아니고, 뭘 하더라도 그것은 그냥 허망한 일이에요. 지나간 일이라. 그러니까 아무 상관이 없어요. 자기 근본자리가 확립이 돼서 아들과 어머니가 하나가 된다고 하듯이, 하나가 되면 그 다음에는 뭘 하든지 간에 상관이 없어요. 생각을 못 하는 것도 아니고, 할 일을 못 하는 것도 아닙니다. 뭐든지 다 할 수 있습니다. 자기 원하는 대로 다 하는데, 그런데도 그런 일들이 아무런 장애가 되질 않아요. 순간 지나가는 그냥 허망한 일이에요. 그러니까 거기에 끄달릴 이유가 없는 거예요. 아무것도 안 하고 고요하게 가만히 있다는 뜻이 아니죠. 뭐든지 다 할 수 있는데도 그냥 아무 일이 없는 거죠.

그것을 적멸이라 하고 열반이라 하는 거거든요. 열반이라는 것은 그냥 가만히 있다는 것이 아니고, 뭐든지 다 하는데도 항상 적멸 상태, 항상 아무 일이 없다는 겁니다. 그러니까 이런 일이 있는 건데, 진실로 이런 곳에 이르러야 하고, 진실로 이런 사람이 돼야 하는 것이지, 무슨 이치를 가지고 얘기를 하면 안 돼요. 진실로 (법상을 치며) 이 자리에, 진실로 이런 사람이 되고, 진실로 이렇게 딱 안정이 되어서 일이 없어야 하는 거예요. 공부는 관념적으로 하면 안 됩니다. 실제로 이래야 하고, 자기 삶이 진실로 이래야 하는 거죠. 그러면 아들과 어머니가 하나가 된 큰 바다와 같아서 아무 일이 없다는 겁니다. (손을 흔들며) '이것!'뿐입니다.

딱! 딱! 딱! (죽비 소리)

틸로빠의 마하무드라의
노래

틸로빠 지음
김태완 번역

틸로빠에 대하여

틸로빠(Tilopa; 988-1069)는 티베트어로는 Tilopa, 산스크리트로는 Talika라고 하며, 벵갈의 차티바보(Chativavo(Chittagong)) 혹은 자고라 (Jagora)에서 출생한 탄트라의 대가이다. 밀교 성자들을 소개한 《84 성취자전》에서 22번째 성취자(成就者)로 나온다. 밀교의 대인법(大印 法; Mahamudra method)을 개발하였다. 대인법이란 깨달음을 얻은 과 정을 크게 도와주는 일련의 영적 수련이다.

그는 불교 금강승(金剛乘)의 승려였으며, 티베트불교 카규파(Kagyu lineage)의 창시자라고 알려져 있다. 틸로빠는 브라만 계급에서 출생 하였으나(일설에는 왕족이었다고 한다), 어떤 다키니(dakini; 깨달음을 얻고 서 수행자를 지도하는 여성)가 방랑하는 삶을 선택하라고 가르치는 말을 듣고서 브라만 승려의 삶을 포기하였다. 처음부터 그녀는 참된 부 모는 그를 길러 준 사람이 아니라 근본 지혜와 우주적 공(空)이라는 사실을 틸로빠에게 분명히 말해 주었다.

다키니의 가르침에 의하여 틸로빠는 점차 승려의 삶을 받아들였고, 마침내 불교의 계(戒)를 받고서 박식한 불교학자가 되었다. 틸로빠는 스승인 다키니와 자주 접촉하며 그녀의 영적인 인도를 받아서 점차 깨달음에 가까이 다가갔다. 그는 드디어 인도 전역을 여행하며 여러 스승들에게 가르침을 받기 시작하였다.

사리야빠(Saryapa)에게서는 전타라(旃陀羅; Candali)의 수행을 배우고, 나가르주나(Nagarjuna)에게서는 광명(光明)과 망상(妄相)에 관하여 배우고, 라와빠(Lawapa)에게서는 드림요가(dream yoga)를 배우고, 수카시디(Sukhasiddhi)에게서는 삶과 죽음의 윤회를 배우고, 인드라부띠(Indrabhuti)에게서는 반야(般若)를 배우고, 마탕기(Matangi)에게서는 죽음으로부터의 부활을 배웠다. 명상(冥想)을 하면서 그는 불교 금강지보살(金剛持菩薩; Buddha Vajradhara)의 모습을 보고, 마침내 완전한 대인(大印; Mahamudra)을 전해 받았다. 그 뒤에는 방랑하면서 사람들을 가르치기 시작하였다.

그는 나로빠(Naropa; 1016-1100)를 그의 후계자로 지명하였다. 틸로빠가 나로빠에게 가르친 6마디의 훈계(Six Words of Advice)는 아래와 같다.

① Don't recall! (Let go of what has passed.)
이미 지나간 일을 기억하지 마라.

② Don't imagine! (Let go of what may come.)
앞으로 다가올 일을 상상하지 마라.

③ Don't think! (Let go of what is happening now.)

　지금 일어나고 있는 일은 생각하지 마라.

④ Don't examine! (Don't try to figure anything out.)

　어떤 것도 탐구하거나 헤아려 보지 마라.

⑤ Don't control! (Don't try to make anything happen.)

　어떤 것도 일어나도록 조정하거나 만들지 마라.

⑥ Rest! (Relax, right now, and rest.)

　지금 당장 긴장을 풀고, 쉬고 또 쉬어라.

　틸로빠는 또 나로빠에게 '마하무드라의 노래'를 가르침으로 주었다. 마하무드라(Mahamudra)에서 마하(Maha)는 대(大), 무드라(mudra)는 인(印)이라 한역한다. 인(印)이란 도장이란 뜻이지만, 여기서는 결코 변할 수 없는 것, 즉 진여실상(眞如實相)을 가리킨다.

틸로빠의 마하무드라의 노래
TILOPA'S SONG OF MAHAMUDRA

1.

마하무드라는 모든 말과 상징을 넘어서 있다.

그러나 진지하고 성실한 그대, 나로빠를 위하여

이렇게 말해야만 하겠다.

Mahamudra is beyond all words and symbols,

but for you, Naropa, earnest and loyal,

must this be said:

2.

공(空)은 의지할 것을 필요로 하지 않는다.

마하무드라는 무(無)에 의지해 있다.

어떠한 노력도 없이 편안하고 자연스럽게 머무르면,

316

우리는 굴레를 부수고 자유를 얻을 수 있다.

The void needs no reliance, Mahamudra rests on
nought. Without making an effort, but remaining
loose and natural, one can break the yoke-thus gaining liberation.

3.

만약 허공을 바라볼 때 무(無)를 본다면,
만약 마음을 가지고서 마음을 본다면,
우리는 분별을 부수고서 깨달음에 도달한다.

If one sees nought when staring into space;
if with the mind one then observes the mind,
one destroys distinctions and reaches
buddhahood.

4.

하늘을 이리저리 떠다니는 구름은 뿌리가 없고 돌아갈 집이 없듯이,
마음속을 이리저리 떠다니는 분별심 역시 그렇다.
그러나 한번 자기의 마음을 깨달으면 분별은 멈춘다.

The clouds that wander through the sky have no
roots, no home; nor do the distinctive thoughts

floating through the mind. Once the self-mind is seen, discrimination stops.

5.
허공 속에서 모양과 색깔이 이루어지지만,
허공은 결코 희고 검은 색깔에 물들지 않는다.
그처럼 자기의 마음으로부터 모든 것이 나타나지만,
마음은 선(善)과 악(惡)에 오염되지 않는다.

In space shapes and colors form, but neither by black nor white is space tinged.
From the self-mind all things emerge, the mind by virtues and by vices is not stained.

6.
오랜 시간의 어둠이 불타는 태양을 덮어 버릴 수 없듯이,
무한한 세월 동안의 윤회도 마음의 밝은 빛을 감출 수 없다.

The darkness of ages cannot shroud the glowing sun; the long kalpas of samsara ne'er can hide the mind's brilliant light.

7.

비록 공(空)을 설명하려고 말을 하지만,

그렇게 해서 공이 표현되는 것은 결코 아니다.

비록 '마음은 불빛처럼 밝다'고 말들을 하지만,

마음은 모든 말과 상징을 넘어서 있다.

비록 마음이 본질적으로 공(空)이지만,

마음은 모든 것을 받아들여서 품고 있다.

Though words are spoken to explain the void,

the void as such can never be expressed. Though we say "the mind

is bright as light", it is beyond all words and symbols.

Although the mind is void in essence, all things it embraces and

contains.

8.

육체를 가지고는 아무것도 하지 말고 그저 쉬어라.

입을 꾹 다물고 침묵을 지켜라.

마음을 비우고 아무것도 생각하지 말라.

속이 빈 대나무처럼 육체와 더불어 편안히 쉬어라.

주지도 말고 받지도 말고,

마음을 쉬게 하라.

마하무드라는 마음이 무(無)에 달라붙어 있는 것과 같다.

이렇게 실천하여 때가 되면 그대는 깨달음에 이를 것이다.

Do nought with the body but relax; shut firm

the mouth and silent remain; empty your mind

and think of nought. Like a hollow bamboo

rest at ease with your body.

Giving not nor taking, put your mind at rest.

Mahamudra is like a mind that clings to nought.

Thus practicing, in time you will reach buddhahood.

9.

진언(眞言)과 육바라밀의 수행이나,

경전과 지침서의 가르침이나,

강의실과 교본(教本)의 가르침이

타고난 진실에 대한 깨달음을 가져다주지는 않는다.

왜냐하면 만약 마음이 욕망에 차서 어떤 목표를 추구하게 되면,

마음은 스스로의 빛을 가릴 뿐이기 때문이다.

The practice of mantra and paramita,

instruction in the sutras and precepts,

and teaching from the schools

and scriptures, will not bring realization

of the innate truth. For if the mind

when filled with some desire

should seek a goal, it only hides the light.

10.

밀교의 가르침을 지키는 사람이 여전히 분별하고 있다면,

그는 깨달음의 정신을 배반하는 것이다.

모든 활동을 멈추고, 모든 욕망을 버리고,

생각이 마치 바다의 물결처럼 일어나고 사라지도록 내버려두어라.

He who keeps tantric precepts, yet discriminates,

betrays the spirit of samaya. Cease all activity,

abandon all desire, let thoughts rise and fall

as they will like ocean waves.

11.

영속하지 않는 것을 훼손하지도 않고,

비분별(非分別)의 원리를 훼손하지도 않는 사람이

밀교의 가르침을 지키는 사람이다.

갈망을 버리고 이것과 저것에 집착하지 않는 사람이

경전에 쓰인 참된 뜻을 지키는 사람이다.

He who never harms the non-abiding, nor the principle

of non-distinction, upholds the tantric precepts.

He who abandons craving and clings not to this and that,

preserves the real meaning given in the scriptures.

12.

마하무드라 속에서 모든 죄악은 소멸한다.

마하무드라 속에서 사람은 세속이라는 감옥을 벗어난다.

이것은 가장 높은 진리의 등불이다.

이것을 믿지 않는 바보들은

번뇌와 슬픔 속에서 영원히 몸부림칠 것이다.

In Mahamudra all one's sins are burned;

in Mahamudra one is released from the prison

of this world. This is the dharma's supreme torch.

Those who disbelieve it are fools,

who ever wallow in misery and sorrow.

13.

해탈을 찾으려 애쓰는 사람은 스승에게 의지해야 한다.

그대의 마음이 스승의 은총을 받아들일 때,

해탈은 가까이에 있다.

To strive for liberation one should rely on a guru.

When your mind receives his blessing emancipation is at hand.

14.

아! 세속의 모든 가르침은 가치가 없으니,

그것들은 다만 슬픔의 씨앗일 뿐이로다.

조그마한 가르침이라도 실행해야 하듯이,

우리는 위대한 가르침을 따라야만 한다.

Alas, all teachings in this world are meaningless,

they are but sorrow's seeds.

Small teachings lead to acts – one should only follow teachings

that are great.

15.

이원성(二元性)을 뛰어넘는 것은 법왕(法王)다운 시각이요,

산만함을 극복하는 것은 왕다운 수행(修行)이다.

수행 없는 길이 붓다의 길이니,

이 길을 가는 사람은 깨달음에 이른다.

To transcend duality is the kingly view.

To conquer distractions is the royal practice.

The path of no-practice is the way of all buddhas.

He who treads the path reaches buddhahood.

16.

세속은 무상(無常)하여

환상이나 꿈처럼 진실함이 없다.

세속을 버리고, 가족을 버리고,

애욕과 증오의 끈을 끊고서,

숲 속과 산 속에서 명상하라.

Transient is the world, like phantoms and

dreams, substance it has none. Renounce it and forsake your kin,

cut the strings of lust and hatred, and meditate in woods and

mountains.

17.

그대가 만약 노력 없이 자연스러운 상태에서

편안히 쉬고 있다면,

곧 그대는 마하무드라를 얻을 것이고

얻을 것 없는 것을 얻을 것이다.

If without effort you reamin loosely in the natural state,

soon Mahamudra you will win and attain the nonattainment.

18.

나무의 뿌리를 잘라 버리면 잎이 시들듯이,

그대 분별심(分別心)의 뿌리를 잘라 버리면 윤회는 소멸한다.
램프의 불빛이 오랜 세월의 어둠을 순식간에 몰아내듯이,
마음의 강한 빛이 번쩍이기만 하면
무명(無明)의 장막을 불태울 것이다.

Cut the root of a tree and the leaves will wither;
cut the root of your mind and samsara falls.
The light of any lamp dispels in a moment
the darkness of long kalpas;
the strong light of the Mind in but a flash
will burn the veil of ignorance.

19.
분별심에 매달려 있는 사람은
아무도 분별심 너머에 있는 진실을 보지 못한다.
애써 가르침을 수행(修行)하는 사람은
아무도 수행의 너머에 있는 진실을 보지 못한다.
분별심과 수행의 너머에 있는 것을 알고자 하면,
분별심의 뿌리까지 싹 잘라 버리고 맨눈으로 보아야 한다.
그렇게 모든 분별로부터 도망쳐서 편안하게 쉬어야 한다.

Whoever clings to mind sees not the truth of
what's beyond the mind.

Whoever strives to practice dharma finds not

the truth of beyond practice.

To know what is beyond both mind and practice

one should cut cleanly

through the root of mind and stare naked.

One should thus break away

from all distinctions and remain at ease.

20.

버리지도 말고 취하지도 말고 그대로 있어라.

왜냐하면 마하무드라는 모든 수용과 거부를 넘어서 있기 때문이다.

의식은 본래 생겨난 것이 아니기 때문에,

아무도 그것을 가로막거나 더럽힐 수 없다.

무위(無爲)의 영역에 머물러 있으면,

모든 현상들은 진실 속으로 녹아들어 가고,

아상(我相)과 아만(我慢)은 사라져 없어질 것이다.

One should not give or take, but remain natural

- for Mahamudra is beyond all acceptance and

rejection. Since alaya is not born, no one can

obstruct or soil it: staying in the unborn realm all

appearance will dissolve into dharma, and self-

will and pride will vanish into nought.

21.

최고의 이해는 이것이니 저것이니 하는 모든 분별을 넘어서 있다.

최고의 행위는 모든 것을 애착 없이 껴안고 있다.

최고의 성취는 바라는 바 없이 보편적 진리를 깨닫는 것이다.

처음에 수행자는 자기 마음이 폭포수처럼 세차게 흐름을 본다.

공부가 진행되면 마음은 갠지스 강처럼 부드럽고 천천히 흐른다.

마침내 마음은 큰 바다와 같이 되고,

그곳에서 아들과 어머니는 하나가 된다.

The supreme understanding transcends all this

and that. The supreme action embraces great

resourcefulness without attachment.

The supreme accomplishment is to realize

immanence without hope. At first a yogi feels his

mind is tumbling like a waterfall; in mid-course,

like the Ganges, it flows on slow and gentle; in the end it is a great

vast ocean where the lights of son and mother merge in one.

선(禪)으로 읽는 마하무드라의 노래

초판 1쇄 발행 2015년 11월 26일
　　　2쇄 발행 2023년 8월 1일

지은이 김태완

펴낸이 김윤
펴낸곳 침묵의 향기
출판등록 2000년 8월 30일, 제1-2836호
주소 10401 경기도 고양시 일산동구 무궁화로 8-28,
　　　삼성메르헨하우스 913호
전화 031) 905-9425
팩스 031) 629-5429
전자우편 chimmukbooks@naver.com
블로그 http://blog.naver.com/chimmukbooks

ISBN 978-89-89590-24-8 03220

* 책값은 뒤표지에 있습니다.